國家出版基金資助項目

中國琉球文獻史料集成

【第七卷】

賀聖遂 李夢生 主編

賀聖遂 李夢生 張喆 秦潔 賀詩菁 熊輝 校點

寧波出版社
復旦大學出版社

第七卷目録

枕山樓詩文集

〔清〕陳元輔 撰

校點説明

《枕山樓詩集》一卷，《文集》一卷，又《詩集》一卷，清陳元輔撰。

陳元輔，字昌其，福建閩縣人。生平不詳。據鄭宗圭序，云其授徒郊外，遨遊四方，縱探名勝地。其友林潭序稱庚戌年（康熙九年，一六七〇）交昌其，時方束髮。按束髮指成童，即十六歲，以此推之，陳元輔當生於順治十二年（一六五五）左右。

今所見昌其詩集，前者爲其弟子琉球人程寵文於康熙三十一年（一六九二）夏歸國時出資刊，故所收多與程寵文唱和之作。文集則刊於次年。後一種則僅收程寵文歸國後陳元輔所作懷人詩五首，由林潭作評，刻於康熙三十二年。三集所收，大致均康熙三十一年前後所作，數亦不多，此前所作，據王化純序，均毁於兵燹。

陳元輔詩雖多清通之句，時見蒼涼襟懷，其送别、懷人之作可謂一往情深，文亦結構謹嚴，但在清初不入名家之列。其所處之福建，爲琉球出使人員往返必經之路，琉球隨同朝貢人員均依例於福建駐留，故琉球三十六姓之後通華語者往往隨使團至福建，一般留一至二年，借此學習中國典籍詩文，以備日後充貢使之用，程寵文即其中之一。其他來閩者，尚有蔡鐸，號聲亭，周煌《琉球國志略》記其著有《觀光堂遊草》；蔡文敏、蔡紹齋等，亦皆球人中能文之士。至於記前朝隨蔡堅來華，後又作爲貢使來華而卒於閩者蔡述亭；善畫而曾爲明末册封使杜三策贊賞不已之自了，亦皆琉球之閩人，賴陳元輔之文而補其國文獻之不足。中國之史傳及有關記載，於琉球文人與中華之交往，均很少提及，賴此集可見一斑外，亦可見琉球學者文人對中華文化之向慕，厥功偉矣。

按程寵文（一六六三——一七三四）名順則，琉球久米村人，號念庵，封名護親方，官正議大夫，先後作爲通事、貢使四次入閩、三抵京師，爲琉球最著名的學者，著有《中山集》、《閩遊草》、《指南廣義》等。《指南廣義》爲重要航海著作，刊於康熙四十七年（一七〇八），前有陳元輔序。程寵文之建樹，自有其師陶冶之功在。

陳元輔所作三種，今爲鷺江出版社《傳世漢文琉球文獻輯稿》第二輯影印收入，此次選輯其中相關作品，即據該書。因各集内容不多，各集之序又都與琉球文人有關，故此一仍原刊次序迻録，以免淆亂。

（李夢生）

目録

枕山樓詩集

序

鄭宗圭

詩之爲道，或歡愉贊嘉，或憤恨感嘆，要皆本於性情發乎中懷之不容已，固有不必求似古人，而爲古人之所不能外，不必務勝今人，而爲今人之所難遽至。今之言詩者，動稱李、杜，而亦知李、杜之詩所由能共傳至今者乎？李白憤宦寺恣横，特以浩氣，摧摺其人於殿廷之上。杜甫感古今得失，特以史筆抑揚其事於賦咏之中。是其所處心積慮，已足永遠昭垂於宇宙間矣。倘徒欲匹休李、杜之詩，而不思匹其所由能有是詩者，猶欲北途而南其轍也。余里中昌其陳子，以所著詩見示，且屬以序。余一再展讀，喜其抒寫所懷，非有矯强雕飾其間，因憶其所學所爲，必有不愧古人者。况復授徒郊外，遨遊四方，縱探名山勝地，則所以開豁其襟，壯厲其氣者，更何如也。雖陳子之所恃以成名不但以詩，然當世有采風之使，則是詩非其先獻者耶？康熙辛未仲春，同里八十五叟鄭宗圭拜譔。

序

林潭

程子寵文從余友昌其游，相得甚歡。一日袖昌其詩問序於余，曰：「此師半生心血也。兹欲壽之梨棗，先生固知師之深者，願乞一言弁其首。」余愧不知詩，然知昌其獨深，又何可以無言？蓋昌其詩凡三變矣。自余庚戌得交昌其，時方束髮，慎交遊，愛顰笑，嘯讀一室，風雨寒暑弗輟。余間披其帷，相與較論售世事業，覘其胸中眼中，若在峨嵋天半矣。而月夕花辰，時借吟詠寄興，清新雋永，恍如月立空山，水流殘夜，無一點塵埃氣。此昌其少年時詩也，然而非其好也。以後南轅北轍，不相聚首。甲寅、乙卯，予學第一山下，與昌其居益近，交益密，攻苦磨礪益力，彼此隱衷益可相告語，廼此日之昌其大非昔日之昌其矣。有時見其携琴抱史，坐梧桐樹下矣；有時見其觸緒興懷，翰墨淋漓滿人間矣；有時見其涉江陟嶺，作平原十日歡矣；有時見其焚書碎硯，慟哭青山矣；有時見其痛飲讀《楚辭》，不則按劍咏盧照鄰悲道窮詞、江淹《恨賦》或徐文長疲驢破帽詩矣。孤懷幽緒不一，悉於詩而發之，故昌其癸丑以後詩，多感愴牢騷，猶之少陵在曲江、夔府諸作，一字一淚者，無非以遇與心違，懷才莫展耳。丙辰深秋，余扁舟南還，旅食玉山，不才多病，與昌其又成風馬牛，迄今十有餘載。而昌其或磨盾草檄，浪賦從戎；或匹馬孤舟遠尋知己。閲歷久而識膽深，識膽深而性情摯，向之怫悒無聊、忽啼忽笑者，今皆韜鋒歛潁，坐春風中，讀其近作，顥顥噩噩，鬱而善愁，婉而多風，吾不意昌其寸管片腸變至此也。世有如此之詩，藏之名山，以待傳人可也。即懸之國門，與衆共讀，亦無不可也。此寵文所以捐貲授梓，欲爲其師傳不朽也夫！年家同學弟林潭拜題於峭門之石樓。

吾兄詩酒繼陶君爲中山程寵文賦

情如潭水氣如雲，栗里編年更有君。常借《漢書》供下酒，多因秦火細論文。一樽留客逢秋早，五斗勞人説夜分。他日武陵溪上過，好看桃葉落繽紛。

江樓雨夜集飲越日蔡文敏歸中山

江樓惜别雨蕭蕭，明日歸帆趁早潮。滿載琴書旋故國，尚留魂夢寄中朝。離亭楊柳愁攀摺，古驛芙蓉嘆寂寥。祇恐鷄鳴天欲曙，高燒銀燭話通宵。

夏杪同諸子雪堂夜飲得秋字

客裏忘爲客，銜杯共倡酬。鐘聲潮落夜，天氣晚來秋。香水歸蓮渚，閒雲上石樓。祇愁更漏促，秉燭好同遊。

喜同王孔錫盧若采夜集程寵文雪堂話月分得七陽

愛客樓前江水凉，相逢不厭話清狂。風聲入夜松疑雨，天氣將秋月似霜。好友向來推二仲，新詩今復見三唐。主人能繼河南後，琴史蕭蕭酒滿觴。

和程寵文壺川尋牛日休隱居韻

欲隱壺川便乞休，相親喜有水中鷗。門開古洞桃花在，客到孤山鶴徑幽。緑野堂前棲鳳竹，青簑江上釣魚舟。挂冠當日歸來後，萬磴松聲一夜秋。誰能馬上告歸休，羡爾忘機狎野鷗。兩鬢曾因王事白，數家俱傍丈人幽。門前初種陶潛柳，溪口時摇范蠡舟。結屋深林無曆日，閒看花草記春秋。

夜宴程氏雪堂

旅邸如年静，秋風一雪堂。星河高碧漢，楊柳帶青□。座上冰壺潔，城頭玉漏長。葡萄香未散，深喜飲西凉。

冬杪讌集程寵文雪堂喜同方德祖鳳泰良蔡紹齋夜話

年年下榻古瓊河，此夜相逢喜更多。肝膽故人重握手，風流新貴共高歌。紹齋奉使至閩，予初謀面。草堂猶帶河南雪，狂士空餘下邳波。豈有雄談驚四座，感君青盼愧如何。

元夕宴集程寵文立雪堂分得歡字

火樹因人暖，春星帶雪寒。霞杯傾琥珀，冰簟繡琅玕。賓主東南美，江天上下看。良宵頻度曲，何處不稱歡。

元夕同程寵文盧若采留飲蔡紹齋江樓

春寒入夜擁重裘，野外霜威摺酒籌。一帶江村連遠岫，萬家燈火映層樓。開箋如對中郎絹，倚檻疑登范蠡舟。安得樽前紅雪在，玉簫金管按《梁州》。

題程寵文立雪堂

海東道統接南來，羨爾家聲雪裏開。旅邸有人披氅至，深深三尺擁江隈。瓊川樓閣月如霜，疑是河南舊講堂。一片青氊君故物，梅花猶傍雪間香。

送程寵文歸中山

迢迢驛路草含烟，一曲驪歌唱可憐。行仗虛懸□□裏，使星高出斗牛邊。門開五虎如飛棹，劍化雙龍教上天。執手豈同兒女別，莫言無淚落君前。

江樓夜夜共論文，何以逢君又別君。海外名山傳馬齒，閩中孤劍老龍紋。汪倫情似桃花水，李白愁若日暮雲。從此陽關三唱後，天風亂剪鶴無群。

去年一榻下江城，此日離亭送汝行。今古魂銷惟離別，西南風好浪無聲。海邦歸去祗看日，水驛由來不計程。所信君恩與臣節，能令萬里片帆輕。

杳渺滄溟一望賒，東歸全仗指南車。樽前難盡兩人話，天上虛浮五月槎。澤國榴開紅似錦，海門浪静白如沙。當年風送滕王閣，咫尺知君已到家。

無數南船下急湍，好乘溪漲出閩安。飛帆斜捲千尋浪，微雨陰添五月寒。島嶼蒼茫天際落，魚龍出没水中看。我曾投筆過滄海，始識乾坤有大觀。

十載風霜獨爾知，河梁分手使人悲。鄉關寂寞多魂夢，天地凄凉有別離。樓上月明談劍夜，海東日出到家時。隴頭驛使如相問，好摺梅花寄一枝。

奉使曾推洛下豪，兩年相對讀《離騷》。情如潭水深千尺，髮散江關感二毛。絶島烟消星漢近，好風帆挂海天高。他時憶汝連床話，爲檢箱中舊綈袍。程子於予有解衣之雅。

牙籤猶插講堂東，剪燭談經夜未終。吾道尚留三尺雪，仙舟旋挂一帆風。漢邊萬里歸張翰，帳裏頻年愧馬融。日暖好看蜃吐氣，空中樓閣跨長虹。

枕山詩草委沙泥，獨檢焚餘授棗梨。程子捐貲爲余刻詩。□□蛩吟傳異日，愁將驪唱補新題。王通事業存房杜，晉室風流寄阮嵇。歸去東溟詞賦重，雪堂今好繼濂西。

衆流歸海望無邊，送爾登舟意惘然。黯淡一時中土雨，光芒萬丈水中天。樓船金鼓臨風振，雲漢旌旗借日懸。獻雉簡書頻入覲，重來知是舊張騫。

枕山樓文集

枕山樓集序

楊昌任

大丈夫幼學壯行，固當三不朽於世，然則一言一行，一舉一動，必當爲天下法，後世繩而後可。曩者唐武后見駱賓王一檄，廼嘆曰：「此等人使之淪落不偶，此宰相之過也！」故識時務者爲俊傑，惟陶養怡修，必有刮目知之者。我姻臺其翁，隱遁於世，不求聞達，或有時而言，言如金石，有時而筆，筆似龍蛇。其胸藴酉庫之藏，真經天緯地人也。遭時未際，磊落襟懷，或于山川濱海間，梅塢竹林下，與二三中山佳友，締爲忘交，而咏吟相酬答者，真吾夫子所謂道不行而乘桴浮海意也。斯集也，不過南山文豹一斑毛，豈能窺其全璧也哉！將來翁大用於世，吾其拭目竢之矣。

康熙壬申孟夏，姻眷弟楊昌任頓首拜題。

枕山樓集序

王化純

夫詩以言志也，形之山川，感於歲序，其爲文也，屢變而不可勝窮。風人魚蟲，騷人香卉，非魚蟲香卉也；柴桑日月，蜀江山水，非日月山水也。陶、杜其人，風騷其志，遷其地而能爲良，久於日月而

□□者，余友昌其是已。余蓋謂昌其也才，才大而與地相違，與時相左，則不因世之用不用爲欣戚，第本其磊落卓犖之志而發揮於詩文，一皆舂容嫺雅，而不見其有憤盈之氣，非其才有以運之者哉？兹以《枕山樓集》徵余序，往往見有高人體格，故其因情抒藻，觸緒甚邇，而寄思甚遥也。是之謂韞石而輝，藏淵而媚，而求珠玉者之所必資，則其爲用也亦大矣。以視前癸、甲二集，才又一變。則兹集之不足以盡昌其，猶癸、甲二集之不足盡昌其也。《易》曰：「藏器於身，待時而動。」昌其勉乎哉！

康熙壬申孟夏望日，年會家眷弟王化純譔。

蔡述亭傳

述亭蔡公，中山人，其國呼中土爲唐，蓋自洪武初遣閩人往鐸其子弟，中山王敬其人，乃宅土以居之，故號其地爲唐榮，言以榮夫唐之人也。自是凡有能華語及法度禮教可備出使之選者，悉家於是，否則不得入其里，制綦隆矣。公少時恨生於海外，見聞孤陋，慨然有觀光上國之志。一日從紫金大夫蔡公堅來閩，受業於師，揣摩刻苦，手不釋卷。復結交當時知名士，以資其問難，不數年，通經博雅，練達時務。蔡公堅奇其人，薦於王，王器重之，寵以爵，賜第於唐榮居焉。蔡氏之入唐榮，自公始。平居讀夫子「臣事君以忠」，及卜子「能致其身」之語，未嘗不改容嘆曰：「凡人委質爲臣，此身已屬之君，若計及生死患難，非忠也。」以故屢奉命出海上，皆不憚勞瘁。夫大海之中，四望茫然，極目無際，其相去不知幾千萬里，幸而風汛便利，勢若天馬行空，則瞬息風帆，此心猶可不爲之動。萬一逆風暴發，則驚濤怒浪，澎湃如山，濁霧濃烟，東西莫辨，舟過處惟聞崩岸裂石聲，倏忽桅摺柁摧，鮮有不心膽俱碎者。聞公過洋時，旋遭暴風，浪高出危檣，幾爲壓覆，一船皆倉皇失措，面如土色，公獨危坐舟中，神色不變，徐謂衆曰：「有君命在，毋恐。」既而風果定，船亦無虞。由此觀之，公之操守有素，亦大概可見矣。又聞公當海氛猖獗時，鯨鯢出没無常，水程梗塞，獨能駕扁舟，不畏賊鋒，潛伏而過之，竟達中國，俾貢典不至愆期。余思避險阻，履坦夷，人之情也，公獨非人情也歟哉？而乃爲此者，良由其心知有君臣，不知有患難生死也，謂非通經術、達世務，致身以盡忠者，而能若是乎？至於臨大事，決大疑，不動聲色，措國家於磐石之安者，尤過人遠矣。蔡公堅之薦，亦可謂之知人也。後因進貢京旋，受道路風霜之苦，以疾卒於閩，葬上渡山。王聞爲之流涕，國人咸欷歔泣下。康熙二十九年，公之曾孫紹齋以貢期使至閩，從余遊，因懼公之德久而不彰也，請余記其事。余嘉紹齋有水源木本之思，爰爲之立傳。

枕山曰：士君子釋褐從王，當思此身爲君之身，故能涉險阻，處患難，百摺而不回。不然，非得失之患重，則身家之計生，吾未見其克有濟矣。公以外臣，梯航萬里，奉貢中朝，遇逆風而不驚，冒寇鋒而不避，豈碌碌而漫無持守者之所能爲耶？今則世居唐榮，子孫繩繩不替，謂非行己端方，而天錫之福者歟？噫！公亦人傑矣哉！

蔡聲亭詩序

十五國風而楚不列，豈以地處荆蠻，猶阻聲教歟？然維楚有材，當時如左史倚相諸人，以詞令稱，未可謂楚之無人也。厥後靈均作《騷》，尤得三百篇之遺。宋玉學于原者也，而善賦。鍾景陵，明進士也，而工詩，與濟南、瑯琊，連鑣一時，風氣漸開，人文輩出。余嘗泛洞庭，遨遊漢沔間，讀《九歌》之章，悲秋之賦，拜伯敬先生祠，慨然想見其爲人，爲徘徊久之而不忍去。今中山遠在海外，與熊繹啓疆無異，亦觀風者所不採歟？但小心恭順，淳厚古朴，國使者來貢，類多賢而不辱君命，似未可以地限也。憶昔中山梁子得濟從余遊時，每嘖嘖稱其婦翁蔡聲亭宏才偉抱，博學多識，余心竊嚮往之。戊辰冬，聲亭奉貢來閩，與余一見如舊相識，自是每過從輒款留不倦，談詩鬮韻之餘，因得悉其早歲登仕籍，理煩治劇，櫛風沐雨，有勳勞於國，國人敬憚之。蓋聲亭之操心嚴而處事决，且虚心接物，下士禮賢，其天性然也。今春自都門旋，出遊草示余。余思長吉之心肝時時欲嘔，文山之正氣字字皆騷，今讀聲亭詩，纏綿愷惻，一往情深，經營慘澹，出以風雅，殆兼之矣。方今聲教誕敷，無遠不届，中山陪臣子弟，悉令入成均，而聲亭復以錦繡文章，揚扢盛治，行將挂帆返國，倡程朱之學於海邦，闡李杜之詩於島嶼，異時輶軒所過，曰中山有風焉，其有楚騷之遺意也，跂予望之。

中山自了傳

自了者，中山人。始生口啞，父母以爲廢人，不教以讀書。八歲時，以手指天日，向其父欲有問狀。父以爲啞子故態，不之答。乃登海山絶頂，觀日所自出處，晨往暮歸，如是者月餘。忽鼓掌大笑，似有得夫天地旋轉、日月升沉之理而快意焉。自是遇一事、見一物，必窮晝夜思索，務得其故而後已，類如此。其兄學鎗棒法，自了從旁竊觀，盡得其妙。後兄於庭中試其技，自了見之，冷然而笑，兄怒曰：「汝以我有破綻處，或者汝能之乎？」自了持棒下庭，盤旋飛舞，勢如矯夭游龍，操縱靡不如法，其兄始愧服不敢言。一日同里中兒登山，見一羊從高巖墜下不死，自了凝眸而思，默想所以不死之故者良久，忽大悟，遂飛身下巖，衆大驚，以爲必死，下山視之，無恙也。其弟借鄰人書置案頭，自了翻閲畢，弟持去，自了索筆疾書，始末無一字錯落。喜臨池學帖，筆如龍蛇，得王右軍遺意。善鐫圖章，刻畫古朴，有秦漢風。尤工丹青，凡古人墨蹟摹倣逼肖，雜之古畫中，無有能辨之者。後乃以善畫得名，中山王聞之，召入内廷命畫，凡山水、花竹、翎毛，筆筆入神，王愛之，常侍左右，賜號曰自了。崇禎年間，册封行人杜三策至中山，王出自了畫索留題，杜公大加稱賞，比之顧虎頭、王摩詰，以爲近代無有也。迄今字畫流傳國中，人得之如獲重寶。年十八無疾而逝。葬三日後，塚開屍脱，唯餘空棺，衣履異香繚繞不散。余獨恨自了無文章傳世耳，使其父教以讀書，則古文詞詩歌必能追踪往哲，不則天或假之以年，閲歷久而聰明生，未必無詞藻可觀也。康熙戊辰春，予下榻瓊河古驛，國使者梁本寧與其小阮得濟秀才爲予言，余奇其人，異其事，爲之立傳。

枕山曰：五官之於人缺一不可，而自了獨以口啞致神悟，何哉？蓋耳目口鼻，惟口之爲害最大，自了豈以不得之於口者而得之於心耶？不然，何世之利口者多而會心者少也。

雪堂韻林雜組詩序

詩牌不知何昉也，而平仄錯落，紅黑雜陳，携二三知己於山窗水驛、客邸仙舟中，大展錦氊，高燒銀燭，列琥珀杯，傾桑落酒，然後各分一盤，觸景命題，拈字覓句，能使意與題合，句隨字得，可不謂韻事歟？較之雙陸、骨牌、馬弔諸技，相去何如也？吾門程子寵文，雅有吟咏癖，讀書之暇，手製詩牌一副。時余叨下榻，與老友竺鏡筠往往拈此作消遣物。程子欲將所拈詩稿匯集成帙，余以信手鋪叙，宜置之不議不論，勿妄災筆墨也。程子曰：「非也。文人偶爾推敲，無非心血，安忍棄之？况手談之理可編爲譜，投壺之義亦著於經，豈詩牌所拈之詩獨不可雜組而爲佳集也哉？」乃請余參訂而録之，併爲之序云。

枕山樓詩集

序

林　潭

外史程子寵文，自中山來，師事余友昌其，盡得其所學，雖吾黨之豪俊未能或先之。方今聖人御宇，重譯向風，程子之得聞斯道也，謂非沐浴於文教者深歟？客夏返棹中山，昌其賦詩以送之，既又有詩以懷之。余與昌其交幾三十年，素知其不輕以肝膽許人，今且杜門謝客矣，而獨於程子爲惓惓者，吾知文章意氣，萬里寸心，有未易爲不知者道。□□別詩十首，已登前刻，膾炙詞壇，今取其寄懷五章讀之，抑何其字字皆從肺腑中流出。陳言務去，獨展新裁，覺懷人之什又另開生面矣。不揣謬爲評點，於以見昌其之知己在聲氣之外，而因嘆世之忽近而慕遠，違目而信耳者，其視程子又何如也。壬申花朝，同學弟林潭二耻拜題於晚香園。

江樓秋日懷中山程寵文

一自仙槎五月回，青山聊復計重來。朝天有路終浮海，看菊何人共舉杯。水驛樓高雲氣散，西風潮落雁聲哀。舊年此地逢重九，猶憶同君上釣臺。

一二言仙槎去後，滄海茫茫，望既無從，思亦徒然，於是無可奈何，唯有計其萬一重來，可慰繼見之願。然離合有數，踪跡靡常，重來之計，亦其想望之切所迫而作是想也。玩「聊復」二字，不勝悽惋。三承二，言今日車書一統，萬國來同，外臣奉貢，非才莫使，賢如君輩，必膺是選，拭目重來。四承一，言但黃花盛開，秋光如錦，載酒東籬，仙槎杳然，誰復與我共賞者乎？一句是望其來，一句是惜其去，方寸轆轤，誠有不能爲情者，正其深於情也。五雲氣散，言人去遠。六鴈聲哀，言書不來。七言此地即樓高潮落之地也。八言去年九日，爾我登臨，何等高興，今則釣臺猶在，仙槎已回，未免悠悠我思。玩「猶憶」二字，真有使人不堪回首者矣。此句雖云結五、六，實挽合起句也，細讀自見。浮海而曰「朝天有路」，亦見河清海宴，舟楫無虞意，立言有體。

衰顔最畏動離憂，不覺懷人復感秋。蛱蜨莫尋花下夢，芙蓉偏向水邊愁。詩題絶島深松寺，酒上平湖細雨舟。知爾故園行樂處，中原曾否憶同遊。

「衰顔」，即《漁父篇》所謂「顔色憔悴，形容枯槁」者，大抵皆不得志之人也。不得志之人，既有懷莫展，空抱經綸，到不如放開心胷，一絲不挂，若彼世上離離合合，一段悲歡情景，則索一刀斫斷，絶此葛藤，永無煩惱，信如此句，則諸色皆空，都無繫念，吾不知下七句詩更從何處落筆。乃輕輕以「不覺」二字接去，若有不知其然而然者，信乎非斯人不足以動我之思也。此即枯木再萌，死灰復燃之説歟？或者曰是爲馮婦也，然獨不云「情之所鍾，正在我輩乎」？三莫尋蜨夢，即畏動離憂。四偏向花愁，即懷人感秋。五、六即七之行樂處也。絶島之中有寺，寺之中有松，而千株萬株，深深可愛，乃有其人，題詩其中。平湖之上有舟，舟之上有雨，而千絲萬絲，細細可玩，乃有其人，載酒其上。曲曲摺摺，描寫如畫，以云行樂，樂莫大焉。然人各有情，我既思君，君獨不思我？故八曰「曾否憶同遊」，亦恐其如我之畏動離憂，漠然置我於度外也。此挽起句一筆，使人不覺。

不緣別後起傷悲，古道寥寥動我思。湖海一帆終日挂，風霜雙鬢幾人知。帶烟黄菊猶含蕋，承露青松自長枝。却怪尋秋騎馬客，衡門未見問棲遲。

此詩只「古道寥寥動我思」一句是懷人真正面目，感之深，思之切，而復憤之甚也。其餘皆是側面，不過根此句，生枝生葉，若不解此意，一味草草讀過，則去題遠矣。一、二言茫茫宇宙，從古及今，别離之苦，何人不知，我斷不以不相聚首、不得同行爲悲，所可悲者，眼見悠悠斯世，知己寥寥，而獨有人於我敦古道，篤愛敬，我能不思之乎？三承一，言湖海之上，一片風帆，日往日來，汎汎不絶，可見别離亦是常事，不足深悲。四承二，言但我風霜勞苦，雙鬢如蓬，日月逝矣，歲不我與，知此心者，更有何人？故用五、六急急轉下，言菊猶含蕋，以喻守之定，言松自長枝，以喻養之厚。嗚呼！世有如此之人，自當物色及之，乃衡門棲遲，竟無有過而問之者，吾其奈此馬上之客何哉？唯其無有過而問之，益見古道寥寥，而予懷之耿耿，原不獨爲離愁起見也。

山壇隱隱杏花香，問字偏能過草堂。紅映帳中霞弄影，白添門外雪生光。臨行書卷還相質，回首江樓更斷腸。記得依依分手後，至今明月照河梁。

此詩前四句言從遊時敬禮有加，後四句言拜別時眷戀莫舍。一杏壇二字，摺開成句，使人不覺中隱隱二字，有不慕浮名，不求聞達意。二言唯有此君，偏能於隱隱聞香之際，問字過我也。三、四用絳帳、立雪事，錯落點綴，化俗爲雅，尤見剪裁之妙。總言其隆師重道，不愧古人，是即發明隱隱聞香、過我問字意。五臨行相質，見其心之虛。六回首斷腸，見其情之厚。凡人皆知晰疑問難，若倉皇就道，鮮不釋卷，皆相繾綣綢繆，若急遽登舟，何暇反顧？今看此君偏偏於人所忽處，有如此用心用情，此即七之所謂「依依」者也。覺從前設絳之禮，立雪之誠，皆本中心自然而然，非實實聞香過我，而能若是乎？玩「臨行」「回首」回字，使人嗚咽，而今已矣，雪門未改，絳帳猶存，然而山壇一片地，無有聞香過我者，徒留三秋月色，光照河梁，撫景懷人，能不悲哉，能不悲哉？

兩地星霜一曲琴，相攜對酒獨何心。共看天漢秋雲淡，曾見笙歌夜月沉。岸葦蕭蕭飛白鷺，江楓漠漠起寒砧。自從立雪堂前別，不敢開門直到今。

世豈有相攜對酒，不如兩地星霜者乎？然我細細讀之，始知此一、二之奇思妙想，真爲千古開闢文字。何言之？人之相知貴相知心，若果具有一段生死患難無不與共之概，即海枯石爛，而此心終不磨滅，何況區區山川間隔，即能使彼兩人方寸地忱不相契合乎？苟其不然，則眼前膠漆，心裏秦越，雖終日牽衣，未免覿面千里。噫！與君相見但飲酒，古人已先我而言矣。「一曲琴」，言其同調也，此三字用得深。「獨何心」，刺其肺肝也，此三字問得毒。三承一，言昔人懷友，往往登樓遠望，今幸際此秋高，天漢無雲，正堪極目，爾我既同此心，則彼此自同此眼。「共看」兩字，爲之叫絶。四承二，言相携對酒者，吾見其夜夜笙歌矣。五、六言今何時乎，岸葦蕭蕭而白鷺飛，江楓漠漠而寒砧起，秋將暮矣。七、八結之，言我自雪堂送别後，眼見對酒笙歌者不少也，即從彼時杜門謝客而至於今矣。試一問其杜門之後又作何事？曰有琴在焉，唯有坐彈一曲，以思我知音也云爾。

海國聞見録

〔清〕陳倫炯　撰

校點説明

《海國聞見録》一卷附圖，清陳倫炯撰。

陳倫炯，字資齋，福建同安人。監生，授侍衛，康熙六十年（一七二一）授臺灣南路參將，雍正時歷任臺灣總兵、高雷廉總兵。

《海國聞見録》記中國沿海及海外諸國形勢、風物特産等，分「天下沿海形勢録」、「東洋記」、「東南洋記」、「南洋記」等章，有關琉球記載見「東洋記」，附日本後。

本書輯録自《藝海珠塵》本。

（張　喆）

海國聞見録

厦門往長崎，乘南風，見臺灣雞籠山，北至米糠洋、香箽洋，再見薩峒馬大山……薩峒而南，爲琉球也，居於乙方，計水程六十八更，中山國是也。習中國字，人弱而國貧，産銅器、紙、螺甸、玳瑁，無可交易。其衣冠人物，貢由福州，久熟習見，故不詳載。自日本、琉球而東，水皆東流，莊子所謂尾洩之不知何時已而不虛也。

長吟閣詩集

〔清〕黄子雲　撰

校點説明

《長吟閣詩集》十卷，清黄子雲撰。

黄子雲（一六九一—一七五四），字士龍，號野鴻，江蘇崑山人。生平未仕，曾於康熙五十五年（一七一六）助陳夢雷纂《古今圖書集成》，乾隆初遊幕衢州。陳懋悳《野鴻詩的》跋稱其「布衣能詩，家貧好客」，與諸名士過從甚密。博雅多才，畢沅《靈巖山人集》卷三《過黄丈野鴻山居》詩有「聞來一叩長吟閣，硯譜茶經共討論」之句。除著有《長吟閣集》外，尚有《野鴻詩的》。康熙五十八年（一七一九），清廷派海寶、徐葆光爲正、副使往琉球册封尚敬爲中山王，徐葆光邀黄子雲同行。黄子雲歸國後，於編詩集時，將赴琉球所作詩編入《長吟閣詩集》卷一。

黄子雲在《野鴻詩的》中論詩宗杜甫，視盛唐諸子碌碌，其所作詩亦力摩杜甫之壘。畢沅贊爲「幾回蘸筆揮蕉葉，寄傲詩成逼古初」（《靈巖山人集》卷十四《寄題黄丈野鴻山中别業》），錢泳《履園譚詩》極口推許其《賣書祀母忌辰》一首。赴琉球詩多清詞儁語，洗練平淡，脱胎杜甫而上追二謝。如《帆海行》云：「朝霞紺滑寒曈曨，殘月無聲海門倚。」《大洋》云：「潮來天宇白，日照海門青。」《偶題》云：「霜白天無影，江空月有聲。」均天然空靈，錘煉工穩而無斧鑿迹。

此次輯選，録自上海圖書館所藏乾隆刊本，除赴琉球詩外，并將後贈、輓徐葆光詩二首附於後，以供參考。

（李夢生）

目録

長吟閣詩集

度仙霞嶺時隨徐師葆光册封流求。

鳥道紆迴上，猿聲縹眇聞。峰盤三百級，身入萬重雲。天地閩中險，陰晴嶺半分。出關盡蠻語，端合作參軍。

過劍州即今延平府。

一郡蓮峰裏，扁舟劍閣前。寺臨春水闊，城帶夕陽偏。山勢群奔海，灘聲獨上天。前賢有神物，隱現斗牛邊。

漁梁驛步至山家留飲

小市輿相逐，孤笻徑獨遊。雷收千嶂雨，凉散一池秋。地僻衣冠古，山深笑語幽。海天今在眼，樽酒且淹留。

帆海行

滄溟沆漭何處來，混合萬古之精髓。陸離摩蕩白日光，濛濛元氣相推抵。皇帝己亥月庚午，下旬之吉風日美。詞臣銜命邁中山，雲也不才佐是使。烝徒既集整檣篷，神魚跋浪靈風起。乃酹水聖而告曰，萬里之行從此始。爾其負弩肅祲氛，默導針車向東指。祝辭未竟過虎門，島迴嶼轉杳無涘。渺焉一粟入溟茫，上下四方舟聽止。乾綱劃破玄元苞，坤維倒拆灣澴底。濕銀瀅耀目無定，萬頃冲融燦成綺。朝霞紺滑寒曈曨，殘月無聲海門倚。中流鐃吹鼓馮夷，羽戟森森儼相峙。陽侯稽首鮫女歌，海若潛跡天吳徙。往昔求仙瀛海東，暈紅如血颸母紫。鯨浮礧峗鬣蔽天，蜃現鴻濛氣蒸市。鸛鵠摩空作人語，腥風晝黑日生珥。毒涎噴霧鼉宮翻，電霆敲磕扶桑圯。陣雲泱莽神躨跜，幻弄陰晴刻不似。丁酉偕全陽吴鍊師自都中進香南海，風濤甚險。及兹汗漫槎再浮，轉覺臨深懼非是。天風颯颯牙檣旗，飛越雞籠山近臺灣。抵馬齒。山隸流求。巨靈闞虓劈雲峰，一髮青山露烟水。揚帆七日不知險，分明穩駕追風駛。苟非荷此命自天，區區人力何足恃。方今率土盡版章，嚮義先稱舜天氏。中山始祖。國朝明詔屢布宣，風壤前賢有圖紀。到時更欲采風謠，萬一生還獻天子。

麻力嘆 海舶艙名。

行路難，行路難，虛舟汎汎隨汪瀾。胥徒森立僅容髮，臺列一十二枝龍畫竿。桅前下視洞蒼莽，號曰麻力廣逾丈。摺腰屈項團數人，懸梯蟻附不得上。冥若潛蛟居幽宫，雙眸煜煜閃青銅。天行赤日午不覺，耳邊但聽萬馬嘶悲風。炎蒸汗成雨，脣乾口燥氣如縷。飲海海水醎，清泉嚴貯禁妄取。一人計水日一瓢，渴霑點滴逾瓊膏。短髮蒙茸面垢膩，丈夫到此惟安義。嗚呼！君不見五陵甲第豪華家，綺窗洞户無塵沙。紅袖金樽歌不停，酒酣笑倚芙蓉花。湘簾夢斷日過午，不知麻力羈人苦。

大洋

不覺舟如葉，隨風入窅冥。潮來天宇白，日照海門青。孤嶼遥相認，危檣覺有靈。中流撫身世，萬里一浮萍。

次那霸

喜達中山境，千厓突沓開。海天浮一國，鏁鑰在雙臺。灞口有砲臺雙峙，爲國都門户。候舫輕如葉，鳴金沸若雷。候船皆鳴金來接。岸傍諸父老，争看使星來。

醉後作

島外無端節序催，秋河耿耿雁飛迴。曾經相識惟明月，可與追歡只濁盃。四海一身容我放，百年雙眼向誰開。蓬山東望天連水，猶爲浮雲蔽烏媒。

那灞望海

大塊更無外，鴻濛混兩間。龍行何處雨，蜃現別洲山。一氣涵諸夏，曾波走百蠻。茫茫萬餘里，仍向此中還。

戲贈薩多奴式內侍官名。

金童十四青絲髮，凉簪委髻蘭膏滑。眉歛湘烟紅玉春，鏡中掩映桃花月。殷鮮繡帶輕纏腰，錦袖温風香不滅。出入西園從幼王，六街車馬欻生光。中山女兒無顔色，脈脈含嚬空斷腸。父兄官拜紫金上，翡翠重茵雲母幛。紅粉蓮房好自持，莫逐浮萍亦飄蕩。

七月二十六日行册封禮隨使臣至中山王第禮成慶讌南宫

版宇天王地，恩波使者舟。藐孤承世土，本朝給「中山世土」匾額至今尚存。寵誥衈遐陬。峰抱三分勢，流求前有山南、山北、中山三王，三分其地，後爲中山兼併。城臨萬頃流。王城在中山頂上。甲旌歡會集，輿馬奉神留。宫城第一門名歡會，正殿門名奉神。扇影香風舉，爐烟錦袖浮。拜承鸞鵠詔，捧上鳳凰樓。正殿有五鳳樓，詔册所藏之處。對越冠裳肅，趨陪禮數周。解知華國語，供得大官羞。户綴鮫綃網，簾褰翡翠鈎。畫屏金騕褭，宫斝玉雕鎪。舞弱春多態，歌長煖未收。亭臺博望苑，簫鼓上黄侯。畏獸陳仙署，庭中戲舞彩獅。明粧衒綺幬。樓頭妃媵張幕而觀。山花通御氣，澗鳥發新謳。禮樂邦疑魯，文章客似鄒。兵戈何代息，貢獻至今修。地紀連瀛島，天文接斗牛。龍光荷休錫，長此翊神州。

八月十五夜

雨歇秋更好，天開夜轉新。旅情全借月，詩興倍於人。虛壁蛩相語，空庭樹有神。一樽燈下酒，萬里夢中身。

白金巖邀同程紫金順則陳申口其湘阮正議維新長史瓚蔡耳目肇功宴集分賦

千載一時會，華夷共舉觴。風頭行地白，日脚射天黄。故國思如夢，浮生醉是鄉。大夫無夙退，吾欲問滄桑。

麻氏園放鷺

萬里憐同載，清溪縱爾行。開籠不忍去，引頸若爲情。鷺食無先啄，雞塒慎莫争。麻家多道氣，猶可望長生。

登山南王故城

前人巖谷後人攀，絶頂孤城尚有關。日暮牛羊眠廢苑，天清猿鶴哭荒山。三分世並東南表，一戰身亡骨肉間。稍喜王孫似芳草，年年猶得伴春還。

阮正議大夫宅古松歌

園有山，山有松。松高一十有二丈，屹然特立青霄碧漢虚無中。屈枝挺幹向天攫，風雷白日時間作。蘚滋暈蝕紫蜺寒，乖鱗蜕甲蒼龍殘。上有一枝皮皴裂，云是昔年神斧劈削相雕剜。能令古苔緑，能使秋烟碧。老鶴時一鳴，月輪下山仄。庭宇深澄幽，陰抱直影而孑立。與大夫兮一心，不樹於夏，不封於秦。吾不知此松之古今，天半風，空中音。

乘騎渡邊海至沙岳

騎馬似乘船，風湍撼錦韉。踏開珠貝窟，倒入雨雲天。人影流還住，蹄痕碎又圓。潮聲天外起，箇箇著先鞭。

登沙岳

中流孤嶂碧嶙峋，躡足攀躋捷有神。海底雲霞天不夜，山中芝鶴地長春。鯨迴鐵坂沙名。灘聲轉，龍傍金巖山名。雨意真。獨上高峰眄寥泬，後遊沙嶽更何人。

偶　題

去住何時定，羈栖暗自驚。別家如昨日，越海若他生。霜白天無影，江空月有聲。秋光無限好，不散故鄉情。

抱病月下戲答陳大夫

采藥求仙事莫論，天涯消渴向黄昏。剩將逸興思浮白，愛此清光强倚門。紅燭疎簾風有力，緑蕉涼院月無痕。春心早逐寒灰冷，暮雨毋勞入夢境。

五子詠

文汝衡，大島人也。年十六，資性俊慧，送余詩有「若町西望天連水，夢裏中原負笈行」句。

鸞鷟東南來，毛羽光陸離。垂翅落榛棘，鷟鳥同一時。引領望中夏，惆悵梧桐枝。

蔡元麟少失怙，十四通華音，相交以道，粂方言讀曰枯。邨之佳公子也。

蘭葉寒霜摧，蘭芽新茁紫。天生王者香，動摇春風裏。用以締金盟，沅湘人遠矣。

阮則北性沉默，寡色笑，年未冠，無故不出户庭，堪爲吾儕之小友焉。

小小園中竹，結根幽人屋。出土便無心，娟娟媚幽獨。粒實自天成，不勞鳳凰啄。

翁國柱家本貴戚，居首里，倜儻而多智，年少中有口才者。

庭中有鸚鵡，錦架自來去。風前學人言，開口多絮絮。一朝飽香稻，飛入雲深處。

佐和文與汝衡同里閈，年亦相埒，丰神俊麗，其王恭之流亞歟？

灼爍芙蓉花，芳塵起羅襪。風多嬌自持，杳映波中月。采之遺所思，川長不可越。

二月十六日開帆出那灞行三四更作海程六十里爲一更。

濤吼風顛龍更吟，布帆滅没彩霞深。心懸五虎福州南臺海口名五虎門。期三日，路出雙臺仗一針。

夜水拍天星象闊，曉雲捲雨海門陰。計程未過華夷界，篷頂先懸賞賜金。封舟往返，先望見山者例有賞。行至中途，使臣書賞格懸桅上以示信。

中山紀事

余來荒徼，凡土風物候，偶有見聞，輒吟一絶。留滯九閲月，檢行笥中得二十首，詞無詮次，句不雅馴，編諸卷内，庶採風者有擇焉。

滄溟萬里限華夷，轉眼安危未可知。一髮青山天外出，滿船人是再生時。

針車東指過雞籠，盡日靈旗五兩風。夜半遥山候火集，海天萬國盡曈曨。土人度封舟將近，夜集諸山燃火以候。

淵淵鼉鼓引龍韜，使節争看自九霄。士女口碑沿習久，中華仍説大唐朝。昔唐太宗征琉球國，人畏服，因呼天朝爲唐朝，人爲唐人，至今不改。

真玉橋過守禮邨，鸞旂十里入宫門。陪臣隊裏王孫出，九頓亭前謁至尊。

仙樂聲中寶册開，邦君蟒玉拜塵埃。殿前咫尺天威在，手爇爐香問候來。禮成後，王跪問聖躬萬福，使臣亦答曰聖躬萬福。

三旬六日餽華筵，敬事天家禮數全。五鼎日烹渾不覺，居民蔬食已三年。請封後國中無故不殺牲，牧養雞豕以待。

林巒罨畫鏡隄長，沙鳥閒眠曝夕陽。蕉緑滿園秋帶雨，幾家烟火髑髏牆。石似髑髏，家家累石爲牆。

王家邸第枕山頭，百里風烟一望收。島嶼周遭三十六，水程半萬盡琉球。琉球管轄有三十六島。

舜天土俗代相承，服制初看卻誤稱。束髮夷童呼作婢，不冠醫士認爲僧。童子十六歲已上始薙髪，醫士髡頂。

麻衣草屨任愚頑，野老相邀席地攀。太古遺風今已邈，尚留一綫在中山。

翠篠籬垣黄草扉，洹花邨巷轉霏微。山家地僻無貧富，番薯爲糧蕉作衣。

崇元香火一千年，圓覺宗祊十四傳。獨有山南并山北，故宫秋草上青天。崇元寺追祀舜天，圓覺寺即中山家廟，始於尚圓，至今十四傳矣。

玉貌檀郎捧玉壺，十三名號薩多奴。春心未解眉尖擲，侍奉深宫一事無。宫中無内豎，官家子十歲上入宫供灑掃，號薩多奴，年十六令還家。

年少頭銜若秀才，官家子弟遞相推。三年就塾通華語，紫綬黄冠入貢來。官家子居久米邨，未薙髪爲若秀才，附學肄業，讀孔孟書，稍知義理，通華音，即擢取爲通事，冠黄冠，令其入貢。

凌波無襪亦生塵，風動羅襦不隔春。雲髻斜梳簪玳瑁，錯教嫁得等閒人。女子皆跣足穿草屐，不著褌，衣服無帶，以手捉襟而行。民家玳瑁簪，宦家用金銀。

兩兩金童舞袖垂，大家争唱直蘇詞。横簫聲裏蠻音誤，顧曲周郎亦不知。阿直蘇，夷歌起句。男女多唱此曲，不知所指，大意是頌中華語。土人呼笛爲横簫。

風吹紫陌動芳塵，桂子梅花相映新。白帝青皇俱不管，小山大嶺一時春。

牙旂小隊兩邊開，夾道紅冠盡秀才。一簇黄塵山下至，竹筐盛著大夫來。大夫乘輿，輿形似筐，横穿一木于上，人居其中，若吾之擔物然。

若町東去是唐營，中島長虹取次行。三十六家吟復醉，道逢童稚亦知名。洪武時令中國三十六姓居王城外，教以禮義，通華音，後遂家焉。

居人解讀漢文章，俎豆依然奉素王。千百年前浮海嘆，聖心早已屬東方。孔廟在守禮郵，四時致祭。

（已上卷一）

徐師葆光歸里敬贈四十韻

鳳皇翔千仞，天下仰羽儀。士夫無節概，章句徒見欺。恭惟徐夫子，卓絶蒼松姿。綜覈墳經旨，躋攀賢哲規。振興髦士氣，擺落詖淫辭。洒翰江河流，文體迴頹衰。江東操觚客，造請恐或遲。涵濡及吾黨，亦足馨一枝。通籍金閨中，清華映當時。史管挾風霜，字字銘鐘彝。書軌混區宇，職貢靡闕遺。皇心廑島服，臨軒親制詞。公獨專對能，謁帝帝曰咨。汝其往欽哉，佐爾百熊羆。祇承中山命，泛泛窮坤維。龍旂指扶桑，金章照卉夷。鑾王拜舞畢，對越儼神祇。寮寀壬人態，小東利其私。酋長目相視，肝膈生群疑。能無李下嫌，獨以道自持。按圖徵殊俗，登高咏新詩。風乎冠者隊，雲也歌於斯。還朝見天子，精白無瑕疵。所遇有定端，在己節不虧。再直承明廬，翕然名聲垂。禄位雖不崇，顧蒙國士知。惜哉家壁立，朋親猶待炊。出入三朝老，寧免凍與饑。今上方前席，老病誠難支。且無衮職闕，焉用臣朔爲。竊懷進退義，不敢鹼廩縻。悚惶謝北闕，嘯傲還東籬。未曾造家室，洒掃及庭墀。未曾款鄰曲，墻頭過酒卮。未曾會賓客，張燈聽金羈。未曾謁官僚，候人伺旌麾。毋謂一官貧，所貴多士師。吁嗟天壤間，風義實在兹。默傷屢空子，漂蕩髩成絲。海鴻倘迴顧，天高隨所之。

楓江徐師輓歌有序

丁巳冬，吾師病假旋里，自山中趨謁，竊喜顔形語笑未甚殊，手足小不仁，無害也。距今甫三載，卧未移日，遽與世辭，痛也如何。緬維島國從游，陟峻嶺以豪吟，瞰重溟而酹酒，僅二十年，遂成陳迹，悲已！嚮所作贈言凡數章，其文詞德業，已略述梗概，於兹不敢復有陳説。顧時當相向之辰，哀衷莫訴，謹綴數語，向寢門灑涕而陳，一達九重泉路。

滄海游，追歡賞。舞雩志，頻吹獎。横盻雲生，高酣月上。謂享鮐背期，遽興蟬蜕想。嗚呼！眄鳳儀兮中天，俄麟服兮片壤。靈光摧兮大江南，大江南兮將誰仰。（以上卷五）

明史

〔清〕張廷玉等 修

校點説明

《明史》著者、卷次已見前。明與琉球交往始于洪武五年（一三七二），此後琉球幾乎每年入貢，甚至有一年入貢三四次者。至成化十年（一四七四），命兩年一貢，但亦未嚴格執行。本書輯録《明史》本紀等所載琉球歷年入貢情況，以資參考。

（李夢生）

明史

〔洪武五年〕是年，瑣里、占城、高麗、琉球、烏斯藏入貢。

〔洪武七年〕是年，阿難功德國、暹羅、琉球、三佛齊、烏斯藏、撒里、畏兀兒入貢。

〔洪武九年〕是年，覽邦、琉球、安南、日本、烏斯藏、高麗入貢。

〔洪武十一年〕是年，暹羅、闍婆、高麗、琉球、占城、三佛齊、朵甘、烏斯藏、彭亨、百花入貢。

〔洪武十三年〕是年，琉球、日本、安南、占城、真臘、爪哇入貢。（以上《太祖本紀二》）

〔洪武十五年〕是年，爪哇、琉球、烏斯藏、占城入貢。

〔洪武十六年〕是年，琉球、占城、西番、打箭爐、暹羅、須文達那入貢。

〔洪武十七年〕是年，琉球、暹羅、安南、占城入貢。

〔洪武十八年〕是年，高麗、琉球、安南、暹羅入貢。

〔洪武十九年〕是年，高麗、琉球、暹羅、占城、安南入貢。

〔洪武二十年〕是年，琉球、安南、高麗、占城、真臘、朵甘、烏斯藏入貢。

〔洪武二十一年〕是年，高麗、占城、琉球、暹羅、真臘、撒馬兒罕、安南入貢。

〔洪武二十三年〕是年，墨剌、哈梅里、高麗、占城、真臘、琉球、暹羅入貢。

〔洪武二十四年〕是年……琉球、暹羅、別失八里、撒馬兒罕入貢。
〔洪武二十五年〕是年，琉球中山、山南，高麗，哈梅里入貢。
〔洪武二十六年〕是年，琉球、爪哇、暹羅入貢。
〔洪武二十七年〕是年，烏斯藏、琉球、緬、朵甘、爪哇、撒馬兒罕、朝鮮入貢。
〔洪武二十八年〕是年，朝鮮、琉球、暹羅入貢。
〔洪武二十九年〕是年，琉球、安南、朝鮮、烏斯藏入貢。
〔洪武三十年〕是年，琉球、占城、朝鮮、暹羅、烏斯藏、泥八剌入貢。（以上《太祖本紀三》）
〔永樂元年〕琉球中山、山北、山南，暹羅，占城，爪哇西王，日本，剌泥，安南入貢。
〔永樂二年〕是年，占城，別失八里，琉球山北、山南，爪哇，真臘入貢。暹羅、日本、琉球中山入貢者再。
〔永樂三年〕暹羅，琉球山南、山北入貢者再，琉球中山入貢者三。
〔永樂四年〕是年，暹羅，占城，于闐，浡泥，日本，琉球中山、山南，婆羅入貢……琉球進閹人，還之。
〔永樂五年〕是年，琉球中山、山南，婆羅，日本，別失八里，阿魯，撒馬兒罕，蘇門答剌，滿剌加，小葛蘭來貢。
〔永樂六年〕瓦剌，占城，于闐，暹羅，撒馬兒罕，榜葛剌，馮喜施蘭，日本，爪哇，琉球中山、山南入貢。

〔永樂七年〕是年，滿剌加，哈烈，撒馬兒罕，火州，古里，占城，蘇門答剌，琉球中山、山南入貢。

〔永樂八年〕占城貢象。琉球山南、爪哇、暹羅貢馬。琉球中山入貢者三。

〔永樂九年〕阿魯台來貢馬，別失八里獻文豹。琉球中山入貢者三。

〔永樂十年〕是年，浡泥、占城、暹羅、滿剌加、榜葛剌、蘇門答剌、南浡利、琉球山南入貢。

〔永樂十一年〕別失八里、滿剌加、占城、爪哇西王入貢。琉球中山入貢者四，琉球山南入貢者再。

（以上《成祖本紀二》）

〔永樂十二年〕真臘進金縷衣，琉球中山王貢馬。

〔永樂十三年〕是年，琉球山南、山北，爪哇西王，占城，古里，柯枝，南浡利……入貢。琉球中山入貢者再。

〔永樂十四年〕是年，占城、古里、爪哇……忽魯謨斯、柯枝入貢，琉球中山入貢者再。

〔永樂十五年〕琉球中山、別失八里、琉球山南、真臘、浡泥、占城、暹羅、哈烈、撒馬兒罕入貢。

〔永樂十六年〕是年，暹羅、占城、爪哇……千里達、撒馬兒罕入貢，琉球中山入貢者再。

〔永樂十七年〕是年，哈密、土魯番、失剌思……八答黑商、滿剌加入貢，琉球中山入貢者四。

〔永樂二十年〕占城、琉球中山、卜花兒、哈密、瓦剌、土魯番、爪哇入貢。

〔永樂二十一年〕占城、古里、忽魯謨斯、阿丹……榜葛剌、琉球中山入貢。（以上《成祖本

紀三》)

〔永樂二十二年〕是年，于闐、琉球、占城、哈密、古麻剌朗、滿剌加、蘇祿、瓦剌入貢。(以上《仁宗本紀》)

〔洪熙元年〕是年，哈密回回、滿剌撒丁、占城、琉球中山、爪哇、烏斯藏、瓦剌、浡泥入貢。

〔宣德元年〕是年，爪哇、暹羅、琉球、蘇門答剌、滿剌加、白葛達、撒馬兒罕、土魯番、哈密、烏斯藏入貢。

〔宣德二年〕是年，爪哇、占城、暹羅、琉球、瓦剌、哈密、亦力把里、撒馬兒罕入貢。

〔宣德三年〕是年，占城、暹羅、爪哇、琉球、瓦剌、哈密、安南、曲先、土魯番、亦力把里、撒馬兒罕入貢。

〔宣德四年〕是年，爪哇、占城、琉球、榜葛剌、哈密、土魯番、亦力把里、撒馬兒罕入貢。

〔宣德五年〕是年，占城、琉球、爪哇、瓦剌、哈密、罕東、土魯番、撒馬兒罕、亦力把里入貢。

〔宣德六年〕是年，占城、琉球、瓦剌、哈密、蘇門答臘、亦力把里入貢。

〔宣德七年〕是年，占城、琉球、哈密、哈烈、瓦剌、亦力把里入貢。

〔宣德八年〕是年，暹羅、占城、琉球、安南、滿剌加、天方、蘇門答臘、古里、柯枝、阿丹、錫蘭山、佐法兒、甘巴里、加異勒、忽魯謨斯、哈密、瓦剌、撒馬兒罕、亦力把里入貢。

〔宣德九年〕是年，暹羅、占城、琉球、蘇門答剌、哈密、瓦剌入貢。(以上《宣宗本紀》)

〔宣德十年〕是年，琉球中山、暹羅、日本、占城、安南、滿剌加、哈密、瓦剌入貢。

〔正統元年〕是年，琉球中山、爪哇、安南、烏斯藏、占城、瓦剌入貢。

〔正統二年〕是年，琉球中山、撒馬兒罕、暹羅、土魯番、瓦剌、哈密入貢。

〔正統三年〕琉球中山、暹羅、占城、瓦剌入貢。

〔正統四年〕是年，琉球、占城、安南、瓦剌、榜葛剌、滿剌加、哈密入貢。

〔正統五年〕是年，占城、琉球中山、哈密、烏斯藏入貢。

〔正統七年〕是年，占城、瓦剌、哈密、琉球中山、安南、爪哇、土魯番、烏斯藏入貢。

〔正統九年〕暹羅、琉球中山、瓦剌、安南、烏斯藏、滿剌加入貢。

〔正統十年〕是年，琉球中山、哈密、亦力把里、安南、占城、滿剌加、錫蘭山、撒馬兒罕、烏斯藏入貢。

〔正統十一年〕是年，琉球中山、暹羅、安南、爪哇、回回哈密、占城、亦力把里、撒馬兒罕、烏斯藏入貢。

〔正統十二年〕是年，琉球中山、安南、占城、瓦剌、爪哇、哈密、暹羅入貢。

〔正統十三年〕是年，琉球中山、安南、占城入貢。（以上《英宗本紀前紀》）

〔正統十四年〕是年，琉球中山、占城、烏斯藏、撒馬兒罕入貢。

〔景泰二年〕是年，安南、琉球中山、瓦剌、哈密入貢。

〔景泰三年〕是年，瓦剌、琉球中山、爪哇、暹羅、安南、哈密、烏斯藏入貢。
〔景泰四年〕是年，琉球中山、安南、爪哇、日本、占城、哈密、瓦剌入貢。
〔景泰五年〕是年，安南、琉球中山、爪哇入貢。
〔景泰六年〕是年，琉球中山、暹羅、哈密、滿剌加入貢。
〔景泰七年〕是年，琉球中山、撒馬兒罕、烏斯藏入貢。（以上《景帝本紀》）
〔天順元年〕是年，琉球中山、安南、暹羅、占城、哈密、烏斯藏入貢。
〔天順三年〕是年，哈密、琉球中山、錫蘭山、滿剌加入貢。
〔天順四年〕是年，琉球中山、安南、占城、爪哇、哈密、烏斯藏入貢。
〔天順五年〕是年，安南、琉球中山、哈密、亦力把里入貢。
〔天順六年〕是年，琉球中山、哈密、烏斯藏、暹羅入貢。
〔天順七年〕是年，琉球中山、哈密、安南、烏斯藏入貢。（以上《英宗本紀後紀》）
〔成化元年〕是年，琉球、哈密、爪哇、烏斯藏入貢。
〔成化二年〕是年，哈密、琉球、安南、烏斯藏、瓦剌入貢。
〔成化三年〕是年，琉球、哈密、占城、烏斯藏入貢。
〔成化四年〕是年，琉球、烏斯藏、哈密、日本、滿剌加入貢。
〔成化五年〕琉球、哈密、烏斯藏、滿剌加、安南、土魯番入貢。

〔成化六年〕是年，琉球、哈密、烏斯藏入貢。
〔成化七年〕琉球、安南入貢。
〔成化八年〕琉球、哈密、安南入貢。
〔成化九年〕哈密、琉球、暹羅入貢。
〔成化十年〕是年，琉球、烏斯藏、土魯番入貢。
〔成化十一年〕是年，土魯番、琉球、暹羅、滿剌加、安南入貢。命琉球貢使二年一至。（以上《憲宗本紀一》）
〔成化十二年〕是年，土魯番、撒馬兒罕、琉球、烏斯藏入貢。
〔成化十三年〕安南、琉球、烏斯藏、暹羅、日本入貢。
〔成化十五年〕是年，琉球、安南、烏斯藏入貢。
〔成化十六年〕琉球、暹羅、蘇門答剌、土魯番、撒馬兒罕入貢。
〔成化十八年〕是年，琉球、哈密、暹羅、土魯番、烏斯藏入貢。
〔成化二十年〕是年，安南、日本、琉球、哈密、土魯番入貢。
〔成化二十二年〕是年，哈密、琉球入貢。（以上《憲宗本紀二》）
〔成化二十三年〕是年，安南、暹羅、哈密、土魯番、烏斯藏、琉球入貢。
〔弘治元年〕琉球、占城、撒馬兒罕、烏斯藏入貢。

〔弘治三年〕是年，琉球、安南、哈密、撒馬兒罕、天方、土魯番入貢。
〔弘治五年〕是年，琉球、烏斯藏、土魯番入貢。
〔弘治七年〕琉球入貢。
〔弘治九年〕是年，日本、琉球、烏斯藏入貢。
〔弘治十三年〕琉球、土魯番、烏斯藏入貢。
〔弘治十四年〕安南、琉球入貢。
〔弘治十五年〕是年，琉球、安南入貢。
〔弘治十七年〕是年，琉球、撒馬兒罕、哈密、烏斯藏入貢。（以上《孝宗本紀》）
〔正德二年〕是年，琉球入貢。
〔正德四年〕琉球、安南、哈密、土魯番、撒馬兒罕入貢。
〔正德六年〕琉球、哈密入貢。
〔正德十年〕是年，琉球、安南、哈密、撒馬兒罕入貢。
〔正德十一年〕是年，琉球、天方入貢。
〔正德十二年〕是年，琉球、烏斯藏入貢。
〔正德十三年〕是年，琉球、天方、瓦剌入貢。
〔正德十五年〕是年，琉球、占城、佛郎機、土魯番入貢。（以上《武宗本紀》）

〔嘉靖元年〕是年，琉球入貢。

〔嘉靖三年〕是年，琉球入貢，魯迷國貢獅子、犀牛。

〔嘉靖七年〕是年，琉球入貢。

〔嘉靖九年〕是年，琉球入貢。

〔嘉靖十一年〕是年，琉球、哈密、吐魯番、天方、撒馬兒罕入貢。

〔嘉靖十三年〕是年，琉球入貢。

〔嘉靖十五年〕琉球、烏斯藏入貢。

〔嘉靖十七年〕是年，琉球、土魯番入貢。

〔嘉靖十九年〕是年，琉球、日本入貢。

〔嘉靖二十年〕是年，琉球入貢。（以上《世宗本紀一》）

〔嘉靖二十四年〕是年，安南、琉球、烏斯藏入貢。

〔嘉靖二十六年〕是年，琉球入貢。

〔嘉靖二十八年〕是年，日本、琉球入貢。

〔嘉靖二十九年〕是年，琉球入貢。

〔嘉靖三十二年〕是年，琉球入貢。

〔嘉靖三十四年〕是年，琉球入貢。

〔嘉靖三十六年〕是年，琉球入貢。
〔嘉靖三十七年〕是年，琉球、暹羅入貢。
〔嘉靖四十一年〕是年，琉球入貢。
〔嘉靖四十二年〕是年，琉球入貢。
〔嘉靖四十四年〕是年，琉球入貢。（以上《世宗本紀二》）
〔隆慶元年〕琉球入貢。
〔隆慶二年〕是年，琉球入貢。
〔隆慶三年〕琉球、土魯番入貢。
〔隆慶五年〕是年，琉球、土魯番入貢。（以上《穆宗本紀》）
〔萬曆元年〕是年，暹羅、琉球入貢。
〔萬曆二年〕是年，琉球入貢。
〔萬曆三年〕是年，安南、琉球、暹羅、土魯番入貢。
〔萬曆四年〕是年，安南、琉球、烏斯藏、土魯番、天方、撒馬兒罕、魯迷、哈密入貢。
〔萬曆五年〕是年，琉球入貢。
〔萬曆八年〕是年，琉球入貢。
〔萬曆九年〕琉球、安南、土魯番、天方、撒馬兒罕、魯迷、哈密、烏斯藏入貢。

〔萬曆十一年〕是年，琉球入貢。
〔萬曆十五年〕是年，哈密、琉球、烏斯藏入貢。
〔萬曆十九年〕琉球入貢。
〔萬曆二十二年〕是年，琉球、烏斯藏入貢。（以上《神宗本紀一》）
〔萬曆二十五年〕是年，琉球入貢。
〔萬曆二十七年〕是年，琉球入貢。
〔萬曆二十九年〕是年，琉球入貢。
〔萬曆三十年〕是年，琉球、哈密入貢。
〔萬曆三十二年〕是年，琉球、烏斯藏入貢。
〔萬曆三十四年〕是年，安南、琉球入貢。
〔萬曆三十五年〕是年，琉球入貢。
〔萬曆三十六年〕是年，琉球入貢。
〔萬曆三十七年〕是年，日本入琉球，執其國王尚寧。
〔萬曆四十年〕是年，琉球中山王尚寧遣使報歸國。（以上《神宗本紀二》）
〔天啓三年〕是年，暹羅、琉球入貢。
〔天啓五年〕是年，琉球、烏斯藏入貢。

〔天啓六年〕是年，安南、烏斯藏、琉球入貢。（以上《熹宗本紀》）
〔崇禎八年〕是年，安南、暹羅、琉球入貢。
〔崇禎十年〕是年，安南、琉球入貢。（以上《莊烈帝本紀一》）
〔崇禎十一年〕是年，土魯番、琉球入貢。
〔崇禎十二年〕是年，琉球入貢。
〔崇禎十六年〕是年，暹羅、琉球、哈密入貢。（以上《莊烈帝本紀二》）
永樂中，賜琉球中山王皮弁、玉圭、麟袍、犀帶，視二品秩。（卷六十七《輿服志》三）

皇清職貢圖

〔清〕傅恒等 編

校點説明

《皇清職貢圖》九卷，是向清朝納貢的海外各國和國内各族的形象全圖，由大學士傅恒主持編纂，乾隆十六年至二十八年（一七五一—一七六三），歷時十二年完成。全書共繪制男女服飾圖二百九十九幅，卷一描繪清藩屬與海外交往各國，共二十五國，卷二至卷九描繪國内各少數民族。一般男女各一圖，先繪官像，再繪民像，男在前，女在後，每圖右上方分别標注某國某夷，每幅圖都附有文字説明。其中卷一中「琉球國」，繪有琉球國夷官、官婦、夷人、夷婦畫像。圖説中簡要介紹了琉球國的地理方位、歷史淵源、與明清兩代的册貢關係、風土習俗、土特物産、官民服飾、外貌形狀、生産生活等。其時已「俗尚文雅」，反映出中華文化對琉球的影響。「土人」和「漢種」髮髻的區别，可見明代三十六姓移民在琉球的繁衍發展。

本書據臺灣華文書局影印乾隆二十六年刊本輯録。

（秦　潔）

皇清職貢圖

琉球國夷官

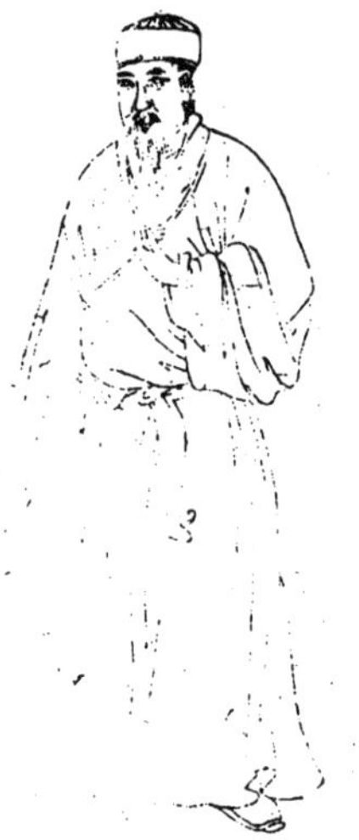

琉球國官婦

琉球國夷人

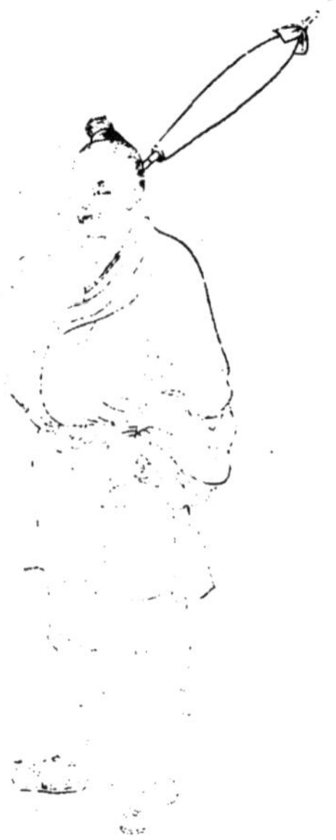

琉球國夷婦

琉球居東南大海中，明初其國有三王，曰中山，曰山南，曰山北，皆以尚爲姓，而中山最强。洪武間三王俱入貢，至宣德時，山南、山北爲中山所併。本朝定鼎，其王航海輸誠，遣使册封，屢賜御書匾額，常遣陪臣子弟入監讀書。其國有三十六島，氣候常温，俗尚文雅，鮮盜賊，王與臣民分土爲禄，地産五穀、蔬果之屬。夷官品級以金銀簪爲差等，用黄綾絹摺圈爲冠，寬衣大袖，繫大帶。官婦髻插金簪，不施粉黛，衣以錦繡，其長覆足。

琉球國人多深目長鼻，男服耕作，營海利。土人結髻於右，漢種結髻於中，布衣草履，出入常攜雨蓋。婦椎髻，以墨黥手，爲花草鳥獸形，短衣長裙，以幅巾披肩背間，見人則升以蔽面，常負物入市交易，亦工紡績。

熙朝新語

〔清〕余金 輯

校點説明

《熙朝新語》十六卷，清余金輯。

余金，生平不詳。或以爲是錢泳與徐錫齡兩人合名，待考。

《熙朝新語》記清代事，其内容，正如原序所云：「多采諸前人著述，中無一臆撰訛傳之語，且又旁蒐軼事，發潛闡幽，凡登歸耳目所經，巷議街談所及，自國初至今二百年來有關於政事文章、人心風俗者靡不具載。」

本書輯録自上海書店出版社二〇〇九年顧静標校本卷三、卷四、卷十，記汪楫、周煌出使事。

（李夢生）

熙朝新語

江都汪舟次楫，由贛榆縣訓道薦舉，授檢討。二十一年春，琉球國王請封爵，舊典用給事中、行人各一員往，上重其選，特命廷臣會推可使者以聞，入朝人多俯首畏縮，楫獨鶴立班中，大臣遂以楫對，充正使，賜一品服。至琉球國，王讌楫，手自彈琴以悦賓，楫故善音樂，縱談琴理，王大悦，乞楫書殿榜，縱筆爲擘窠書，王大驚，以爲神。累官至布政使，引疾歸，上南巡，楫强起迎謁伏道左，上熟視曰：「汝老耶，朕幾不識矣。」賜御書以榮之。

康熙二十三年册封琉球，翰林院檢討汪楫、中書舍人林麟焻等疏言：中山王尚貞親詣館舍云：下國僻處彈丸，常慚鄙陋，執經無路，嚮學有心，稽明洪武、永樂年間常遣本國生徒入國子監讀書，今願令陪臣子弟四人赴京受業云云。敕下禮部議，覆奏蒙恩准。二十七年，琉球國王遣耳目官魏應伯等恭進朝貢方物，又遣陪臣子弟梁成楫、鄭秉均、阮維新、蔡文溥等四人同貢使赴京，入監讀書，於正貢方物外敬加屏風紙三千張、嫩蕉布五十疋。我朝開國以來，文德武功，遐荒普被，海隅出日，罔不率俾，其梯山航海、重譯來庭者指不勝屈，集隘不能備載，敬録數則以見聲教四訖之盛云。

乾隆十九年，琉球國中山王世子尚穆遣陪臣毛元翼、蔡宏謀等上表請封。二十一年五月初七日，上遣侍讀全魁、中允周煌往封。六月二十二日渡海，舟泊姑米山候風，忽颶風大作，經三晝夜，接封大夫鄭秉和請易小舟登岸暫避，使者以詔敕在舟不從。二十四日風愈暴，是夜四股椗索十餘一齊皆斷，柁走，龍骨觸礁而摺，底穿入水。時既昏黑兼大雷雨，帆葉廚棚吹落殆盡，倏見神火飛向桅木，焚招風旗而墜，又海面一燈浮來，若烟霧籠罩狀，於是衆悉呼曰：「天后遣救至矣。」須臾，船身直趨向岸，一礁石透入船腹，不動亦不沉，因令解杉板小舟下水，捧詔節陸續登岸，同舟二百餘人舉慶更生，皆云皇上洪福所庇。舟到姑米港，謁廟行香，獻「願大能成」四字扁額，其對聯云：「神爲德其盛乎，呼吸回天登彼岸；臣何力之有也，忠誠若水證平生。」以答神貺。方顛播時，使者虔告天后，若默佑平安，當爲神乞請封號，並於册封之年明頒諭祭。至是具奏，請加封諭祭，上命部議。部查天后亦稱海神，康熙十九年敕封海神天妃爲護國庇民妙靈昭應宏仁普濟天妃，二十年福建提臣萬正色以天后著靈具奏，詔封妙靈昭應仁慈天后。五十九年檢討海寶册封，奏請春、秋致祭。乾隆二年閩督奏稱，守備陳元美在洋遇風，禱天后獲安，奉旨加封「福佑群生」四字。今應如所奏。奉旨：「加『誠感咸孚』四字並書明封號，即於怡山院天后宮舉行祭事。」

雨村詩話

〔清〕李調元　撰

校點説明

《雨村詩話》十六卷，補遺四卷，清李調元撰。

李調元（一七三四——一八〇三），字羹堂，一字贊庵，號雨村、墨莊，四川綿州人。乾隆二十八年（一七六三）進士，歷官廣東提學使、直隸通永道。著有《童山集》、《雨村詩話》等，編有《函海》、《粤風》等。

兹從清道光丙午映秀書屋刊本輯出有關詩話若干則，所記爲乾隆中周煌出使琉球事、潘相教琉球國子生事，及嘉慶中李鼎元出使琉球事。《詩話》所載事，皆已見上述三人所著有關書中，但由於周煌爲李調元鄉先輩，又曾同朝爲官；潘相與李調元爲同榜進士；李鼎元則爲李調元胞弟。故《詩話》所記得之親見親聞，與輾轉相聞者不同，較之周煌等人所録，頗多細節介紹及評述，正可互補。

（李夢生）

雨村詩話

海上天后甚靈驗，凡使舟過海，皆奉迎舟中，香火甚肅，有急則呼孃媽，云可速至。乾隆二十一年丙子，大司馬周文恭公同侍讀全穆齋魁奉命册封琉球，舟至姑米山，薄暮颱颶大作，舟觸礁幾沉。舟中皆呼孃媽，須臾果見一燈自遠而至，舟中皆歡呼曰：「天后救至矣。」遂登北岸。次年回朝，奏聞，上准請，于原封「護國庇民妙靈昭應宏仁普濟福佐群生」外，加封「誠感咸孚」四字。海山有書事詩云：「不關潮汐水添肥，半夜人呼事已非。疾痛尋常呼父母，一時回首籲天妃。」謂此也。初未阻風時，人言颶作，有光如星火，又有海蛇黄色，浮遊水面，至是果然。又《姑米阻風》云：「未似無雷國，還同不夜城。鐵沙排雁齒，銀礫促鼉聲。熠耀爭陰見，蜿蜒習水行。故應心腹事，菅蒯托平生。」

西湖天竺白衣大士籤，相傳甚靈。册封琉球正使全穆齋同周海山舟過西湖，周以順遊不敢瀆，全先詣請兆，得一籤云「有物不周全，須防損半邊。家鄉烟火裏，祈福自安然。」公以己名全，而云不周全，甚惡之。及姑米之事，始少釋然，但「祈福」二字無着。及歸自琉球，以正月三十日開洋，是爲祈福日。祈福者蓋琉球未奉到頒朔前，所權行時憲書中語也。

詩學唐人，須要脱去唐人面目。乾隆丁丑八日，周海山先生在琉球詩云：「暖雲如絮雨如塵，不見長安却見春。十二月中都作客，八千里外未歸人。蠻花匝地紅於錦，海浪兼天白似銀。誰説道衡離思苦，江南山色尚堪親。」末句翻用唐趙嘏句也。

琉球菊花多内地所無。九月二十四日，中山王送海山菊花，有太白仙影、祥星清曙、秋山霓裳、山紅小錦、黄霞、朝霞、晚霞之目，俱以竹簡書之。海山詩云：「是歲開應再，今朝賞乍新。即看黄帽客，不似白衣人。山小霜飛晚，秋長露裛頻。佳名煩譯得，一一上青筠。」

《靈應記》云：「天妃姓林，莆田湄洲人，宋都巡檢第六女。以建隆元年庚申三月二十三日生，少有神異，於雍熙四年九月初九日昇化，年二十八歲。」康熙二十一年，中書莆田林麟焻，副檢討汪楫册封琉球，天后族也。海山誦其獻聯云：「累朝叠誥表神功，嶽降自鯑江，翊運凝庥，頻現紅燈宣聖化；重譯獻琛逢盛世，皇華臨馬齒，摳衣展拜，永清碧海耀吾宗。」末款稱「裔姪孫」，則其宗譜支派必有可考矣，非浪傳也。

夢樓先生從侍講全魁過海册封琉球回，鐫有「曾經滄海」四字印章。余問海外王典禮，先生云：「國王宴使臣有七：一諭祭，二册封，三中秋，四重阳，五餞别，六拜辭，七聖舟。每宴，王府庭中滴水前造戲臺，以幕四使周，天使及隨封員役皆坐觀。演夷劇，樂工十餘人，俱着紅帕，伶童數十人，皆戚臣子弟俊秀者習之，衣綵衣，着紅綾襪。先演無隊，作一老人登場，唱起神歌。歌罷退，小臣齊唱太平歌，樂工引聲和之，皆侏㒧不可解，大抵皆頌聖及神人共喜之語。次笠舞，次花索舞，次花籃舞，次竹拍舞，次武舞，次獅毬舞，次桿舞，次演雜劇，悉其國中故事。凡舞皆以提琴、三絃、短笛、小鑼鼓和之，小童只演科白，唱則樂工。昏時撤席，設烟火。又有數十人騎紙馬，頭尾烟爆齊發，奔走戲樂。宴畢，以火炬送歸。先生有《竹枝》云：「一行金埒響瓊琚，公子群過水竹居。丱髮也須千萬值，綺年多是十三餘。」「將離更唱驪駒曲，相憶應看青李書。鸚鵡香醪斟酌遍，不知涼月透文疏。」又《留別》詩云：「那霸清江接海門，每隨殘照望中原。東風未與歸舟便，北里空消旅客魂。盡夜華燈舞鸜鵒，三秋荒島狎鯨鯤。他時若話悲歡事，衣上濤痕並酒痕。」（以上卷四）

同年進士湖南潘閏章相，爲琉球教習。其國人鄭孝德、蔡世昌、梁允治、金型即其受業官生也。乾隆辛巳重陽前六日，同助教張函輝若、霍顒齋元觀率琉球諸人學遊陶然亭。孝德詩云：「先生秋日興無窮，携我城南眺遠空。背郭千重蘆葉雨，抱樓四面菊花風。凌霄健翮看翀鶚，懷古高談薄草蟲。況許雞林陪座末，一亭佳話鮮人同。」甚工。其餘俱有詩。世昌嘗有句云：「鯨波恬作卿雲色，蜃氣銷爲瑞日光。」（以上卷六）

嘉慶四年八月十九日，琉球國王尚穆之子尚溫請封。是日，軍機照例以内閣、翰林、都察院、禮部四衙門挑選儀度修偉、學問優長者十四人引見，奉旨，正使着趙文楷去，副使着李鼎元去。封使例賜一品麟蟒服。前周文恭公海山先生曾充副使，封尚穆，事在乾隆二十一年。今閲四十年，弟又繼之，異數也。先是甲辰九月，墨莊以假遊浙，泊舟溫州城下，夜夢遊海，覺時惟記舟牌有「免朝」字，並記詩有「雲養淡螺深」之句。至是，閲《琉球志略》封舟圖，恍如前夢，惟詩未得其解。墨莊有《紀恩》詩二首云：「宦海浮沉又幾秋，生涯酷類海東鷗。忽聞襲表來姑米，已見星槎入女牛。帝德如天無異域，臣心似水可同舟。外藩共順球陽最，寵命何由得繼周。謂周海山先生。」「四署班齊十四人，天顔霽處盡儒臣。望洋敢信蠡能測，涉險全憑節有神。一品虛名將號集，廿年舊夢肯迷因。同行况直星爲福，正使爲太湖趙介山文楷，丙辰狀元。語云狀元天下福星。海不揚波際此辰。」余聞之，寄和其韻云：「寵命傳來八月秋，柴門驚起滿江鷗。衰年兄忽嘉如鵲，早歲君原氣食牛。鳩舌應詢蘇軾集，龍潭爭看李膺舟。中山宴天使有七宴，龍潭其一也。別腸此去車輪轉，一日思君一萬周。」「三甲傳臚第一人，弟登戊戌三甲第一。紅梨臣改紫微臣。境當窮處無非鬼，運到來時若有神。同上峩眉慙後步，獨經滄海亦前因。遥知使畢歸朝日，萬國來同拱北辰。」先是，余聞報寄墨莊詩二首云：「怪君如鳥集王廷，年不飛來歲不鳴。豈料日光臨紫省，忽傳天使送滄瀛。槎移牛渚河應動，航載龍章浪不驚。記取前程須努力，此行直繼海山旌。」「聞道中山海外懸，南風三日底山邊。百年豪氣銷磨半，弟今年五十。一品恩榮服色全。姑米颶高神共護，扶桑露灑詔初宣。琉球刀好君須寄，矍鑠兄猶喜弄鋋。」今年庚申正月内，復接弟見和原韻詩云：「拜恩元旦出丹廷，剛到秋齋雁忽鳴。是日得雨村大兄書。羡我壯遊追汗漫，知君舊恨失蓬瀛。風來喜瀨魚方躍，浪打封舟雀不驚。誓辦歸裝非陸賈，天妃許爲獲龍旌。」「星槎高與片帆懸，不遠球陽在日邊。詔有靈威知颶淨，心無恐懼覺神全。瓊州舊見文旌耀，兄曾過海。鉢嶺新瞻使節宣。海若定諳兄弟過，肯令蛟蜃負鋒鋋。」數詩俱有聲色，筆亦高騫，大勝平時諸作，福至心靈，信不虛也。

（以上補遺卷一）

詩有夢中得句者，率多爣恍難解，然竟有卒得其解者。余弟墨莊《戊午八月十九日奉命册封琉球紀恩詩》有「廿年舊夢肯迷因」句，自注云：「甲辰九月以假遊，泊舟溫州城外，夜夢遊海，覺時惟記舟牌有免朝字，並記詩有『雲養淡螺深』句。昨閲《琉球志略》封舟圖，恍如前夢。」詩尚未得其解。今年壬戌六月二十五日，冉甥玉嘉自京回，墨莊抄寄所作《右旋白螺記》云：「右旋白螺者西藏入貢供器也。乾隆丁未春，上命大學士福康安剿臺匪林爽文，賜此螺。時余方在翰林修國史，得恭讀高宗純皇帝《御製右旋白螺贊》，謂『微物而能測天，携以過海，吉祥安穩』，心竊誌之。後數月，捷音至，言舟行往來順利，此螺遂奉旨留貯閩督署，備渡海用。嘉慶四年己未，琉球國王尚溫以其祖尚穆喪來告，請襲封。例遣使，余時官中書，適在選，八月十九日引見，得旨貳修撰趙文楷以行。庚申二月出都，四月抵閩，中丞汪公志伊齎螺至，云：『皇上俞督臣玉德奏許供奉封舟。』乃望闕謝。領訖，啓鑰審視，螺長五寸六分，參之數，得天地之中和。圓腹混沌，象太極，首尾各長二寸，象兩儀，旋四摺而止，象四象，螺皆左旋，此獨右者，以陰承陽，迎天行也。膚嵌寶石八，合八卦數，色配之，襲雲錦五重，重一色，取五行相生義，所以養之也。藏以金匱，而無極之理備焉。蓋造物者生是，非偶也。先是乾隆甲辰，余假歸，九月四日泊舟溫城下，夢航海，樓船巨麗，旗幟飛揚，風浪拍天，擊節爲詩。醒記『雲養淡螺深』句，並舟牌書『免朝』字。舉以問人，無知者。以夢也，置之。及使命下，撿同鄉海山先生《琉球志略》封舟圖，有『免朝』字，已驚前夢驗，豈復料白螺之命，能使十七年夢中句字字有着落哉？五月七日，自閩開洋，十二日抵中山。十月二十五日自中山開洋，十一月朔日歸閩。去來皆六日。竊惟琉球自前明迄今，册使往來三十有餘次，往往中流猝遇颶風，檣傾柁摺，甚者觸礁破舟。此行獨邀順利，與福公後先一轍，謂非白螺之神，曷克致此？《五燈會元》謂廣南有鎮海明珠者，殆此螺之類歟？」並寄《接到白螺恭紀》二首，即以夢中句爲起句，云：「雲養淡螺深，居然夢可尋。光華瞻日月，靈異測陽陰。定海風癡避，降龍佛法欽。波濤知不起，止水是臣心。」「雲養淡螺深，光涵八寶沉。貯霞囊是錦，捧日匱爲金。已佐將軍績，重煩聖主心。不才叨異數，何以靖微忱。」夢之足徵如此。前因之説，信不誣也，誰謂不可解乎？

（以上補遺卷三）

茶餘客話

〔清〕阮葵生 撰

校點説明

《茶餘客話》二十二卷，清阮葵生撰。

阮葵生（一七二七—一七八九），字寶誠，號吾山，亦作唐山，江蘇山陽（今淮安）人。乾隆進士，官至刑部右侍郎。著有《七録齋詩文鈔》等。

《茶餘客話》内容廣泛，涉及政治、經濟、史地、科技、文藝諸多方面，以翔實可靠爲研究者所重。

本書輯録自上海古籍出版社二〇〇七年《清代筆記小説大觀》李保民點校本卷十三，記琉球入貢事。

（李夢生）

茶餘客話

進貢各國

朝鮮國，崇德二年封爲朝鮮國王，即高麗國，於諸國中效順最先，有年貢，有節貢，歲以爲常，貢道由鳳凰城。琉球國在東南海中，本有中山王、山南王、山北王，後爲中山所并，世稱尚氏。順治六年請貢，八年進貢，定貢期二年一次，貢道由福建閩縣。荷蘭國在東南海中，順治十年請貢，十三年進貢，初定八年一次，後改五年一次，貢道由廣東，今改由福建。安南國，古交趾地，順治十八年請貢，康熙二年進貢，貢期初定三年一次，後改六年兩貢，貢道由廣西憑祥州。暹羅國本海南暹與羅斛二國，後并爲一。順治十年請貢，康熙三年進貢，貢期三年一次，貢道由廣東。西洋諸國俱在西南海中，康熙六年，始通朝貢。地遠難定貢期，貢物亦無定額，貢道由廣東。蘇禄國，雍正四年，始遣使朝貢，貢道由福建。土魯番在陝西西北，順治三年進貢，十三年定貢期，五年一次，貢道由陝西、甘肅。

熙朝雅頌集

〔清〕鐵保 編

校點説明

《熙朝雅頌集》一百三十八卷，清鐵保編。書原名《八旗詩集》，收滿人詩作，嘉慶帝賜今名。書有嘉慶九年内府序刊本，其卷七十九收全魁使琉球所作詩十四首。

全魁（?—一七九一），字斗南，號穆齋，滿洲鑲白旗人。乾隆十六年（一七五一）進士，官侍講。按全魁乾隆二十一年出使琉球，事見前周煌《琉球國志略》（《國朝耆獻類徵初編》卷九十云全魁作，誤）。全魁作有《乘槎集》，今不見。法式善《八旗詩話》云：「奉使册封琉球所作，内如《八景》、《十景》詩，瓜疇芋區，殊蹈地志陋習，餘多傑作。」

（李夢生）

熙朝雅頌集

自南臺登舟泛海抵中山即事十四首

羅星塔外海潮寬，中有雙黿伏石灘。向夕推篷明月上，水光夜氣一時寒。

扁舟直擬破滄溟，欲向銀河問客星。江水萬條歸海碧，鼓山十里送人青。

斥鹵風帆萬里開，甘泉如醴貯樽罍。太平港口靈旗動，酹酒沈金取水來。

五虎門臨亂石高，天教設險鎖鯨濤。長風到海洪波湧，始信艨艟似一毛。

風饕波齧五雲根，電掣星馳出海門。萬頃汪洋回首望，青山一髮是中原。

夕陽時候海泓渟，目送金烏入杳冥。萬片餘霞紅似綺，釣魚臺遠一螺青。

拍波翔鳥白如雪，弄水遊鱗疾似梭。聞是海神教接引，靈風盡日大旗多。

天教一綫界華彝，溝水冥冥陰火迷。剛趁蛟龍初睡熟，過帆誰敢更燃犀。

黄尾嶼連赤尾嶼，舟人遥望尚疑猜。誰知早已來姑米，號火熒熒傍水隈。

水面粃糠日夜生，天邊時見斷虹明。舟師失色驚相報，明日風波不可行。

夜半蛟騰雲似墨，風前鼉出浪如峰。布帆休道還無恙，巨艦争當巨石衝。

由來王命百靈憑，龍護天書瑞色增。數百生靈齊下拜，戧風迴處見神燈。
姑米山深見古風，桃源咫尺路能通。炊烟起處琅玕碧，野水迴時穲稏紅。
馬齒朝暾徹紫霞，卿雲萬道攬金蛇。奇觀人世真稀覯，不負艱難到海涯。

松龕全集

〔清〕徐繼畬 撰

校點説明

《松龕全集》十一卷，清徐繼畬撰。

徐繼畬生平已見前《瀛環志略》題解。兹從所著《松龕全集》（《山右叢書初編》本）奏疏卷下輯文一篇，係道光三十年（一八五〇）任福建巡撫并署閩浙總督時處理英人入住神光寺及琉球訴英人强留琉球事。有關英人入球事，可參前所輯《籌辦夷務始末》。

（李夢生）

松龕全集

覆英夷搬出神光寺並琉球使臣遞文疏

再神光寺夷人搬移一事。因該夷目星察里欲日後在道山觀建蓋樓房，經臣飭駁不准，尚未定局，前已附片奏明在案。細訪其故，該夷目之欲建樓房，係爲繙譯官日後携眷居住之用，經臣飭駁，亦遂止息。臣仍責成已革侯官縣知縣興廉催促兩夷人搬移。茲於十一月二十九、十二月二十等日，兩夷人先後搬至該夷目租賃年久之道山觀居住，將神光寺房屋交還，誤用印之租約亦繳還塗銷。臣隨飭該縣將神光寺僧人傳案，出具切結，以後永遠不准將房屋租與夷人居住，以免口舌。所有神光寺夷人業經搬去緣由，謹附片密陳，伏乞聖鑒。謹奏。

再，據藩司慶端詳稱，道光三十年十月十五日，據琉球國使臣夏超群等稟繳該國中山王世子尚泰咨文一件。内開：竊查英夷伯德令一案，經蒙轉詳具奏，一面移咨欽差大臣飭令英酋迅將伯德令並妻子一律撤回，此誠皇恩浩蕩，咸激無涯。但今未見該國撥船撤回。又道光二十九年十一月初八日，有夷船一隻到來，隨著訪問來歷，據兵頭來雲口稱，奉英國總辦外務事宜宰相巴劄文一封而來，應具文回復等語。隨即飭官接劄披閱，内云英國秉政各大臣所欲彼此兩國不禁通商，永久友睦。倘琉球果有此意，則本國商民數名即往琉球地方寄居貿易，俾賓主利益多增。至伯德令係屬英國子民，向在泰西國習練醫道，後過琉球，其心志既係救患濟人，能使琉球民庶精力壯盛，仍屬琉球見諒如前，再得妥保該令平安可也等因。令應好生照看，毋得怠慢，倘有侮辱之事，日後不免兵火。該官婉詞回話，並具文懇請接回伯德令并妻子。旋據咨覆，所留伯德令乃吾國所珍重，如琉球官民巧用壓欺强出境址，吾國所不怡，决不能依順所請等由，於九月初六日長行回國。切查伯德令居球以來，每逢便船，勸其回國，不肯聽從。今逢英國船隻到來，即飭懇請撤回。乃該兵頭如前所言，説出危懼之詞，並無接回之語，未知其心懷如何，憂慮益切，寢食不安，伏乞轉詳，妥爲查辦，迅將伯德令并妻子一律撤回，使敝國得以安謐。兹值進貢之便，理合咨覆查照。等因，由司具詳前來。臣等查此案先於上年九月二十三日，據琉球國接貢使臣面繳該國王世子咨文一件，以英夷所留之伯德令計今四年之久，未知何日回去，移咨藩司，據情轉詳。當經臣等密咨欽差大臣兩廣督臣徐廣縉，設法諭催撤回，一面附摺具奏。道光二十九年十二月十八日，奉到硃批：「另有旨。」欽此。同日奉到十一月十一日軍機大臣片稱，本日奉有寄信諭旨交欽差大臣兩廣總督徐廣縉辦理等因。又於道光三十年三月二十日准欽差大臣兩廣總督臣徐廣縉咨覆，英夷伯德令在琉球國尚未撤回一案，經本大臣於道光二十九年十二月十八日將查辦緣由恭摺覆奏，兹於本年二月二十四日奉到御批：「依議妥辦。」欽此。咨閩轉咨知照。等因，均經行司移知該國王世子知照在案。兹據前情，查英夷伯德令並眷屬人等居住琉球國已閲數年，其心叵測。現有英國船隻到球，該國懇請接回，仍未附載回國，反出恐嚇之言，是其意在逗遛，可以概見。上年伯德令既稱非奉官諭，不便回去。而前次叹噸照覆兩廣督臣徐廣縉之文又稱通商五口伊尚可呼應，琉球遠在海外，迥非内地五港可比等語，顯係意存推諉。臣等查前定各國通商條約，中國所屬藩封原未議及，該酋叹噸既設詞推諉，即使兩廣督臣徐廣縉再行照會，亦難保其必肯撤回。惟琉球以海島微國，世效共球，久託天朝之覆翼，今因英夷留醫士在彼，日切憂危，頻來呼籲，既未便置之不議，更未便將英酋推諉之詞使之聞之，益增危懼，自當仍由臣等咨會兩廣督臣徐廣縉，再向英酋叹噸相機開導，將伯德令等及早撤回，以卹藩封而免驚擾。除照録琉球國王世子來文密咨欽差大臣兩廣督臣徐廣縉查照辦理外，所有臣等咨請催撤緣由，謹合詞附片密陳，伏乞聖鑒。謹奏。奉硃批：「另有旨。」欽此。

長麟魁倫奏摺

〔清〕長麟　魁倫

校點説明

長麟在乾隆末官閩浙總督，魁倫官福州將軍、署巡撫事。本奏摺輯自中華書局影印《乾隆朝懲辦貪污檔案選編》，該檔案主旨是懲辦福建虧空貪污事，對當時猖獗海上、同樣爲乾隆帝大爲惱怒的洋盜只是順便提及，因本奏涉及搶劫琉球貨船事，故予以輯録。從本奏，可知前此對此案件之發生、處理，福建當局曾多次奏聞，詳細情況，《清實録》有記載，可參看，此章僅備記事。又，該懲辦貪污檔案所收上諭（乾隆六十年七月二十五日，在此奏之前）亦有一段涉及洋盜事，今附此奏後，供參考。

（賀聖遂）

長麟魁倫奏摺

署閩浙總督臣覺羅長麟、署福建巡撫將軍臣魁倫跪奏，爲遵旨即速回奏事。

臣等於九月初二日欽奉諭旨：以玉德奏查詢商船據稱山東、江南洋面并無盜匪，又據吉慶奏搶劫官米及琉球貨船盜首等已逃回閩洋，飭諭臣等嚴密查拿以期必獲，并以臣等訊問伍拉納等供詞及審訊周經情節意存化大爲小，屢經申飭，何以未據復訊具奏，復蒙恩誨不可存五日京兆之見，輒思遷就完事，自蹈重戾，欽此。仰見皇上於訓斥諄切之中寓矜恤保全之意，臣等感激戰慄，無地自容。

查海洋盜匪自臣等接署之後，於五、六、七等月拿獲盜犯一百六十名，均經先後審辦具奏，八月間浙洋盜匪陸續逃入閩洋，經臣等督飭鎮將於南北兩洋竭力兜擒，除用炮轟翻盜船淹斃各盜匪之案因無犯證不敢具奏外，又據鎮將等拿獲各案洋盜八十餘名，詎各盜犯因查拿緊急，又俱竄入北洋及浙省温州、黄巖一帶洋面，臣等當飭鎮將窮力跟追，趕赴北洋，并恐各犯因洋面不能存身，棄舟登岸，分投藏匿，節次嚴飭海口、陸路各營汛一體留心認真搜捕。復據陸路報獲盜犯四十餘名，内有盜犯張初郎一名系閩洋積年盜首，商民均知其名，海洋群盜多聽指揮，於九月初一日撥兵護解來省，是日商民環睹如山，人人稱快。又盜犯連大進等二十一名不惟訊系浙江劫米重犯，且即系行劫琉球國貨船正盜。臣等現將巨盜張初郎及行劫浙米、琉球貨船之連大進等連夜審明辦理，即於此次附驛另摺具奏。并因琉球國貢使及被劫之夷船事主現在閩省夷館居住，臣等於審定行刑之時，先令委員將獲犯緣由備向該夷人明白告訴，并令委員帶同各夷人前赴法場看視，夷人等均以仰蒙大皇帝高厚天恩，既令地方官加倍賠償，旋即獲犯正法，共稱天朝法律嚴明，欽服之心形於詞色。其已獲未解各犯現在催提，臣等仍檄飭鎮將等實心實力各路搜拿，務期有盜必獲，不任稍留餘孽，并嚴飭留心踩探行劫浙米之盜首李發枝、蔡大等蹤迹，硃批：今獲否？設法查拿，以肅海洋而慰聖懷。

至臣等審訊周經供詞實屬糊塗錯謬，自恨自愧，罔知所措。除已將究出伍拉納等收受鹽規及抽卷舞弊監斃多命各重情，於八月二十五日由驛具奏外，臣等連日復向周經設法熬審，并恐該犯堅執不吐，現在查傳時常親隨伍拉納等之巡捕人役等及平日怨恨伍拉納、伊轍布之人逐名嚴訊，從旁推鞫，一得伍拉納與周經分肥實迹，務即立時飛行入奏。查伍拉納等在閩多年，凡吏治、營伍、鹽務以及大小事件一切廢弛，現雖竭力整頓，尚恐不能速效改觀，臣等皆受恩深重之人，具有天良，實恨伍拉納等之不暇，更何肯於周經一案稍爲容隱，臣等實不敢存化大爲小之心，萌五日京兆之見，自取重戾，上負天恩。

再，伊轍布奉文截回，於浙江途次患病，前經臣等附摺具奏，茲據沿途州縣報稱伊轍布漸次痊癒，緩程行走，已入閩境，現在尚未抵省，合并陳明。謹此遵旨復奏，伏乞皇上睿鑒，謹奏。

九月初七日

乾隆六十年九月二十一日奉硃批：仍屬空言無益，另有旨。欽此。

附：

又據另摺奏拿獲洋盜分别正法一摺，目下福建盜匪俱竄至浙江洋面，將台州運米官船及琉球貨船肆行劫掠，長麟、魁倫於獲犯後自應嚴加究訊，是否即係此兩案盜匪，乃并不訊及，率行正法，甚屬糊塗，豈伊二人福分淺薄，心術已壞，遂致天奪其魄，顛倒瞀亂至於此極乎？可笑，可恨！將此由六百里加急諭令知之，仍將訊出伊幟布、周經各實情迅速據實加緊速奏，毋再瞻徇回護，自蹈重戾，朕立待之。

欽此。遵旨寄信前來。

師竹齋集

〔清〕李鼎元　撰

校點説明

《師竹齋集》十四卷，清李鼎元撰。

李鼎元生平及出使琉球經過，已見前所作《使琉球記》介紹。

李鼎元使畢歸國後，例作出使記上達朝廷，旋將生平所作詩編爲《師竹齋集》，以出使琉球詩殿之，編入卷十至卷十四刊行，本書即由此輯出，略爲删去其中與使琉球顯然無關者。

李鼎元爲蜀中名家，兄弟三人均以詩擅場。王昶《師竹齋集序》謂其詩「自曹、劉逮高、岑，下至韓、蘇無不仿，亦無所不似，而得之少陵者最多。其意激昂而慷慨，其格突兀而清蒼，其辭軒豁而呈露，彫鏤刻琢不傷於巧，凡人所欲言而未能言者，標舉出之，適如乎人之欲言者」。推揚極高，固爲人作序之通例，然亦可見其爲一時名流吹噓如此。平心而論，李鼎元在所作《仙霞嶺和周櫟園先輩四首》之三中，説「詩社有靈追白傅，神童早譽竊黄香」，言自己詩如白居易，以鋪叙質實、語淺情深見長，頗爲公允。各使臣所作航海詩，汪楫豪放突兀，趙文楷伉爽俊偉，李鼎元則一味平實淺近。其《航海詞》云：「不信重洋有米糠，今來目擊怪非常。問誰篩得匀如許，細雨霏霏落鑑塘。」海上遇風暴，危在旦夕，亦僅云：「忽聞篷角一聲雷，雨挾東風鬼嘯哀。夥長篙工齊失色，倉皇便欲放舟回。」所記琉球山川民俗，亦無不語語如話，不加雕飾，如《停雲樓自目》云：「市惟集女少奇貨，人慣浮航輕棄家。玩海直同一杯水，烟蓑釣艇過生涯。」嘗鼎一臠，全味可知矣。然統觀全集，則以使琉球詩爲最上，所謂得江山之助者，故其詩其事亦爲人所津津樂道，如石韞玉《獨學廬三稿》之《晚香集》卷二有《讀李墨莊員外詩卷後四首》，首篇云：「江上秋山接翠微，使君於此駐驂騑。路人尚識當年貌，曾著麒麟一品衣。」

《師竹齋集》嘉慶刊本今未見，鷺江出版社《傳世漢文琉球文獻輯稿》收入一種，據書前重刻記，嘉慶本板遭火焚毁，此乃道光二十五年（一八四五）重刻本。此次校點，即以之爲底本，原印低劣，多漫漶缺文，兹盡力辨識，并據《使琉球記》相關内容校補、改正錯訛。書後附原集序三通并詩話一則，以裨參考。

（李夢生）

目録

師竹齋集

八月十有九日聞命充册封琉球副使恭紀二首

宦海浮沉又幾秋，生涯頗類海東鷗。忽聞襲表來姑米，已見星槎入女牛。帝德如天無異域，臣心似水可同舟。外藩共順球陽最，寵命何欣得繼周。乾隆二十有一年，册封琉球副使爲同鄉周海山先生，鼎今繼之，亦異數也。

四署班齊十四人，封使例以内閣、翰林、都察院、禮部四署人充選，因引見者十四人。天顔霽處盡儒臣。望洋敢信蠡能測，涉險全憑節有神。一品虚名將號集，封使例賜正一品麟蟒服，因借用《會昌一品集》。廿年舊夢肯迷因。甲辰九月，曾夢遊海，覺時惟記舟牌有「免朝」字，并記詩，有「雲養淡螺深」之句。昨閲《琉球志略》封舟圖，恍如前夢。同行况值星爲福，正使爲趙介山修撰，諺有「狀元天下福星」之語，故云。海不揚波際此辰。

仲冬二十有一日蒙恩賜正一品麟蟒服恭紀

釋褐回頭廿二年，帷裳著破坐無氈。衮毫未補臣滋愧，服忽來庯澤似偏。萬國衣冠齊就日，兩行旗仗欲參天。是行兼賜龍旗、御仗。鴻猷黼黻諸公事，願播仁風對勉專。

將之琉球留別都中同好二首

聚久纔知欲别難，莫愁絶島障狂瀾。男兒忠信神先許，天敕威靈墨未乾。普海不勞勤武略，中山尤重遺儒官。乘風破浪尋常事，眼界真教得大觀。

夏去冬來異伯勞，伯勞以夏至來冬至去，使者反是。定憐神雀護旌旄。瀛洲况味心原識，博望聲名今已叨。落落星看天外小，迢迢月向浪中高。兹行倘得江山助，弋取奇文當釣鰲。

歲暮述懷二首

不貪名利不參禪，混迹緇塵又十年。萬物獨於書有癖，半生惟與畫無緣。漫言從海心如水，祇覺因人性似船。順逆憑風何必問，乘槎弄月是神仙。

蕭齋枯坐却如禪，剩有空囊也度年。心到計窮能不動，事經見慣肯隨緣。背人莫笑嘶風馬，當局纔憐上水船。力盡聲乾行未得，舉頭雲外羡飛仙。

（以上卷十一）

謁天后宫

祠是將軍建，神爲百谷尊。風雷棲棟宇，呼吸轉乾坤。使節天威壯，球陽地氣温。平生聞孝女，今許拜宫門。

次韻答張玉溪孝廉□淮

蛟島陪臣歲入庭，重洋幾度客曾經。人心平後無滄海，月魄圓時少衆星。萬里關山雙鬢白，一帆風浪半天青。書來莫漫誇忠信，自有丹書壓百靈。

辛年策許獻金門，定卜登瀛沐聖恩。此日歸舟吾欲老，當場選佛孰稱尊。擬鞭驥子追龍虎，尚恨轅駒跼孟侖。謂墉、坊二姪。親串無多佳子弟，飛黄同願集丹閽。

送周少司農興岱奉命祭告岳瀆至蜀

題橋今又見高車，恩命先容掃墓廬。父老舊傳司馬檄，江山新沐紫泥書。公須防部李郃。精星術，我正爲蠡測尾閭。分手東西頻隔歲，燕臺春柳意何如。

二月二十有四日敬請聖訓恭紀

聖主勤民燭下情，廣思集益到書生。欲除邊患須良將，要感靈妃秉至誠。敢道誦詩能作使，過蒙清問許談兵。御溝楊柳初含緑，二月春風出帝城。

母訓

肩輿將出門，含淚辭老母。依依萬里情，未忍出諸口。母曰兒無然，王事有奔走。弧矢挂門日，黑虎夢非偶。余生時母夢黑虎入室。謂兒及壯盛，金印定懸肘。蹉跎五十春，盤錯見汝守。人生不爲相，爲使已不朽。身承天子威，名敵藩王右。時清海不波，心浄神必牗。虔恭領聖訓，齋沐祀天后。保汝布帆穩，莫作兒態醜。未寒先著衣，將事須慎酒。奴僕亦人子，待之務寬厚。是皆汝能爲，謙卦最无咎。跪聆慈訓終，臨去屢回首。王命有程期，歸問金臺柳。

二月二十有八日偕正使趙介山修撰文楷奉册出都輿中作

敬擎封册出王畿，彩仗龍旗映日輝。裘馬珠冠看有耀，葭蒹玉樹愧相依。衆憐使者無金印，前使汪楫請給關防，格於部議。我笑從人少布衣。從人例有頂帶者。萬里征車初發軔，燕臺記取柳芳菲。

同人祖帳普濟堂口占

肩輿八座出都門，觀者如雲羡使臣。豈有經綸酬聖代，漫勞車馬出城闉。心懸愛日天能鑒，面受和風柳亦親。多謝知交臨别贈，此行端不負吾真。

晚至良鄉縣

縣繁稱第一，車馬往來孏。室小能容膝，城高不礙山。初嘗乘傳味，難識宰官顏。食罷塵沙飯，村東線月彎。

雄縣早發

三面河圍郭，鴉聲送客飛。雲輕添旭采，樹老助風威。線路盤蛇出，重關戰馬稀。我懷承矩略，心事已多違。

大雪阜城道中

樹介失青袍，奔雲帶海遥。天低知日遠，河近識風驕。野雀棲無地，飛鴻唳隔霄。最憐塵不起，穩步送征軺。

平原弔顔魯公用宋文丞相天祥韻

腐儒不可作公卿，顔氏兄弟留盛名。平原以北皆失守，獨仗孤郡爲長城。堅以衆志懷以恩，民衛父母肯寒盟。郡縣當年盡爾爾，禄山焉敢窺神京。如公天子猶不識，安識郭李能用兵。天助大唐賴有此，終然克復資聲靈。楊家姊妹饒長舌，厲階枉送金鈿摺。倘移好色心好賢，天寶定能持晚節。男兒通經須致用，丈夫作事非徒烈。但期赤手挽山河，何必高名光日月。君不見，魯公老去無死處，未葬唐家乾净土。又不見，文山辛苦二十年，宋運已去難回天。

山行

册使有舊章，引輿例雙綆。顧瞻周道平，此輩宜可省。行行過潘村，山勢撲人頂。頑石滑轉丸，危磴橫咽鯁。直上疑登天，陡落訝墮井。輿夫喘摺腰，使者嚇縮頸。若無縴助力，敢望步能騁。帆挂羊角車，纜繫鷁首艇。水陸理易通，艱難心初静。卷帷望泰岱，浮雲匿光景。了了悟前歷，得得造幽境。心秉一寸香，敬向元君請。老母尚倚廬，平安敢徼幸。

風雨不果登岱遂遊岳廟有懷郡守松雲前輩 堯棟

平生兩登岱，七十二峰熟。此行秉心香，先期謹齋沐。山靈不我諒，意恐再三瀆。驟雨斷行人，狂風拔大木。平地立脚難，乘雲將誰屬？廢然迴客駕，群焉步山麓。岱廟何巍巍，漢柏猶卓卓。入門列肆陳，繞殿篆烟馥。鐵桶大如池，石筍高似嶽。誦詩環詠亭，參禪空槐腹。碑有唐宋餘，地閲古今速。雖未陟其巔，得此良亦足。緬懷賢太守，跫音盼空谷。居岱不成仙，白鶴笑人俗。

岱廟唐槐歌

古槐一本高參雲，百圍腰腹何輪囷。枝幹横披蔭半畝，風霜飽歷經千春。怪彼心空足容物，羨他皮厚能榮身。屹屹石碣標大字，目曰唐槐良有因。獨憐明季肆流賊，高山松柏摧爲薪。泰頂金殿尚銷毁，此樹那能逃斧斤？毋乃祖龍令鬼守，不然蒼帝驅兵巡。天既愛民或愛樹，賊不畏人猶畏神。恍然夢入槐安國，一枕清凉無點塵。起視岱宗雲正白，飛雨直過汶河濱。狂飈吹槐槐欲倒，敢以私願迴天嗔。吁嗟乎！不才之木壽如此，人若不才定不死。

岱廟漢柏歌 時向西一株心焦而枯。

五大夫松恥秦封，夜半徙入岱廟東。松耶柏耶何足較，五株離立排蒼龍。幹拂烟雲建纛大，氣充皮骨垂癭豐。炳靈殿前晝暝晦，白日不照青陽宫。欲窮年代事茫昧，秦皇漢武將無同。也知才大難爲用，未肯顔枯求衆容。何來野水妒神物，恐是祖龍驅祝融。皮脱心焦不敢惜，幸辭翦伐儌天功。昨宵泰山落驟雨，吼聲暗與黄河通。便恐化龍去滄海，要留此木撑虚空。吁嗟乎！樹老已無棟梁望，臨風獨立轉惆悵。

清明羊流店用北平何琴立壁間韻

汶河委宛逐山斜，楊柳依依客憶家。幾樹白雲留晚照，隔籬紅杏落殘花。清明久已抛墳墓，遠役從今感歲華。地底羊公呼不起，無端愁思又頻加。

宿遷道中

江南三月足黄花，立馬平岡四望賒。湖水雲連高堰闊，糧艘帆挂夕陽斜。團團荒草多孤塚，歷歷垂楊隔數家。回首馬陵初别我，便愁東海浩無涯。

傳　舍

使者有程期，傳舍供食宿。東道多茅廬，北轅半破屋。容膝本易安，棲神藉養福。礟聲戒行止，車輪鑒顛覆。暮鴉作箴規，晨雞當龜卜。輿隸伺舉動，官骸受覊束。念我少壯遊，蹇驢風塵逐。峨眉覩佛光，蓬萊視日浴。水極江河流，山窮東南嶽。眠食恃孤身，行李仗一僕。兹役差惜費，自笑難免俗。有如初嫁女，新裝耀人目。又似託鉢僧，空腹待厨粟。苦節守孀閨，完名保玉櫝。不圖到清河，有館類新築。蕭寺讓其幽，官署無此肅。可憐只一宵，買山錢未蓄。去之如始至，斯言早三復。

次鐵冶亭漕督保見寄二首

信是文章助有神，新詩難得百忙身。開殘芍藥知將夏，吟到櫻桃欲送春。策蹇那能追逸足，釣鰲或許借長緡。羨公官職聲名好，肯減私錢澤路人。

漫道君恩欲報難，英雄自古出寒酸。不忘筆墨真名士，能飽軍民是此官。已見河干消百弊，儘容世態變千端。淮安尚隔程三十，一夜詩筒兩度看。

寶應舟中

青天低兩岸，緑樹望中裯。風猛如留客，江清不礙舟。櫨聲排鴈陣，雲氣接邗溝。誰道波濤險，人方狎海鷗。

平山堂

十年重覓舊題名，步步如經夢裏行。花欲殘時千樹出，水將盡處一山横。惜春只有階前葯，愛客無如竹外鶯。謁罷三賢茶細品，源泉百尺到今清。

瓜步夜泊

夜半泊瓜洲，銅鉦起白鷗。月光穿牖直，人語隔沙柔。鐘聲江心遞，鯨鯢海面浮。未明先唤僕，試聽有風不。

江口早渡

京口記曾經七度，這回真箇靖風波。山浮鏡面日初上，艣剪波心雲乍過。坐嘆六朝空割據，最憐五馬半蹉跎。由來天險難憑藉，擊楫中流一放歌。

胥門阻雨有感

胥門閒氣静，蕭索如山陬。人情淡甚水，月光冷於秋。天意知客憤，夜雨來相留。强留亦何爲，柝聲聒耳愁。民心本驩虞，政體須寬柔。江海貴藏垢，至清魚不游。隻手作砥柱，安能障中流？水激可至山，兹理宜反求。正如三春雨，多亦害良疇。不見失業人，飢餓還狗偷。

題周三明府宗泰花溪飲馬圖

循吏牧民如牧馬，飲之食之鞭莫下。去其害者撫其良，麾之不去來身傍。呼群渴飲溪頭水，吏少錢投民益喜。桃花作浪襯衣毛，柳絮隨風入錦袍。此時人馬兩相習，奴隸拋韁依樹立。主人默坐笑垂頭，游魚自躍雲自流。與物無猜機趣活，入群不亂心神幽。勸君羈勒且休操，馬能適性不爲盜。

阮芸臺中丞元邀遊西湖同介山作

西湖無限景，鴻爪往來熟。怪同理舊書，不厭百回讀。此行作王人，張蓋毋乃俗。賢哉阮中丞，買舟伺城麓。葛嶺當面通，招我雲間宿。舍之竟不顧，仙緣非無福。爲謁聖因寺，隔夜已齋沐。禮罷沿湖行，雙眸不暇屬。四山留春陰，萬柳垂青目。一一如故人，久别争修睦。莫嫌花事謝，紅葯尚初馥。莫嘆林亭荒，猗園類新築。舊雨有小顛，候我南屏腹。大笑陟山巔，俯視湖心縮。水面霞光來，歸路夕陽速。臨去猶依依，鐘聲出空谷。

蘇嶺和慶晴村將軍壁間韻

孤刹占山頭，盤空竹石幽。無風能却夏，不雨已成秋。樹有將軍號，僧真隱者流。鴻泥多爪跡，面壁小勾留。

仙霞嶺三首

余生好遊歷，窮山陬海濱。轍跡所未到，惟黔滇粤閩。竊聞仙霞嶺，高不讓峨岷。崔巍劍閣外，别有此關真。竭來陟其巔，風雷束心神。盤磴千百級，木末遞行人。層厓斷馬跡，重陰閉羲輪。泉滋石骨雨，雲鎖山門春。下視萬壑低，纔知身出塵。憶昔耿藩亂，目已無隘津。重臣得之芳，一旅壓其脣。

至今人尸祝，豈惟甌越民。乃知天險地，所守宜用親。東望極東海，西望極西秦。俯仰緬前哲，涕下霑衣巾。

一逕與雲盤，如經蜀道難。千厓藏日黑，萬木入谿寒。談笑麾閩越，飛騰仗羽翰。別開天險地，莫作劍門觀。

合沓千峰曲澗知，盤空萬級上天遲。只緣見慣連雲棧，怕與人間說險夷。

仙霞嶺和周櫟園先輩四首

白雲終古占奇峰，秀出青天剪玉蓉。緑纛無心承客蓋，清泉有力代人舂。霧迷樵徑聞禽語，月暗僧房見虎蹤。世路險夷何必問，馬遲意懶以春慵。

莫信人間有坦途，懸厓慎步少人扶。前臨東斗低閩海，迴望西江小越吴。仙子丹成爐竈在，逆藩氣沮羽書無。謂耿精忠。韓山片石堪千古，唱入青雲調已孤。

笑余在世百無長，筆墨生涯自主張。詩社有靈追白傅，神童早譽竊黄香。年來任性耽幽境，老去承恩入異方。海岳遊人今不愧，余自號海岳遊人。未須重問小滄浪。

陡上關門一線通，山光掩映畫葱曨。子規啼斷叢篁裏，倦鳥歸飛夕照中。得得馬蹄盤石巧，飄飄嵐氣補林工。昔人勝蹟今人賞，同是天涯踏雪鴻。

西陽嶺

嶺北竹萬竿，嶺南松千挺。衆峰莽回互，四月詫秋令。怪禽啼幽谷，猛獸避陽影。滑石襯松毛，健步不遑騁。老僧癡且聾，終年卧山頂。輿夫渴欲死，一茶已再請。諸佛尚塵埋，爾曹亦何幸。回望過來山，羡煞仙霞嶺。

五顯嶺

嶺亘樹稠叠，白日氣陰晦。登頓入箐林，馬滑常倒退。盤石無階梯，迴峰自向背。天然谿谷幽，地擅風雲態。此間境必奇，未到心已愛。頗怪山僧俗，扃户積其穢。索鑰强啓之，曲逕破茫昧。果得小天池，一俯萬山廢。劇憐水懦弱，徒供洗山菜。有似賢達人，埋没濁泥内。嘆息復嘆息，山靈亦憒憒。

山行絶句

澗水流澌澌，秧田青濯濯。山中有坦途，山外人不覺。

馬嵐即目

樓對一峰高，開窗俯碧濤。竹鷄驚客竄，松鼠抱枝逃。禾□膚梯密，蜂房罥樹牢。濠梁真可樂，隨意酌松醪。

自延平放舟至水口

槎客欲浮海，目已無江河。顧兹建溪水，偪仄寧容波。土人爲余言，下流灘險多。雪浪激雷電，腥氣盤黿鼉。且復試新險，放舟如投梭。也覺山峥嶸，微辨石么麽。非敢狎而玩，三峡曾屢過。况逢孟夏日，好雨時滂沱。恃此新漲平，擊楫須高歌。豈惟寬馹餞，兼足適睡魔。夢中渡重險，憂懼爲之和。醒來聞市喧，黄帽舟前羅。未能通語言，但見兩手搓。不忍遽麾之，累我冠長莪。静復歸有動，萬緣一南柯。

恩賜右旋白螺雲錦爲囊金匱爲室養以八寶藏之十閏前夢雲養淡螺深之句得此奇驗因即用爲起句恭紀二首

雲養淡螺深，居然夢可尋。斡旋依日月，靈異測陽陰。定海風癡避，降龍佛法欽。波濤知不起，止水是臣心。

雲養淡螺深，光涵八寶沈。貯霞囊是錦，捧日匱爲金。已佐將軍績，相臣福康安剿臺匪林爽文，初賜此螺。重煩聖主心。不才叨異數，何以靖微忱。

和慶晴村將軍霖見贈四首

小住蓬萊館，南風海上來。天書前月下，地角片帆開。報國無長策，承恩愧小才。中山停舶處，東望亦遐哉。

摺腰無靖節，强項有周宣。自信難成佛，人誇是散仙。長風天外吹，白日海中懸。未覺莊生夢，飄飄蝶正翩。

幸揖將軍座，將無長孺同。吟詩徵武庫，緩帶見儒風。酒量因人敵，松姿據馬雄。難逢偏易别，惆悵百川東。

普覆知天大，朝宗識海尊。此行憑玉節，到處沐皇恩。幸奉神螺往，還期碩果存。時從撫軍覓得荔支二本，將往植琉球使館。忘憂無别事，兼樹北堂萱。

和汪稼門中丞志伊見贈二首

臣勞非獨敢云賢，翻愧群謀集事前。雀嶺怕聞子規鳥，鑑池應放午時蓮。中山鑑池多午時蓮。封舟東去祈三日，海客西來近一年。多謝中丞臨别贈，李膺原不是神仙。

遊子行看出海湄，情懸兩地爲家慈。惱人意緒惟黄口，亂我心思是白眉。枵腹一生工貯酒，空囊此去但藏詩。家書封就憑公寄，好慰高堂淚眼時。

烏石山爲寄塵上人作

亂山圍郭水圍濠，烏石崚嶒出九皋。今日訪師初放眼，前人細字總如毛。可臨萬户何妨峻，不附群峰始覺高。暫借上人千里鏡，好從千里辨秋豪。

和寄塵上人見贈四首即邀之渡海

半肩行李一囊書，兩膝隨身百不儲。能屈將軍爲揖客，肯卑詩格讓唐初。擘窠字得王家法，挂錫人誇隱者居。烏石山頭纔小住，陳平門外已多車。

怪他腹笥等書厨，偷得如來掌上珠。愛客幾時抛酒具，看雲終日對城隅。掃除俗逕心無礙，踏遍名山佛有徒。如此高情如此學，遨遊真不愧江湖。

一髮中山鐵板沙，舜天開國是非耶？百年文教敷瀛海，五渡封舟記客槎。自古事君惟所使，人生何處不爲家。而今業已遊方外，須信無涯是有涯。

水擊三千愧大鵬，長風敢謂力能乘。中山舊俗尊從客，薄海新聞屬異僧。但使詩名流絶島，何須佛國覓傳燈。預愁法服球陽詫，錯認維摩作道陵。上人戴笠，球人以爲道士。

五月朔日夏至奉册登舟

風信連朝問若何，樓船旗角向東多。出城已覺心如水，論道誰憐口似河。節近端陽剛解纜，月臨冬至好歸螺。謂白螺也。衆人莫怨封舟小，中有天書壓海波。

航海詞二十首

中倉左右分麻力，倉中左右卧處曰麻力。御册東西坐使臣。五月火雲蒸大釜，立錐無地那容身。

海船淡水貴於漿，四井深深百斛量。行到太平須買水，海船於太平港取水，先投銀錠水中，曰買水。龍潭清處□銀光。

一桶纔傾一桶來，輪班往復自相催。水籤報道前艙滿，鐵鎖飛符驗鑰回。

怡山院裏再焚香，祭海仍尊百谷王。禮罷龍旗東北指，午潮聲上理帆檣。

海賊傳聞踞虎門，無能兵將逗前村。小施智略排軍出，艇匪潛蹤莫妄論。

進士門邊石骨高，柁身量水辨分毫。縱然小觸都無恐，番木新教鑄鐵牢。番木即鐵力木，所謂鹽花也。

西南風利護舟還，一出官塘便小山。驚浪打篷棲不定，桅梢盡處有鴉班。舟人時緣一繩以上桅，疾如飛，故名曰鴉班。

挂起頭巾挂插花，篷頭布帆曰頭巾，頂篷側布帆曰插花篷。 轆轤聲急布帆斜。帆皆以轆轤舉之。 如山雪浪全遮却，卵色天光接水涯。

不信重洋有米糠，今來目擊怪非常。問誰篩得匀如許，細雨霏霏落鑑塘。

嵐光貼水似飛鴉，報道山來信否耶？偷渡雞籠渾不覺，舟人指點是彭家。山名。

東沙到此盡辰針，單乙從今可細斟。百六十年無海禁，一回推測一回深。

魚挾舩行雀繞桅，百靈都爲護舟來。任公一去無消息，海上何人理釣臺。山名

雷火何年燒赤尾，山名。 斷霞千古映波紅。不知黄尾山何處，海燕群飛落照中。

球人罔識黑溝名，祭海惟看赤尾□。我有猪羊無死處，便令投入不須兵。球人不知黑溝，但見赤尾嶼即投猪羊以祭。 此行實不見溝，因即令投祭，汪舟次《雜録》所謂威之以兵者復無所用。

忽聞篷角一聲雷，雨挾東風鬼嘯哀。夥長篙工齊失色，倉皇便欲放舟回。

反風無術仗靈妃，沐浴從新著賜衣。一寸心香神鑒否，孝思我亦有慈幃。

果然仁愛似慈親，頃刻旗鎗轉向辰。二百餘人同額手，始知忠信可通神。

雨收風轉船尤疾，姑米山連馬齒長。黑夜可防礁暗觸，先將號火報球陽。

水繂雙排獨木船，法司王舅紫巾偏。一針到此纔交卯，早有王孫餽酒筵。

五日中山到未遲，三舟齊集更稱奇。□虹消盡□□避，穩渡重洋海不知。

望姑米山

淩波微步似仙鬟，水摺雲迴故故彎。莫怪舟人頻指點，海中難得是青山。

（以上卷十二）

五月十有二日由霸港奉册入天使館

萬人争看使星來，一朵黄雲抱日開。山到流虬平似岸，水歸霸港小於杯。王孫守禮衣冠古，草木承恩雨露催。賓至如歸今始信，果然聲教震無雷。

示琉球各官

使者銜命來，陛辭請聖訓。念汝國窮僻，事事費存問。第一愁貨多，貨多價難論。其次慮兵驕，兵驕理難順。飲食日用微，知非汝所吝。千萬始於一，尋常積自寸。淺言期易明，俗語究宜擯。此行貨不多，較前得餘閏。於役挑馴良，於兵擇謹慎。豈惟擇謹慎，軍令懸白刃。汝賈須持平，汝交務守信。米鹽但日給，酒漿亦時潤。山珍與海錯，麾去不勞進。崇儉天子心，柔遠王人分。况際遏密時，晏樂誰敢近。汝從惟汝憐，汝違惟汝恨。歸告王世孫，有條幸無紊。

停雲樓自目四首疊前韻

異地如經讀異書，十洲圖記喜新儲。腥風吹水立天外，驟雨移山横檻初。除却家賓稀鳥跡，爲防海颶盡蝸居。有舟有馬仍安步，小飾肩輿不造車。

入門先得飽行厨，香稻曾聞貴似珠。蝎虎避人鳴室隙，蝎虎鳴聲如雀。海蛇盤索挂庭隅。球俗以海蛇入饌。樓含水氣知潮信，户雜歌聲識酒徒。圓鑑池蓮開也未，不堪回首憶西湖。

地無沃壤半流沙，滿屋蓊茸長昔耶。栽到荔支真碩果，燒殘柴木是枯槎。柴木只堪供爨，故名。市惟集女少奇貨，人慣浮航輕棄家。玩海直同一杯水，烟蓑釣艇過生涯。

鴈飛不到更無鵬，只有封舟許共乘。世鑑原堪供史筆，禪林時復見詩僧。人家多用螺爲器，夜飲惟憑月作燈。遠客初來都未慣，獨憐山色似巴陵。

使院種荔支詩并序

荔支産不一方，閩産尤勝於蜀，粤歲充方物入貢，猶尉佗故事。顧三方之産，率皆宜東南不宜西北，豈真地氣有寒燠，遷地弗能爲良耶？夫橘踰淮而爲枳，桂入燕而不榮，穀之所宜，古人詳言之，則土亦固有不宜者。况琉球去中國萬里，間以重洋，必謂土宜與閩無異，誰其信之？則余之栽荔支於使院也，毋亦矯物之性與？雖然，海棠植於江城，亦相幽獨，石榴移入中夏，不變根株，未嘗試之而遽謂其不宜，猶未嘗用人而皆謂其不才也，不亦誣乎？抑又聞之，東方物之所生。琉球，東國也，嘉木異卉，桐生茂豫，果之屬少者，無好事者攜之渡海耳。余敢謂他日結實必無異於閩哉？然而其生可必也，其實可必也，球之人其亦有季氏封植之意乎？是余之厚望也。樹栽於嘉慶五年五月戊戌，兩株四幹，高二尺以來，種曰陳家紫，移自牧荔園。贈樹者中丞汪稼門，種樹者西蜀李墨莊，記以詩者修撰趙介山、上人寄塵及余也。

生年五十餘，足迹半天下。山海多珍羞，遍嘗失亦寡。果中有荔支，蔡譜詳其辭。無緣得飽啗，寤寐時思之。前年走嘉州，曾爲口腹謀。到遲樹已空，惆悵清江頭。雨村使嶺南，雞肋偏自貪。科名何重輕，遺恨殊不堪。今春承使命，食指動無定。五月出閩疆，味酸齒牙病。徘徊牧荔園，相對饞流涎。憤然攜兩株，逼迫登樓船。球陽海東角，生氣蓄果木。無人攜種來，焉知性不熟。使館幸軒敞，後庭平如掌。徐公手植榕，堂前已十丈。雨過暗偷移，栽荔荔不知。土故築仍密，郭駝爲我師。祝爾榮且實，毋爲化枳橘。天涯作客人，根蒂正難必。寄語中山王，封殖幸勿忘。來夏知結子，知公最先嘗。

波上和海山先生韻

高臺五月爽於秋，坐爲薰風半日留。山水多情隨地好，乾坤浩氣與人浮。厓懸石筍蹲如虎，艇蕩蘭橈泛似鷗。烟火萬家安作息，葛天淳俗在荒陬。

首里向公子循師世德過訪

高閣窗開四面風，有人問字訪揚雄。未嫌款洽方言異，猶幸文書海國同。樹到日中無側影，竹於世外見虚衷。漫言使者能敷教，正恐空樽笑孔融。

奥山

奥山山對出，鶴蓋盤虬松。四面納潮汐，中有蛇似龍。心海僧何來，闢地營梵宫。甘露充佛果，扶桑當香供。寺前有方池，潑剌雙鯉紅。可憐水易渴，倔强泥沙中。鐵樹生石膚，孤立如梧桐。託根定何所，亂葉飛蜈蚣。散步繞山麓，鳩鷺起蒿蓬。兹邦少見鳥，始信閩無鴻。維時午潮退，襟袖來薰風。回首語介山，歸路須從容。

六月八日諭祭琉球故國王尚穆禮成恭紀

祭典遥頒耀海疆，卜年四十葬靈長。祖孫似續迴天眷，旌旐飛揚近日光。入廟威儀徵《志略》，傾城士女爇心香。禮成瑞應尤堪紀，焚帛烟中寶氣黄。是日焚黄烟中有黄氣結爲瓔絡。

再遊奥山月夜泛舟由南麓越重島渡里村歸自却金亭

奥山不重遊，恐被山靈笑。策步上峰頂，遂得極高妙。東窺首里城，辨嶽出雲嶠。西望姑米洋，海氣鑿泉竅。南北昨所歷，形勢攬其要。萬松回日光，衆籟激風調。放流狎郭舟，踞石垂任釣。晚汐不我欺，明月早相照。白魚射波飛，紫燕掠船叫。木石陰森沉，星斗光震掉。此間無酒肴，何以助吟嘯。一杯酹海若，遺跡枉憑弔。人家露燈火，亭際集庭燎。莫漫醉言歸，來日事難料。

懷慶晴村將軍疊前韻和寄塵上人

球陽無鴈可傳書，那用懷人句早儲。只爲情能牽夢久，不如心未識公初。南天海色迷針路，北極星光仰帝居。聞道中秋將入覲，受恩深處漫懸車。

記取衙齋醉酒厨，新詩迸落滿盤珠。别來一月如春夢，招得三山入座隅。供饌魚蝦多怪狀，忘機鷄犬盡仙徒。就中樂事惟遊覽，門外扁舟勝五湖。

奥山山麓水明沙，邱壑依稀似若耶。古寺降龍僧是佛，山多蛇，僧心海驅之，建寺曰龍渡。小橋度馬石如槎。漁舟遠近鮫人室，茅屋參差玉女家。此處無公同嘯咏，那堪獨樂滯天涯。

暫息真成六月鵬，風迴東北幾時乘。天高日遠無家客，雨暗雲陰古廟僧。獨對荔支傾濁酒，全無書史送殘燈。拾遺陳子昂。已死青蓮老，枉用詩篇傲杜陵。

雨中首里四公子過訪席上口占

獨坐高樓懶不支，客來何以慰相思。有詩自帶東洋氣，好雨纔過北牖時。節近新秋人乍爽，風驅殘暑酒初宜。便煩寄語楊文鳳，乘興還拚醉一巵。

立秋日重島觀漁

雨氣釀新秋，潮聲撼地流。衆魚方拜水，密網已排舟。樂意誰能料，危機實自投。縱飛仍少翼，空羨白沙鷗。

漏網誰追得，恢恢汝自知。遥憐依藻日，應恨出淵時。潑剌紅鱗碎，迴翔白鷺癡。見生難忍死，霜刃漫相欺。

重島題石

孤石疊成山，山根護短垣。藤蘿陰地濕，花木入秋繁。高拄青雲動，低涵白浪翻。中流難砥柱，靈竅鑿波痕。

東禪寺題贈珪岩上人

小阜彎環摺澗深，此中詩境可微吟。僧高座有林泉氣，地僻客無城府心。烏自呼名風裊裊，花能解語日沉沉。塵緣不到清何許，四壁松濤一曲琴。

遊久米村迎封大夫梁煥招飲醉賦

剪槿籬空舊路迷，礪墻盡處竹梢低。何人掃逕通誠款，有□臨軒八品題。細撥銀箏邀落日，高燒蘭燭舞晴霓。□來恨不勝杯杓，馬上馱歸醉似泥。

招球人能詩者飲

枯坐如禪入定難，不須重問大還丹。客惟知酒成佳士，人但能詩勝好官。摺柬幸無迂道里，飭奴先爲整杯盤。新秋氣爽風兼雨，如此山川合醉看。

寄生螺

寄生寄居螺殻中，宵則負殻以行，首如蜘蛛，四鬚兩螯八跪，實如蟹，螯一大一小，跪則四大四小，小跪常隱，以大跪行，觸之即縮入，以一大螯拒户。《太平廣記》云：殻居之蟲如螺而有脚，形似蜘蛛，本無殼，入空寄中載以行，觸之縮定，如螺閉户。即此物也。然如所記，似先有蟲而後入殼。今使院頗多此類，置之磁器中，求出不得，用力太過則全身離殼，頃刻死，又似繫生於殼者。余偶取大螺殼貯海水養之，夜出早歸，若以爲安宅，歷久不去。物類相感，其理如此。大造生物不測，此特其小焉者耳。

寄生空負累，雖智復何爲。有警藏身疾，防危出殼遲。宵行人已覺，晝伏鼠先知。槖籥乾坤大，機心那免癡。

沙　蟹

蟹生沙中，闊而不圓，兩螯異於常蟹，足極小，甲左右稍缺，螯縮補之，天然無縫，養以沙水輒不死。見人則縮螯，或氣噀水若悖若怒，豈吕元《蟹圖》記所謂沙狗、蜂江類耶？然亦未敢臆斷。以其生於沙，名曰沙蟹云。

公子胡爲者，無腸也自横。縮螯縫片甲，射水凸雙睛。莫辨尖團勢，幾忘飲食情。含黄何處著，姑負此卿名。

海　膽

海膽其形渾沌，通體生刺如蝟，無頭尾面目，蠕蠕能運。旁有小穴，血而方，或其口也。球人以形似，名曰海膽，剥皮取肉，搗成泥，盛以小瓶供饌，色如伏後卵黄，味如蝦蕁，亦異産也。若易名曰海蝟，尤爲得實。

刺縮真如螺，醢如生卵黄。錯疑萍有實，渾訝膽新嘗。入釜初鎔蠑，登盤恰配薑。最憐形混沌，鑿竅定何方。

龍頭蝦

蝦頭絶似龍，與常蝦異。徐澄齋《傳信録》云一名鰝，長二三尺。按《爾雅》鰝係大蝦，無龍頭之説，存疑可也。

嶄然頭角異，蝦亦冒龍形。失水猶堪憫，淩雲恐未經。朱衣徒有表，滄海太無靈。不逐雨師去，空憐眼似鈴。

海　蛇

蛇長三尺許，僵直如朽索，皮厚無肉，狀猙獰，球人每起居日輒供一束，云性熱，去風殺蟲，療痼治癘，殆亦永州異蛇類，然終憎其狀，不敢食。

朽索懸三尺，詢知是海蛇。似鰻烹少肉，非鰒味如痂。佐酒能無悸，祛風莫漫誇。昌黎初入粤，未敢食蝦蟆。

毛魚

毛魚以細小得名，外視似腐而味耐咀嚼，常以七八月朔前後五日排陣出海，風味不減糟鮹，閩人皆重之，琉球海族此爲逸品。

一寸么麼質，何堪枉匕刀。未鹽先欲腐，不膾已如毛。鮮氣饞香粥，腥風醉濁醪。小鬼頻餽食，流鬼笑貪饕。

石距

石距似墨魚而大，腹圓如蜘蛛，雙鬚八手，無脚無鱗甲，手有刺攢生兩肩，球人以之供饌，味如鮑魚而薄。《傳信録》作石鮔。按字書無鮔字，《異魚圖讚》「章舉石距，同狀異面」，注云：「烏鰂之别種，見《日華子》。」今山東登萊有之，名八帶魚。

鼓腹蜘蛛似，排肩八手齊。問名圖有贊，入饌品難題。臭或殊於鮑，烹仍佐以雞。海蟲如爾少，鱗介亦相擠。

家蔬魚

家蔬非魚名也，乃削黑鰻脊肉乾而爲之，長五六寸，形如梭，質如枯木，出久高島者尤良。食法先以温水浸洗，裹蕉葉煨之，切片儼如鉋花，或連切五六片始斷，又如蘭花。宜清醬，舊名佳蘇，求其義不得，詢之球人，云此品美且多，貧家亦常食之。意殆謂如家常蔬菜，人人得食，球人字皆對音，易以今名，庶爲得其實云。

有物賤於蔬，貧家亦積儲。梭形鶩嬾婦，木質笑枯魚。蕉葉層層裹，蘭花片片舒。果然風味好，名下信無虛。

石柏

石柏一名海松，生海中，大者二三尺，根蟠海底石上，久之與石爲一。枝葉纖細，絶類側柏，鮮艷如火，有腥氣。其根木色，輪囷屈曲，如老樹，根幹有節如蓼而密。生馬齒山下者紅色不即退，惟馬齒漁人能泅水深没取之。國人亦曰礒松，似言松本木質，附生石上如義甲義髻之義字，頗雅切。

石柏紅於染，森然品格殊。金莖排竹節，鐵網出珊瑚。質脆雖難恃，心堅不易枯。更煩求海底，可有棟梁無。

石芝

芝生沿海石罅中，石筍厓下尤多，有根有葉，大者如盆，小者如盎，其他如菌如菊如荷葉者，不可勝數，靈壁、羊肚俱不足道。殆鹽水久漬而成，然腥甚不可近，而脆摺尤難致遠。亦惟馬齒漁人能取之。《傳信録》所載如此。詢之球人，統名曰砂。善興寺偶見之，遂有是作。

靈芝原異狀，海産更徵奇。根葉生何託，神仙採定疑。雖腥難見棄，縱摺那能辭。絶勝商山菌，凡民自不知。

中山雜詩二十首

海邦淹使節，問俗最關心。人衆土無曠，水多山不深。有田惟種薯，是樹少鳴禽。怪煞蛟龍窟，淳風直到今。

見説天孫氏，爰開海國圖。有神皆帝子，分類異槃瓠。篡奪幾經世，兼并方剖符。語言通得未，聲教日霑濡。

國有衣冠古，王今雨露偏。兵刑何必備，禮樂未全捐。濟濟官猶百，迢迢路幾千。可憐共順意，膜拜學參禪。

賓至不迎送，率真存古風。酒肴隨意設，談笑許心同。草履寬於履，肩輿小似籠。庶民尤樸陋，赤足首飛蓬。

一簪男女別，男女以簪長短爲別。都不著帷裳。貴賤同衣履，供輸少稻粱。漁舟環絶島，商販仗危檣。莫問生涯事，生涯在水鄉。

市集皆夷女，蓬頭戴貨行。市無男子，女人頭戴貨入市交易。曳襟勞兩手，女衣襟無帶，以手曳襟而行。

穩步注雙睛。物以多爲貴，人因賤不爭。問男何所事，非釣即躬耕。

有布少絲羅，球人盡解歌。中山官族盛，久米秀才多。六六圍群島，重重撼大波。居然稱富庶，日本近如何。

也染繁華習，偏忘相鼠譏。舞僮多采袖，土妓有朱衣。但解當筵避，無勞舉袂揮。太平歌自好，咫尺凛天威。

奥山及波上，遊覽最清奇。石罅潮聲透，松陰海氣移。球官垂帶立，夷女戴筐馳。鬅鬙霜如此，來觀亦太癡。

古刹如亭小，禪堂即客堂。僧衣能斷俗，球僧袈裟外別有一衣如背心狀，名曰斷俗。席地可無床。供佛惟花蕊，烹茶半雪餹。此邦殊服食，何以慰愁腸？

幸有奇花木，能將遠客招。佛桑然似火，鐵樹挺於蕉。野徑多叢竹，人家隔小橋。晝長無個事，步屧瀏漁樵。

小艇蕩秋風，心清與水同。星光沉處少，山色倒來空。鷺起晴沙上，魚飛雪浪中。此時天趣溢，樹杪月朦朧。

空憶山南北，無人肯伴遊。村憐絲滿好，湖愛許田幽。荒草埋城堞，悲風出戍樓。不堪憑弔處，明月照青邱。

海氣入樓腥，停雲肯暫停。簷高惟聚雀，草茂只多螢。書帙因風亂，詩腸對酒醒。那堪愁夜永，雷雨撼窗櫺。

僻甚東禪寺，花尋隙地栽。背山松偃仰，對澗竹低徊。僧少貪嗔氣，人無爾我猜。浮生閒半日，萬慮一齊灰。

已作天涯客，能無世外情。逢僧先説法，選勝即題名。乘馬馴番性，陪臣識履聲。和光仍須俗，忘言倚於衡。

朔望還須盼，燒香趁早暉。球人知孔廟，舟子重天妃。散步隨黄帽，尋芳入翠微。夜遊先減從，騎馬月中歸。

多僕翻成累，無書更嬾窺。得閒惟賭酒，對客且圍棋。笛向風前吹，花從雨後移。終朝尋樂事，事事入新詩。

往事何須説，球陽客未歸。暑殘蠅漸少，秋淺蟹初肥。思父中元近，中元日爲先君忌辰。懷人夕照微。西川雲霧裏，雖奮不能飛。

聞道謝封使，冬舟歸路同。翻憐東海客，猶趁朔方鴻。愁態消眉宇，歡容看僕僮。更從天后禱，先借一帆風。

停雲樓即事八首

仲夏始登樓，蹉跎忽已秋。虚窗容海色，高枕落潮頭。螢火風仍聚，蚊雷曙不收。東洋殊節候，五月畢田□。

使院何曾小，册年方一開。始知文教廣，端爲册封來。環堵皆傳柝〔一〕，幽蘭不點埃。閉門還却掃，時把舊詩栽。

蔬菜應常給〔二〕，甘泉也自奇。起居風五日，每五日世孫遣法司等官來起居，如風信也。經歷歲三時。斗榼爛羊胃，壺漿酸米肌。米肌似酪稍酸，球人以爲貴品。藿膓親海錯，苦道不相宜。

雨過清光好，前山後茂林。居人多草榻，古寺足松陰。蝎虎聲如雀，毛魚小似蟫。大都聞見異，茶品貴於金。

日下鳳皇飛，雙棲錦繡幃。雁鴻猶見少，毛羽信知希。世態一空畫，人心多巧機。更憐無竹實，阿閣幾時歸。

滿壁花團蔟，春光爛熳時。狂飈吹不落，明月照何遲。筆墨疑三絶，鶺鴒借一枝。孤雲停暫得，清夢有遐思。

平鋪幾片席，斗室配僬僥。飛燕不巢屋，鳴雞偏應潮。礪墻圍福滿，木名。甘露綴芭蕉。近海人多疫，先愁覓藥苗。

泰案巧蟠龍，天書貯碧筩。雙星查貫月，萬國譯傳風。覆載無私照，丹青有化工。輶軒勞采訪，新語怕雷同〔三〕。

〔一〕「皆傳」二字原缺，據《琉球碑文記》補。

〔二〕「蔬菜」二字原缺，據《琉球碑文記》補。
〔三〕《琉球碑文記》末署：「嘉慶五年孟秋，蜀左綿李鼎元題並書東苑之額掛床。」

七月二十有五日册封禮成贈中山王二十韻

地有蠻荒服，天無覆載私。外臣承爵位，内府沛綸絲。盛暑浮航後，初凉卜吉時。禮章徵舊典，樂部按新規。時樂皆設而不作。遮道兒童拜，排衙士庶嬉。春秋王子富，黼黻賜衣宜。高結龍亭綵，斜飛鳳字旗。入門山轉峻，繞郭水尤奇。幣帛充庭棟，弓旌拂殿楣。百官瞻紫極，九列叩丹墀。靄靄祥烟裊，曈曈瑞日遲。詔開麟閣動，書到蜃樓移。奔走麾群吏，匡扶仗法司。居然稱去冠冕，卓爾見威儀。抱質真如玉，傾心恰似葵。人歡東壁鑒，星拱北辰知。雨溢泉爲醴，雲蒸草是芝。方言供筆塹，異語助談資。使者非風后，藩封類月氏。相期防隕越，作頌愧文辭。

和寄塵竹枝詞十首并序

寄塵上人既作《琉球竹枝詞》，强邀予和。竊惟元唱於此邦風俗摹寫略盡，且此次公令不晏會，不作樂，事未經見，尤難爲辭，而上人强之不已。因訪之土人，參以目及，就元唱所遺者補之，以備采風，作如是觀可也。再有和者，予不敢請。

館前雙幟矗天黄，鳳作雕楹粉作妝。父老兒童争入看，果然人地稱封王。

家家石盎置簷廊，家置一盎，以備浣漱。青吉姑羅插滿墻。吉姑羅一名霸王鞭，墻頭盡植之。浣漱客來先脱履，隔籬紅燭燒扶桑。

冶遊花布帳爲房，桼榼雙擔水火箱。野遊多以桼榼盛酒肴，配以水火爐箱，擔之前行。漫道米肌酸似酒，佳人親嚼味如漿。米肌經婦人口嚼而成，球人以爲上品。

編竹爲籬密復疎，整齊端似殺青書。美人窺客探頭出，自道玉顔花不如。

野田茅舍是儂居，番薯盈筐戴入墟。手點墨梅花映肉，婦人以墨點手背爲飾，如梅花，衣無帶鈕，赤足戴筐入市，嘗以手曳襟而行。見人含笑曳襟餘。

雙乳垂垂學抱瓜，庭中獨立望天涯。竿頭笑指南風到，脱却襟裙嬾去遮。家有渡海者率造小木船置庭中竿頭，桅柁畢具，候南風以卜歸期。

山頭剪樹與門當，掃地棲神石滿堂。俗以石爲神，賽神以糖。暗祝遠人歸信早，一杯白酒薦冰糖。

舞袖褊躚逐燕斜，小兒偏插鬢邊花。婦人例不戴花，歌童特戴之。高盤頂髮光如鑑，男子年十五始剃頂髮，戴帽綰短簪，未及年者率科頭梳高髻，插八寸銀簪。八寸銀簪綰髻鴉。

衣惟寬博不須裳，俗俚花簪玳瑁長。土妓呼爲俗俚，綰玳瑁簪，著朱衣。暗約歡來將夜半，先調箏柱置樽旁。

絲肉笙簫雜小鑼，球陽無客不能歌。即看白髮花冠者，官以紫金花冠爲最貴。也解當筵學嬝娜。

附元唱

冠分紅紫雜青黄，伏臘從無兩樣妝。大袖寬袍半截襪，一雙草靸見藩王。

居無大厦半迴廊，曲徑門庭短短墻。礪石疎籬圍小圃，松蕉鐵樹間扶桑。鐵樹一名鳳尾蕉，閩謂之葛松。

到門脱履坐廊房，席地呼烟具木箱。箱備火鑪烟筒之屬。敬客鞠躬雙撫膝，方盤代桌進壺漿。俗無桌，以方盤著兩脚進食。

不知迎送禮行疎，言語難通藉筆書。簪論金銀分職守，相看男女髮如如。

笑它男逸賦閒居，中婦奔勞集大墟。不慣肩挑能負重，一筐頭戴百觔餘。

處處山田種地瓜，番薯别名。窮民飽啗作生涯。文身裸體尋常事，也解襠前只布遮。

門巷多安石敢當，家無香火奉神堂。款賓福酒兼燒酒，粔籹人情總著糖。

偏袒紅衣墮髻斜，不施脂粉不簪花。趺跏跣足三絃撥，宛轉歌聲以老鴉。

印花棉苧布爲裳，闊帶纏腰丈六長。一切都歸懷抱裡，烟筒紙扇插襟旁。

亦有梨園少用鑼，外塲説白内塲歌。彩衣長袖當筵舞，縱不風情也嬝娜。

題東苑四首柬中山王用前使徐檢討葆光韻

斗室開三面，看山不掩扉。樹横枝礙帽，石亂角鈎衣。海水因風立，林花帶雨飛。親人魚鳥意，觸處見天機。

南山青不斷，樹色接長空。瀑布拖烟白，楓林綴落紅。夕陽牛未下，曲徑鳥纔通。九月天猶熱，披襟納好風。

樓閣空中置，中山第一觀。剪榕爲翠蓋，編竹作雕欄。壁好何須粉，楹堅不用丹。渾然完我樸，身與室俱安。

地接宫庭近，天教雨露偏。扶桑能捧日，福木自攢烟。我舊懷名德，王今實象賢。粗茶兼淡飯，一句勝千篇。茶寮中有尚益王書「粗茶淡飯飽即休」之句。

題王叔尚周樂魚精舍

玲瓏礁石近墻欹，樹作虬蟠剪剔奇。觀水觀宜風細處，看花尤愛月明時。人於醉後辭難寡，天到秋殘客易□。嶺上玉梅含蕊未，不堪纔合賦將離。

中山夜歸

列炬如星十里紅，軟輿顛簸似飛蓬。翻身上馬偏憐月，醉眼生花却畏風。樹影忽横疑鬼下，潮聲初落覺魚窮。睡魔底恨歸來晚，扶入西樓即夢中。

題法司向天迪漱石山房

小山曲摺護迴廊，緑樹垂陰覆石塘。三十金魚争食聚，一雙玉蝶逐花忙。林亭似此人無俗，福壽如翁國有光。漱石枕流饒理趣，齋名題罷筆生香。

題王叔尚容石瘦松清之室

樹疊孤峰上，花藏曲逕深。池魚貪石影，籠鳥戀松陰。室中蓄異禽甚多。醉我醇於酒，斯人静似琴。夜闌星月下，握别一酸心。

登末吉山樓

萬株松蓋蔭山蹊，一箇茅庵伏嶺西。行盡竹籬來石筍，撥開雲陣上天梯。青疇帶水匀匀下，緑樹含烟望望低。只有王宫相對出，蜀樓如待蜀人題。樓踞獨山，舊無名，予因題之曰蜀樓，并爲之説。（以上卷十三）

琉球草木詩二十四首

麒麟菜生海灘上，形如鹿角，一名鹿角菜，有黄、白二種。

海灘不産無名草，沐浴靈波襯碧苔。道是麒麟君不信，先舒一角請君猜。

松　露土名蓄羅，菌類也。九十月生大松下，圓白如菌，而滑膩少味，清脆似筍而風味較薄，亦菜中清品也。生糞中者灰色不可食。

不産茯苓産松露，此松已覺老無能。勸君莫更嫌清薄，風味剛宜粥飯僧。

野牡丹土名茌花，葉與牡丹無異，二三月花開纍纍如鈴鐸，素瓣紫暈，檀心大如碗，極芳烈，嚼其葉可爲口香。種出太平島海沙中。

洛陽舊恨新春日，海上何人著眼看。要與浪花争富貴，一叢秀出白沙灘。

禪　菊色不一，花如中國萬壽菊，葉粗厚如蒿。

花本無奇名自好，也勞騷客費沉吟。送酒無人門寂寂，一聲清磬落霜林。

紅　菜生海灘，細如亂髮，類石花菜而少扁，味清滑。

細如亂髮恰蓬鬆，髮不能紅菜自紅。滑似莼羹香似藻，美人心緒落杯中。

海帶菜《梁書》名昆布，可治癭，海藻也。取而甕之如桼浸羊皮，又如□□筍片，出大東洋者色淺，□生製之得法留本色也。

康成有草名書帶，誤落滄波不記年。高閣自今書嬾束，供人口實也堪憐。

辣　蕎土名蓽薆，寄生樹上，花白子赤，大如指，長寸餘，形如朝天辣，而□有略小微黄者，有小如蠶豆而圓赤者，味皆酷類胡椒，能治胃寒。土人乾之以市，色轉黑。余從市上買得之，即以當胡椒之用，有過之無不及也。

辣到桂薑無辣處，此蕎生性與之齊。世間冷氣誰消得，一寸金丹海上攜。俗有海上方之目，故云。

芭　蕉實名甘露，花紅紫，大如瓢，一穗數尺，日開一瓣，每瓣花心五六，結實如其心數，狀類手指而揸，熟時色緑，以草糠覆之則黄如新剥瓜蔓，味甘。歲實爲常，異於中土。其絲漚之可織布，球人賴以爲衣。

實如甘露尋常事，大葉抽絲被萬人。不似美人空有色，蕉之小者名美人蕉。一生無用負青春。

雷山花土名吉茄，葉如鐵梗海棠，花如牽牛差小，鴉翠色，四五月開，至冬結子，如豆莢。

小朵翠花深色梗，石厓隙畔點清幽。涼月正明人露立，忽看螢火出枝頭。

吉姑羅一名火鳳，葉似慎火草，無花，幹四發，葉生梗上，人家墻頭多植之，亦以避火。俗名霸王鞭，土人又呼爲福禄木。

排青一帶吉姑羅，引得墻頭草更多。昨夜東鄰房盡燬，問他辟火竟如何。

樫　木即羅漢松，性堅不蠹，有異水土使然也。人家梁柱多用之。

大僅三圍高一仞，縱教不蠹有何長。高樓自用千尋木，讓爾蝸廬作棟梁。

鬥鏤樹土名呀喇菩，亦號君子樹，葉類橘，對節生，紋如織鏤，中邊映日通明，作金黄色，與貝多葉無異而差小，漚而存其筋可作書，花白似梅，實圓可搾油。

貝多羅葉原堪寶，僧不知名解殺青。昨日奥山禪榻上，手持一葉索《心經》。

福木葉如柑，特厚，有光澤，對節生。形如腰子，可染緑，斷之則漿出，潔白如穀樹漿，一名常盤木，直上數丈，四時不凋。花黄而小，實如橘稍腥，小兒喜食之。

樹影亭亭枝短短，人家籬落配芭蕉。不材偏有長生福，松柏容他説後凋。

鐵樹樹色如鐵，無枝，幹隱隱有鱗作龜坼文。一名海㯶櫚。葉勁挺，對出如鳳尾，又名鳳尾蕉，内地謂之萬年㰀。中山無處不有，花實類栟櫚，其根碓爲粉可充糧，島人以備荒歲。

矗然枯質忘生氣，偏有一叢葉蓋頭。每遇册封年必稔，鐵根無恙老山陬。

蝴蝶花色絳紅，鬚黄，絶類蝴蝶，條葉如嫩槐，種自閩來，土人寶異之。

柔條嫩葉不經秋，風妒霜欺也自愁。昨夜夢中何栩栩，輕身飛渡大瀛洲。

福滿木高數尺，葉似槿，花如柿，子纍纍色紅，小兒尤喜食之。

身纔數尺頗么麽，有子何須著許多。壓摺柔枝全不惜，眼前贏得小兒歌。

扶桑樹葉與桑無異，可飼蠶。花而不實，朝開暮落，一名佛桑。千葉者有大紅、淡紅等諸色，單葉則惟大紅一種。單者蕊高出葉外寸許，如燭承盤狀，故示名照殿紅。千葉者瓣作重臺，蕊藏不見，謝時皆卷瓣如燭而後落。四時皆花，六月尤盛。俗以槿爲佛桑，葉不類，未爲得實。

甘同木槿争朝暮，不與祥桑管廢興。球地有花開四季，讓他長占佛前燈。

烏木葉如桂而少窄直上，外與常木不異，中心質黑，間有白理，土人用作屏扇，頗雅。

知白怪他能守黑，更憐直性不支離。莫持此格求人品，世上惟應汲黯知。

阿咀呢葉長，邊有刺，幹圓似束麻，久成林，連蔓堅利，可當籬。葉可造席，根可造索。開花者爲男木，花白瓣若蓮，合尖左右迸疊十餘朵，直上五椏，蕊露如杖，長數寸，芳烈如橘花。女木無花而實大如瓜，膚紋起釘皆六稜，可食，云即波羅蜜别種，聞粵東亦有之，名鳳梨。

一身不惜爲人用，尚恨生前刺眼時。爲語多才須擇地，最難堪是寄人籬。

地分木樹高五六丈，葉如穀樹，小白花叢生，冬日開，有毒，可藥用。

海魚不與樹争地，何用飛英毒海魚。三月楊花知得未，俗傳魚食楊花則肥。聞風應著絶交書。

月橘樹高丈餘，葉細如棗，開小白花，甚芳烈。一名十里香。實如天竺子稍大，子落復花。人家多植以代垣屏。

剪籬劙樹邦人擅，十里垣屏綴火珠。子落復花花復實，球陽温暖世間無。

悉達慈姑樹高丈許，葉如桃，子如葡萄，穗纍纍深藍色，名慈姑奶，不可食。

虛聲純盜是慈姑，及得燉煌馬乳無。行客正飢多病渴，不知誤煞幾傖奴。

名護蘭葉長四寸許，厚而尖圓，狀似舌，大如指，三四月花，與蘭無異，一箭八九朵攢開，香清越勝蘭。種出名護嶽巖石間，不假水土，或寄樹椏上，或以椶皮裹懸之。

沽名容易避名難，那用花香更勝蘭。一落塵間依樹活，空巖風月好誰看。

文萱花一名歡冬，花如萱特小，葉有素白相間文。

中山草木逢人問，問道文萱轉自憐。老母歲高遊子遠，對君惟有淚潸然。

首里四公子招飲書齋各以詩政依韻贈答四首

一從姓字與君通，便許圖書貯壁東。《球雅》未成嫌日促，余輯琉球方言名曰《球雅》。金尊頻倒覺情隆。鑄顏休信孔聞異，御李尚憐荀意同。欲識文章神化妙，如蜂釀蜜在交融。

節過殘秋也覺凉，南山爽氣入書堂。囊螢照字心齋浄，病客聽仄潮眉宇黄。此日燕酬知菊味，他年服媚憶蘭香。要從名教尋真樂，肯别元龍上下床。

不愧書生是此堂，雨餘筆墨潤涵光。推敲李杜開心錦，薰沐班楊爇瓣香。不禁秋風吹野水，用工部「願吹野水添金杯」意。徐看酒暈溢清揚。逃禪莫學唐蘇晉，醉裏乾坤早坐忘。

百卉經霜未肯降，强依籬菊鬬輝煌。中山地占長生位，斗室人稱集益堂。問安訂訛初得解，賭詩急就已成章。我非富女憐貧女，暗裏容偷鑿壁光。

中山土物詩五首

刀

中山不産鐵，曷爲有寶刀。爐鐵自日本，鐵則來中朝。短者長其柄，長者佩之腰。最小乃云槍，利用錫名標。是皆百鍊鋼，鋒銛可吹毛。我行册禮成，於王非外交。感贈未啓匣，吼聲騰老蛟。拂拭虹繞屋，微聞魑魅號。雪光逼人寒，霜氣射斗高。持以渡重海，鯨鯢都遁逃。書生未敢握，目眩頭且摇。封侯爾何人，投筆懷班超。

布

華風珍細羅，樸俗寶粗布。此國不飼蠶，姑負佛桑樹。紅蕉代葛漚，白紵替綿揹。巧心印成花，百浣光愈著。節儉世所難，邦人盡無袴。男女一寬博，生不見裘絮。當其未采藻，霜雪積庭素。密縷厚屯雲，疎縠薄含霧。最下還績麻，蔽體體猶露。守禮五百年，流鬼失其故。信知天愛人，已足禦寒具。况我本布衣，肯被華衮誤。

扇

團扇團如月，珍重王宫式。染藻圖翟翬，剪蕉貼蟬翼。叠扇叠如羽，上闊而下窄。細骨磋瑯玕，膩面灑金錫。球陽地氣暖，秋盡不忍擲。貴胄藏中懷，齊民插兩腋。舒或驚翠屏，卷則訝尺璧。也復分精粗，未肯混朱碧。使者揚仁風，解愠破常格。對我不敢揮，憐爾心敬客。

紙

東洋地少竹，半以繭爲紙。小或四寸餘，大惟二尺止。硾法來朝鮮，花樣出倭市。縝密玉版如，細膩雪膚似。士人知重書，滿案白雲委。襯墨光閃眸，柔筆潤生指。澄心莫爲儔，絹素實堪比。矜持作楷字，腕斷未忍起。藩王致珍重，持贈等羅綺。月印侵高樓，霜華積包匭。十萬金已辭，歸裝曷載此。愛此潔净姿，寫我心如水。

榼

美食須美器，巧匠寧擇地。簠簋籩豆外，雕刻出新意。方櫝勢微長，提榼在其内。左虚而右實，治具亦稍備。木盤叠兩雙，銀瓶置一對。瓶以貯美酒，盤以盛異味。玉杯及象筯，各各匣中位。陳或盈方丈，收之繫半臂。最宜林泉飲，頗有富貴氣。我性耽遨遊，采風况所事。貪結文字緣，選勝聊小憩。球官門食品，羅列較精製。金采焕丹柰，銀絲界藻繢。平若磚塊切，序如詩牌第。樸素渾堅姿，繩墨規矩義。賦形能肖無，一笑問茶吏。司食具者士人謂之茶吏。

童子舞歌

連年四海音遏密，優人匿迹室無瑟。册封典例遵常儀，先會藩王停吕律。禮成象胥稽首言，國有成規未敢前。教演頗煩師氏力，迴旋應得大人憐。呼來亭亭玉筍立，輕訝翩翩彩燕集。高髻盤鴉綰銀簪，長袖垂霓翻錦襲。盈盈十五世家兒，跪拜參差亦解頤。小鳥依人風朗朗，群花繞砌月遲遲。舞者不歌歌在帳，大帶有無男女樣。采蘭摺柳寄深情，擊鉢攜籃鐃媚狀。四者皆舞名。我咨象胥耳其詳，眼雖無福心已嘗。銀箏有調錞有節，百年禮樂被遐荒。

蹋板戲歌

片板高横三尺梁，兩端力均虚且長。二女結束初對望，直躍而上稍儴徉。一頭忽低一頭昂，昂者激起數丈强。翩如孤鳥空中翔，失勢陡落天爲忙。前之低者倏鷹颺，尺寸不許易其方。仙姝月姊相扶將，雲生兩袖霞飛裳。或時整暇燕頡頏，瞥眼歷亂蜂猖狂。徐徐殺勢風平洋，振衣從容善刀藏。公孫劍器無輝光，緺杠繩戲皆尋常。中山絶技兹擅場，歌以傳之譜宫商。

琉球寶刀歌

我之初生夢徵虎，少年長劍逐風舞。一從摺節隨仲田，毛錐誤我今白頭。腕弱筋疾髀肉活，伏雞無力不能割。册命忽許持旌旄，禮成王贈琉球刀。拔鞘長虹貫秋月，逼人霜氣噤毛髮。封侯無骨那須此，消磨壯志亦徒爾。便愁過海蛟龍疑，嗟余老矣非佽非。

和楊文鳳重陽

登高原擬豁雙眸，夜雨連天去路悠。我已蠅癡飛不動，君雖雀躍孰爲儔。空懷重島青松嶺。虚負波山白鷺洲。事隔三旬詩始到，追逋縱急總難酬。

留别中山王

周旋五月情方密，鞅掌經年别有時。海上山川容我醉，球陽風俗爲公移。斗回東北驚殘夢，苑入西南記小詩。後會何期期不得，先愁鴻鴈報書遲。

留别中山士大夫

衣冠殊制語難通，一種情癡與我同。對酒縱譚賢聖趣，論詩遠溯晉唐風。筍崖松嶺追雲鶴，馬迹舟痕印雪鴻。莫更縶維收汝淚，夕陽霸港話匆匆。

留别使館

樓居既久步忘梯，日逐黄昏上梁雞。燕欲别巢還對語，馬將歸代自長嘶。荔支舍我知誰護，粉壁留詩任客撕。檻外菊花墻外樹，惱人情緒不須題。

却金亭口號二首

龍旌低拂嶺梅春，士女争覩沸海濱。節過但聞人嘖嘖，亭中又見却金人。

由來歸節趁春陽，十月開帆筭破荒。君謝東風休謝我，初心不爲省行糧。

那霸登舟四首

東風扶桑來，飄我手中節。念茲春欲回，歸計一宵決。夢隨陽烏飛，心向臘梅摺。豈獨畏簡書，聖慮此時切。王人況有母，盼兒感雨雪。維縶非不殷，似聞海潮咽。嗟余小忠信，汝淚爲誰設。望洋立踟躕，握手不能别。

不别將奈何，從者亦相勸。此輩徒餔啜，遠大非所獻。歸程有風信，媽祖肯操券。舟人稱天后曰媽祖。同行五百人，豈易具一飯。海族雖廣生，多殺神亦怨。聖恩重柔遠，天威凛方寸。體恤敢言德，聊以酬素願。脉脉波上雲，送我猶繾綣。

繾綣亦何爲，我舟已起定。海舟以鐵力木爲錨，名曰定。風微不肯大，似爲衆情佞。余敢拂衆情，此意神必聽。回望舊遊山，歷歷呼欲應。浮梁竟須撤，可以絶奔競。況持一月糧，小滯未爲病。送者猶徘徊，行者謬恭敬。默默秉至誠，臣心海可鏡。

海鏡知苦心，封姨忽馳馭。急浪推船行，旗角盡西翥。鴉班氣飛揚，夥長聲急遽。私心疑且驚，當食忽失筯。豈惟蟣虱臣，乃蒙風雲助。萬人破涕笑，歡呼各歸去。信哉鬼神盛，大矣天地恕。中流一回頭，那霸不知處。

賀中山王初舉世子時十月十有八日

玉麟昨夜下天閶，瑞氣充閭降百祥。一索果聞生長子，初封又見小藩王。亦知公問名猶早，欲試啼聲客未遑。剩有新詩馳賀去，先防喜極誤書麞。

馬齒島歌

昨來瞥眼過馬齒，青螺翠髻幾堆耳。今來舟泊山之陽，參錯滄波十里長。山不加高水不落，行人眼界今非昨。西風阻我如有情，散步且尋麋鹿聲。沙際浴鷗見客狎，籬邊吠犬窺人驚。登高回頭望辨岳，蒼松翠柏在吾目。似聞笑語風中來，尚見漁舟雨外宿。側身西望何茫茫，雪濤澒澒天蒼蒼。敢信六鰲能駕海，還期五日不停洋。山中無米但多鹿，一半獻王半自鬻。充腹惟憑鐵樹根，禦寒只用蕉絲縠。土人玩水性能泅，赤手蛟鯨窟裏游。三尺海松割石髓，一寸珍珠探驪喉。三十六島此門户，絶類竿塘石虎五。願從天后借長風，八旬老母思兒苦。

後航海詩六首

東海海無量，封舟舟有名。誰云萬斛重，飄若一葉輕。水雲混高卑，陰陽妙逢迎。知來乃知往，能頗故能平。上倏升九天，下忽沉入瀛。雪山駕靈鰲，風騎追奔鯨。此際須穩柁，但行休計更。何以辨四方，羅針注雙睛。

昔曾登太行，今來渡滄海。山川多險機，萬古莫能改。去帆風雖飽，歸路心自宰。漫言無邊苦，終有彼岸在。百怪况早避，中情幸無餒。何必靈雀來，已見神魚待。檀車不摺軸，所到勿余紿。紙鳶若斷線，望空亦徒悔。

微螘寄大磨，磨轉螘不知。孤鵬託長風，風疾鵬不疑。快哉海舶行，百里時未移。强步或顛仆，相與爲委蛇。鴉班鬥輕捷，鼯鼠争飛馳。緣索若緣木，踏檣如踏枝。乃信心不動，履險皆成夷。笑彼怯膽人，甘受外物欺。

淵淵含垢姿，浩浩忘清濁。大哉天地内，流動有玆局。萬象浮巨泡，衆形寄一粟。潛怪生龍蛇，飛鳥絶鴻鵠。此時無智愚，皈命净塵俗。况有媽祖神，舉念輒先覺。忠信心苟持，祜祐情亦篤。但期斷虹避，不願紅燈燭。

航海無晝夜，飄忽隨東風。九篷既齊張，萬里將安窮。入倉似縋井，卧榻如懸籠。誰能談水因，出語羞雷同。黑溝震虚名，赤洋競鑿空。自非坐戰臺，何以窺鴻濛。雲日一氣青，星辰千叠紅。天水曷有極，茫茫行霧中。

歸舟空復空，島失去時路。重懸望山賞，遥辨浙東樹。不謂吞舟魚，忽爾磨牙齦。舉節一以麾，百靈趨來護。神風柁底催，千里夜飛渡。豈不慮沉溺，早已忘恐怖。付之不見聞，齁然就童孺。夢中聞笑聲，舟向竿塘住。

指麾王都司得禄擊賊

同舟共命復何云，要在同心志莫分。孫叔無謀非令尹，子龍有膽是將軍。生如可幸惟轟礟，死但留名不樹墳。以少勝多今日事，勗哉夫子策奇勳。

水口別介山三首

北風蕩輕舟，落木含凄清。積兹萬古恨，相訴三日程。半載住球陽，六日經滄瀛。歸途豈不速，歲序忽以更。敢曰憂患交，喜無虞詐情。平生重義氣，四海皆弟兄。緬維張范賢，羞彼餘耳名。好勵金石姿，毋忘雞黍盟。

亭亭江日紅，莽莽嶺雲白。悵悵孤鴈心，孑孑麻衣客。此地一分袂，相逢定何夕。難別悔交親，欲言恨淚隔。俯觀波際鱗，仰睇樹閒翮。彼物猶同游，伊人獨異適。願爲舟上帆，送君故園宅。此願翻不偕，一水長覞覞。

覞覞夫何言，哽咽還握手。憐君萬里歸，步步哭慈母。太湖在江干，有弟待君久。毁性古所譏，無翼能飛否。哀當制以義，孝當節以守。行矣保一身，臨去屢回首。

山行四首

昨者經重洋，濤湧雪山大。及兹登層峰，又似海濤簸。世路無坦夷，人心有坎坷。付之以夢幻，到處可安坐。風扶龍節飛，雲擁馬蹄過。豈不困顛頓，因困乃得卧。遊魂招蜃樓，陳迹蹋牛磨。忽驚霜送寒，落葉打窗破。

我行春徂冬，鶗鴂聲已歇。木落山更多，霜清石逾滑。凍雀鳴啾啾，冷泉響汩汩。時有採樵人，腰斧度林樾。騎馬貪看山，非不畏顛蹶。輿夫半貧兒，飢寒力已竭。

窄路一蛇盤，行客孤鳥上。閒雲管迎送，疎嶺争背向。神泉滿天池，僧俗不知障。翠竹彌崇岡，人俗動遭創。物生不擇地，縱好亦皮相。君看西湖邊，泉竹兩清曠。

上山如游仙，轉眼旋墮落。豈知谷口泥，有時上仙閣。是事無定情，萬彙各有託。路人嘆雨雪，農人正歡樂。十圍松柏心，肯與棟梁約。人患無良馬，我患無伯樂。

哭寄塵

匹馬忽飛至，手持將軍簡。開函痛失聲，當代死無本。人生皆好奇，奇到寄塵鮮。爲僧不誦經，終日手一管。喜作方丈字，力攻獻之短。能吟五七言，頗怪禪語淺。潑墨以指頭，百紙一時蒇。付囑多慧人，别具傳法眼。是皆世所奇，而奇不自滿。五岳已遍登，大海尚思盥。適余使中山，自薦色無赧。

但覺道德高，敢責性情頗。中流呪颶□，欲拜恨知晚。忠信蠻貊行，木訥鬼神袒。凡我摩厓書，筆筆出師腕。兹人若長生，我輩筆宜卷。小疾謂無傷，蟬蜕非所算。到死尤出奇，福地先自揀。塔有開府造，銘屬將軍撰。因緣豈偶然，魂兮笑應莞。

自江山放舟至錢塘八首

山溪輾細石，殷雷出舟底。廿日閩路塵，中流快一洗。陰厓水暗觸，分勢狀角牴。盤渦落層潭，馳騎歸旅邸。未明主客分，頃刻門又啓。我行初安枕，感此還拊髀。

輕舟方下灘，横梁阻其隘。委曲恃篙行，避險如避債。釣灘有成法，舟子不知戒。人力苟未盡，豈得怨天敗。順流莫輕心，順風莫稱快。江岸有破船，昨日帆尚挂。

水積日以深，舟行日以穩。漸聞海潮近，始覺江派遠。波浸山影澄，流觸婺源婉。昨來桃始華，及歸草盡偃。雅尚緬巖洞，幾人好棲遯。漫言春徂冬，黄粱熟初飯。

巖巖江上墉，宛宛沙際阜。青青嶺頭松，濯濯路旁柳。寄形風日間，縱好那能久。怪哉子陵臺，千載長不朽。生前一竿蓑，死後幾杯酒。頑然保我璞，卞和焉得剖。

我愛蘆茨溪，欲往少同調。中有高卧人，林間獨長嘯。借余一茅庵，自坐小舟釣。白髮垂兩肩，朱顔亦何少。問之了不應，但指青山笑。笑答看未終，明月滿溪照。

榜人各罷楫，輕舟隨白鷗。愛此縠水清，豁然消千愁。薄雲生素屏，飛鳥鏡寒流。潭底見我影，乃狎群魚游。白石何粼粼，兩手如可抔。抔之不盈掬，轉令心煩憂。

峽束一江急，岸與舟俯仰。恰似常山蛇，對走平原上。孤烟徐出林，危石欲撲顙。時有賣酒船，向余蕩雙槳。丁丁何處樵，雲外落清響。蜀客意何如，已作夔巫想。

雲棲好林壑，舊歷常未忘。十里路豈遥，獨游莫爲唱。回輿指城闉，過眼惜巒嶂。潮聲掀地來，小立更東向。顧兹千尺瀾，誰能隻手障。高誦《七發》篇，望古一惆悵。

由杭州沿隄至海寧

破曉出城闉，長隄接海濱。嫩沙澄曙日，疎木逗新春。鹽竈田田鹵，柴塘處處薪。安瀾知有慶，何以報潮神。

石砌魚鱗密，椿排鴈序齊。射潮何用弩，防海只須隄。路擁青楊直，天連黑水低。舊遊今再過，陳迹有鴻泥。

題安瀾園

陳家别墅好林亭，山引池塘石暗横。最愛梅枝新亞雪，重尋竹徑舊題名。群魚狎客優游逝，一鳥窺簾自在鳴。正是黄昏風景好，半窗星月晚潮聲。

蘇公祠招湖上舊游飲

偶向西湖住此身，入門先得故鄉人。雲將散處山逾好，雨欲來時竹有神。未敢題詩驚顥在，尚能醉客愧瑜醇。夢痕憶別無多日，舊摺楊枝又報春。

吉祥寺餞席留别湖上諸友

諸君愛我勝西湖，我愛西湖不得居。對酒那能辭舊雨，催人無奈是輶車。寒江帶月攀隄柳，野寺和烟剪夜蔬。幾度欲行行又止，依依翻似別家初。

京口阻風

北固雄蹲鴟，金山秀立鵠。千艇如浮鷗，拍拍浴山足。此景正復佳，勞人不暇矚。風神似憐儂，借以洗塵俗。雲爲我徘徊，波與愁斷續。滔滔萬派中，有水來自蜀。

象山遲同人獨坐望焦山作

莫怨西風惡，焦山屬此行。雲陰連海濁，樹色隔江清。勝具猶餘勇，孤遊定少情。同人期不至，坐待午潮生。

答人問琉球土俗

球陽風土畫無難，除却三山盡海瀾。四季有花霜不隕，群生無米薯常乾。球民盡食薯，常乾之以備荒歲。國貧蕉布稱華服，俗儉銀簪别長官。二百年來文教廣，篋中詩卷有奇觀。

舟中詳訂球雅因題

中山五閲月，采風亦云肆。以見證所聞，《傳信録》已備。就中參寄語，十未詳一二。守禮恭順邦，豈得闕文字。因兹訪通人，日與究音義。毛穎代吾舌，楮墨亦來伺。脣齒分微茫，毫釐辨同異。音維封則呼，義須别乃類。倉頡腕下忙，揚雄槧底忌。草創初脱稿，精嚴起凡例。敢云憚修飾，舟中幸無事。複者漸合并，缺者仍補綴。碎金歸陶鎔，零錦受裁製。貫穿九曲珠，醞釀十洲記。人物可列眉，天地不終醉。鴂舌遂能通，象胥竟須棄。《爾雅》詞不繁，《方言》師其意。小邦文獻徵，用廣琉球志。

懷周三明府

白雲無定心，清風有成約。念我同志人，出言似龜灼。低頭慚赤鯉，仰面謝元鶴。鷁飛不能高，終向浪頭落。狂飈吹大江，弱羽正難託。争食鸕鷀間，兒童計相縛。翻然呼舊群，十呼不一諾。東望江水深，填河盼烏鵲。

附録

師竹齋集序

王昶

詩之爲義，風、雅、頌而已矣。雅、頌作於廟堂，而風遍於十五國，故子夏序《詩》用之鄉人，用之邦國，其言風者獨詳。夫風者氣也，莊周之言風曰：大塊噫氣，萬竅怒號。又宋玉之賦風曰：侵淫谿谷，梢殺林莽。夫風豈有異哉，行乎自然，發於其所不容已，故刁騷蓬勃，隨所觸而形之聲之，工與弗工亦非所計，若是，吾於李君和叔之詩見之。和叔家綿州，偕弟鼂塘皆以俊偉鴻博之才入詞館，既改爲中書舍人，蓋身在承明著作之庭，宜以雅頌爲職志者。然家本寒素，雖通籍猶不免爲負米之行，由齊、魯入吴、越、楚，奔走輒數千里。又往還蜀道，足跡幾遍天下，耳目所見與山水所歷，結轖而不能平，往往於詩發之。君之詩自曹、劉以逮高、岑，下至韓、蘇，無不仿，亦無所不似，而得之少陵者最多。其意激昂而慷慨，其格突兀而清蒼，其辭軒豁而呈露，彫鏤刻琢不傷於巧，凡人所欲言而未能言者，標舉出之，適如乎人之所欲言。有解頤者，有擊節者，大旨歸於君親、夫婦、倫紀之常，天時、人事、政治之大，故於少陵詩不求工而自工，非如明季詩人剽竊而比擬之也。予交巴蜀士大夫衆矣，唯丹稜彭先生肇洙有文章道義之契，其弟遵泗能古文，皆夙所景慕者。今二彭即世久矣，而君兄弟復以詩雄視於京師，蓋非獨繫巴蜀之風，凡采風於列國者，皆將因詩而驗其政之美惡，俗之良楛，有功於詩義豈淺鮮哉！嘉慶己未三月，青浦王昶書，時年七十有六。

又

馮　培

蜀山水爲天下奇絶處，峩嵋之高，錦江之麗，瞿唐、巫峽之嶮急，劒閣棧道之斗峻而紆峭，震心駴魄，莫可名狀。九州之奥區無逾於此，力如五丁不能縋其幽，寃如杜宇、清如吟猨不能鳴其悲怨，吐其鬱積，故必鍾於人文以發之。昔者漢有長卿、淵、雲，唐有太白，宋有三蘇氏，旉華振萼，澎濞恣肆，與蜀地山川相爲雄長。明代用修富擅才藻，亦堪驂靳。我朝百數十年來，秀傑之士，殆不乏人，而胸中奇崛之氣，鏗訇激蕩，一發其山水之奇，足以追躡前賢者，吾得之於同年李君和叔。和叔與余同入詞林，既乃先後改官，締交二十餘年矣。向但知其能詩，猶以尋常詩人視之也。迨今歲初秋，余因病請假，得取《師竹齋集》而徧讀之，然後知和叔之爲詩本性情哀樂之真，合風雅正變之義，自少陵、香山以及坡公，皆所師法，而自成杼軸。其壯者驅策風雲，其細者雕鏤冰雪。嗚呼，是豈漫矜詩豪者哉！吾聞蜀中丹稜三彭者，文章有聲，而張船山太史詩名噪於都下。三彭已往，吾不獲與之接矣。船山識之而愛其詩，然未讀全詩，知船山不如知和叔之深也。蜀故多才，意必尚有未之識而未之知者乎？吾將就和叔問之。嘉慶四年己未仲冬，年愚弟元和馮培拜序。

又

法式善

蜀之山川雄奇瑰偉，甲于寰宇，峨嵋、岷江之勝，綿亘縈迴數千百里，是固宜有豪傑非常之士出焉，而萃其能于一家之中，則尤爲古今之盛事。自晉杜氏軫、烈兄弟同稱于世，至宋蘇氏軾、轍，魏氏了翁、文翁，張氏栻、杓，以及李氏性傳、道傳、心傳，皆能以文章事業顯，而李氏尤盛，至于我朝，蓋多以材傑著者。余所識如王氏汝璧、汝嘉，張氏問安、問陶兄弟，皆以詩著，而和叔前輩與其兄雨村、弟鳧塘，前後入翰林，並有詩名，然則李氏之盛信不獨于古爲然耶？雨村詩久刊行，鳧塘集余亦近爲勘定，獨和叔詩未獲睹其全。兹從海外歸，以《師竹齋集》俾余讐校，遂卒業焉，而後歎其才爲不可及也。夫人之才至不一矣，而唯能敦其性情于父母、兄弟、朋友之間者，其才爲真才，而著之于辭，始足以使人反復之不厭。以觀和叔，其于父母、兄弟、朋友之間，可謂深于情者矣。歌泣欣戚，皆發于不容已，而非有所勉强，故其詩直抒胸臆，豪肆横出，舉人所不能達者悉有以達之。至于模山範水，特其辭之寄也。以其辭之寄，以文其情之深，然則讀和叔之詩者，詎可悦其辭而不察其用意之所在也哉？或曰和叔海上詩一變而爲壯麗之音，殆其境有以發之耶？不知情既深矣，其才自壯，和叔即不過海，其壯麗自在。或又曰和叔少年以太白自命，每下筆輒作太白想。吾謂古人不可以形迹求也，太白不自知其爲太白，所以能成其爲太白，斤斤然執一太白而摹倣之，曾不知太白性情之所在，則世之慕太白而襲取其辭焉者，其人皆太白也耶？嘉慶七年壬戌孟春，館後學柏山法式善拜序。

蒲褐山房詩話

王昶

梁爲西南屏，水厲山刻陗，而數十年來未有鍾其靈異者。近日綿州稱三李，以墨莊爲最，意沉摯，辭警拔，筮仕後索米不足，遠遊江海，所過名山大川，發其抑鬱無聊之氣，拔地倚天，三吴士大夫以英挺自命者未能或之先也。庚申初夏，余在武林，墨莊奉使琉球，過訪講舍。予謂君天才奇偉，又佐以域外之觀，海涵地負，當有駴心而怵目者。及使還，予已老病家居，未見所作。

梧門詩話

〔清〕法式善 撰

校點説明

《梧門詩話》十六卷附《八旗詩話》一卷，清法式善撰。

法式善（一七五三—一八一三），原名運昌，字開文，號時帆，又號梧門、陶廬，蒙古烏濟爾濟氏，内務府正黄旗人。乾隆四十五年（一七八〇）進士，歷官侍講學士、國子監祭酒。除本書外，尚著有《存素堂稿》、《清秘述聞》、《槐廳筆記》等。

法式善主詩壇多年，一時有龍門之目，故所作詩話，遍及當時名人名作，宏獎風流，與袁枚《隨園詩話》可稱雙璧。本書從鳳凰出版社二〇〇〇年出版張寅彭、强迪藝編校《梧門詩話合校》輯出四條，分述王文治、周煌、趙文楷、李鼎元、全魁有關琉球詩事，五人均曾親歷琉球，藉此可見乾、嘉間出使琉球之影響及朝廷遴選使臣之標準。

（李夢生）

梧門詩話

詩貴句奇而理平，意豪而事切。如黄仲則句「茅店燈青鵋嘯鬼，荒林月黑虎驅倀」，奇險極矣，然非誕語也。鮑野雲挽王夢樓句「寶刀夜月横滄海，鐵板秋風唱大江」，蓋夢樓在琉球得一寶刀，時佩之；歸田數十年，終日不廢絲竹，一經拈出，便覺確不可易。金陵孫蓮水《贈夢樓》句云：「風雨驅馳一枝筆，江山歌舞兩船花。」亦肖其爲人。（卷五）

周文恭公奉使琉球，有徐生者，善鼓琴，自言願隨觀海，藉波濤怪變以進其技，且爲使者譜新詩入操。風雅若此，亦振奇士也。陳星齋先生題文恭公登舟圖八絶句中一詩云：「新詩脱口譜隨傳，客爲彈絲主和舷。非此主應無此客，果然海上有成連。」蓋紀實也。（卷六）

嘉慶庚申，翰林院修撰趙介山文楷、内閣中書李墨莊鼎元奉命敕封琉球。道出武林，適阮雲臺中丞撫浙，賦詩爲餞，並命其門下士和之。同作者數十人，以仁和錢金粟福林爲第一。古詩千七百言，篇幅太長，不能録也。餘若顧鄭鄉之「高文新典册，屬國舊屏藩」、「花濃新紫帕，春盎小紅螺」，陳荔峰之「萬方玉帛來中土，四聖圖書鎮大荒」，陳曼生之「花裏樓臺秋拜月，枕邊風雨夜聞潮」，陳雲伯之「蕉國雪霽眠烏鳳，櫻島潮生上緑螺」、「中朝恩大同滄海，天使心清比瑞泉」，徐雪廬之「中山貢賦通王

會，南海風雲護簡書」，李白樓方湛之「佛桑花發朱輪到，絶似瀛洲對紫薇」，標新領異，並擅勝場。（卷十四）

全魁字斗南，號穆齋，滿洲人。乾隆辛未進士，改庶吉士，散館授檢討。累官盛天户部侍郎，終侍講學士。有《乘槎集》。奉使册封琉球所作，内如《八景》、《十景》詩，瓜疇芋區，殊蹈地志陋習，餘多傑作。（八旗詩話）

扎拉芬奏摺

〔清〕扎拉芬

校點説明

本文是福州將軍兼管閩海關務事扎拉芬所上奏摺，報告免徵琉球接貢船進口貨物税款事。清政府依例對琉球貢船、接貢船及迎接清敕封使船攜帶物品准予在泉州發賣，免徵關税，并允許采購物品運回國内。清代先是禁止海上貿易，後稍有開禁，管理仍十分嚴格，借進貢爲名與中國貿易，實際上占中琉兩國貿易的極大份額，也是琉球國利源所在，琉球國多次力争增加正貢密度，並借各種機會入貢，除了能得到清廷遠多於入貢物價值的賞賜外，能由此增加貿易也是一大原因。本奏章表現的是一次執行經過，已可充分説明問題。至於琉球歷次購辦貨物種類、金額、海關税率與免税額，《歷代寶案》第二集收有多通奏章，可以參看。

本奏摺係軍機處存檔，今從故宫博物院一九三七年編《文獻叢編》第九輯《中外通商史料》中輯出。

（李夢生）

札拉芬奏摺

福州將軍兼管閩海關務奴才扎拉芬謹奏，爲夷船循例免税恭摺奏聞事。

竊照琉球國接貢船隻於嘉慶十八年十月内到閩，所有進口免征税銀，經奴才專摺奏蒙聖鑒在案。今該船事竣回國，據委管南臺口税務防禦善德稟，據摘回使者麻允榮開送該船置買内地貨物清册核計，應征税銀四百七十七兩九錢七分五釐，奴才當即查照向例批令免其輸税，以廣聖主柔遠深仁，並宣示夷使去後。隨據該委員善德稟報，使者麻允榮率領官伴、水稍人等歡欣感激，赴關望闕叩謝天恩，於嘉慶十九年四月十九日開行出口回國等情。奴才謹恭摺奏聞，並將免過税銀數目另繕清單敬呈御覽，伏乞皇上睿鑒。謹奏。

嘉慶十九年八月初一日奉硃批：知道了。欽此。

浪跡續談

〔清〕梁章鉅　撰

校點説明

《浪跡續談》八卷，清梁章鉅撰。

梁章鉅（一七七五—一八四九），字閎中，又字茝林，晚自號退菴，福建長樂人。嘉慶七年（一八〇二）進士，歷官軍機章京、江蘇按察使、江蘇巡撫兼署兩江總督。除本書外，尚著有《歸田瑣記》、《楹聯叢話》、《藤花吟館詩鈔》、《退菴詩存》等。

《浪跡續談》作於道光二十七年（一八四七）至二十八年間，爲續《浪跡叢談》而作。書雜記當時史事掌故，人物佚事，間及古代名物、典章考證等，内容雖雜而時多精闢之論。

此條輯自中華書局一九八一年陳鐵民點校本，有關右旋螺事亦見於李鼎元《使琉球記》，趙文楷《槎上存稿》有題詠，知此螺爲西藏僧班禪所進，福康安征臺時賜予隨行，以保平安，事竣留閩，後出使琉球使臣均奉旨安奉舟中。螺白色，身有八孔。本書云乃趙文楷、李鼎元陛辭日所賜，與事實不符。

（李夢生）

浪跡續談

右旋螺

温州海濱，有以右旋螺殻來售者，其質甚小，横徑不及寸，而長不過寸餘，因憶吾閩藩庫所藏之右旋白螺，其大視此螺不啻十倍，知此其細已甚，未必通靈，且索價甚昂，遂置之。按吾閩藩庫所藏，始於嘉慶五年，趙介山殿撰文楷、李墨莊舍人鼎元充册封琉球國使，陛辭日，蒙賜右旋白螺，供奉舟中，蓋此螺能鎮風暴，來自外番。恭讀《高宗御製文三集》中有《右旋白螺讚》，注云每年藏中喇嘛，於新正及萬壽節進丹書，所陳供器，時有獻右旋法螺者，以爲奇寶而不多見，涉海者攜帶於舟，則吉祥安穩，最爲靈異等語。趙、李内渡後，此螺經吾閩大吏奏請，留於福州藩庫。嗣後有渡海者，皆得賫供舟中。此後册封琉球使者及閩中督撫將軍東渡臺灣者，無不供奉舟中，間遇風暴，皆得化險爲平，民間不知，以爲定風珠，實白螺也。又按吾閩本有定風珠，相傳康熙間周櫟園先生爲閩藩時，出門日恰值大風，南門大街兩旁招牌幌子無不摇動，惟一棉花店前，所掛多年棉毬幌子，屹然不動，先生目而異之，不計價買歸，乃中有一大蜘蛛，腹藏大珠，屢試之風中，不小摇動，初亦貯之藩庫，後先生移任，攜之去。

竹葉亭雜記

〔清〕姚元之 撰

校點説明

《竹葉亭雜記》八卷，清姚元之撰。

姚元之（一七七六—一八五二），字伯昂，號廌青，又號竹葉亭生，安徽桐城人。嘉慶十年（一八〇五）進士，歷任翰林院編修、河南學政，官至左都御史。

《竹葉亭雜記》廣涉典章朝政、物産人情、奇聞異事、考證技藝，以翔實精准爲世所稱。

本書輯録自中華書局一九八二年李解民點校本卷五，分述琉球官生學詩及書法事。

（李夢生）

竹葉亭雜記

琉球國遣官生入監讀書，自康熙二十二年部議准行，無年限。每逢册封之年，請於使臣回京代奏。其來也四人，率以四年而歸，歸其國則授四品官。嘉慶十年，其子弟來，吴蘭雪時以博士教之，頗聰穎。十四年己巳，還國過山東，蔣别駕第護送之。其子弟有贈蔣詩者，有詩草，即今傳海國「筆花何止屬江郎」之句，工秀可誦。蘭雪衣鉢傳之海外矣。後蘭雪爲候補中書，嘗作詩云：「鳳凰未識池邊樹，桃李先栽海外花。」亦韻事也。

琉球人作書，大率皆學《十七帖》，惟子弟遣入學者，始學作楷。其書札與中華無異，但以「閣下」字易稱曰「門屏」耳。官制，宰相曰「法司」，王族子弟之俊秀者曰「若秀」。其國以得蘭雪詩爲珍寶。嘗得詩，藉子弟寄禮物謝之，刀、扇、雪酒、花布、蕉布、銅壺、護壽、□□八種。護壽者，紙也。□□者，烟也。得吴姬墨蘭，亦酬以八種，刀以團扇易之。

海國圖志

〔清〕魏源　編著

校點説明

《海國圖志》一百卷，清魏源編著。

魏源（一七九四—一八五七），字默深，湖南邵陽人。道光二年（一八二二）舉人，入貲爲内閣中書。道光二十五年（一八四五）進士，歷官東臺、興化知縣，高郵知州。

《海國圖志》是一部關於世界地理歷史知識的綜合性圖書。它以《四洲志》爲基礎，將當時搜集到的其他文獻書刊資料和魏源自撰的多篇論文擴編而成。卷十八「東南洋」述琉球形勢，概述琉球歷代以來與中國的交通，琉球國的地理狀況、歷史沿革。明初朝貢中國，太祖賜三十六姓，及明代曾受到日本的侵襲，國王被日本擄走，與中國聯繫暫斷。琉球國小，貧瘠，依賴與中國的朝貢貿易，清代朝貢更加恭順。書還記載了中國至琉球的航路，介紹了琉球的文字、官制、物質資源、服飾。用中國文字，體現中華文化對琉球的影響。另條則介紹了明代附祭琉球情況。

本書録自岳麓書社二〇〇四年版《魏源全集》。

（秦　潔）

海國圖志

琉球，一作流虬，古未通中國，隋時有海船望見之。唐、宋後，漸通中土。明初入貢，太祖賜以閩人善操舟者三十六姓，修職貢甚謹。後爲日本所滅，不通音問者數十年。已而王被執不屈，倭送還國。國在日本薩峒馬島之南，周環三十六島，南北四百餘里，東西不足百里。舊分山南、山北、中山三國，後并入中山爲一，故稱中山王。王尚姓，自記載以來，一姓相傳，無改步。國小而貧，屬役日本。惟賴貢舟販鬻，稍得餘資以自給。由福州五虎門放洋，用卯針四十餘更，至姑米山，其國大島也。再東，即至其國，收泊於那霸港。國分三路：曰首里，王居之；曰久米，曰那霸。用中國文字。入本朝更恭順，修職貢。其官之最尊者爲紫金大夫，守土之官曰按司，一按司所轄約六七里。土磽瘠，産米絶少，以地瓜爲食，即番薯。非官與耆老不食米。無麻絮，以蕉爲布，負戴者圍下體，餘皆裸露。

（《東南洋・東南洋諸島形勢下》）

明洪武中，命外夷山川附祭各省，安南、占城、真臘、暹羅、瑣里附祭廣西，三佛齊、小爪哇附祭廣東，日本、琉球、渤泥附祭福建。

（《東南洋・葛留巴所屬島》）

含暉堂遺稿

〔清〕陳觀酉　撰

校點説明

《含暉堂遺稿》二卷，清陳觀酉撰。

陳觀酉，字仲博，號二酉，浙江錢塘（今杭州）人。據其子福慶集後跋，知卒於道光二十九年（一八四九）。是集中悼妻詩有「溯君庚申降，我生在君前。我冠君待笄，始以紅絲牽」句，知長其妻約五歲，當生於乾隆六十年（一七九五）左右。諸生，困於場屋，以畫名家，又能詩，曾佐李藹如修《贛州府志》，世稱精核。道光十八年（一八三八），清廷派修撰林鴻年、編修高人鑑爲正、副使往封琉球尚育爲中山王，高人鑑邀陳觀酉同行。使舟於五月初四日由五虎門放洋，初九日進那霸港；十月十二日離那霸港，十九日進五虎門。歸國後，陳觀酉將旅途所作詩整理成帙，後由其友人蘇惇元選定，於咸豐二年（一八五二）刊入《含暉堂遺稿》卷二。林鴻年、高人鑑此行未見有出使記行世，此次册封事，賴陳觀酉所作而存其大概。

蘇惇元序言陳詩兼學唐宋諸家，「嘗爲余述渡海歷風濤之險，見景物之異，及球之風土民俗，言之亹亹，而有雄邁之氣」，從今所見，知所作被刊落甚多，而有關琉球詩亦大致平平，間有一二佳句，如《放舟那霸港游奥山龍渡寺》云：「捫葛静探龍洞古，聽松凉報寺門秋。」略見錘煉之工。

《含暉堂遺稿》初刊本板旋遭兵燹，今所見爲同治七年（一八六八）翥山官廨重刊本，此次即選輯自該本，除出使詩外，連類輯入有關詩一首，并將原序二篇附後。原本刷印不佳，且多誤字，今量力補正。

（李夢生）

目録

含暉堂遺稿

高螺舟編修人鑑使琉球册封邀余同往將行留别都中諸朋好

詞曹星使約同游，東海乘楂貫女牛。雲樹暗縈臨别酒，雪花濃上辟寒裘。首途自昔輕千里，眼界從今拓九州。漫説鯨波深不測，好吹長笛起龍虬。

道經武林留别里中諸子

紫禁城邊望彩霞，黑溝洋外泛靈楂。經行浙水三春暮，此去中山萬里賒。遼海無因傳雁帛，歸期有約在梅花。浪游畢竟輕離别，輸與丹鉛度歲華。

雨中同人餞余於吴山道院即席賦詩

歸來翻作客，積雨正經旬。高閣一停屐，離筵又送春。别愁縈海角，酒氣接星辰。爲惜乘風去，明朝萬里人。

海上望琉球國

國統溯天孫，歡斯衍祚蕃。皇編新雨露，荒服舊屏藩。地逼倭奴險，日本古稱倭奴國。山推冕岳尊。虬形浮海外，東望見煙痕。

册封禮成呈中山王三十四韻

黄封新拜爵，丹蓋久攄忠。堂構承模顯，箕裘繼緒工。世臣天子眷，節命史官充。林放儀曾訂，謂正使林勿邨修撰。高傒望素崇。謂副使高螺舟編修。親聆螭陛語，遠駕鷁帆風。亭紀迎恩古，迎恩亭在那霸港口。邦稱守禮隆。王城外坊題守禮之邦。使星臨域外，卿月焕瀛東。奉朔初開莢，諏吉於八月三日。褒榮類翦桐。旌旗飛鳥隼，士卒選羆熊。夾道人如堵，緑岡路似弓。過萬松嶺。百靈争奉軌，萬里聽呼嵩。表瑞泉澄澈，王城外有瑞泉。呈祥樹鬱葱。北辰遥望闕，結綵爲闕廷。西向舊營宫。王宫西向中華，久昭誠服。顔凛天威近，文敷聖教洪。綸音來日下，錦幣展庭中。王度龍紋貴，妃衣象服同。上賜王及妃錦幣等。宸章輝傑閣，御賜「弼服海隅」額懸閣上。秩命冠元公。踐祚誇年富，王年二十有六。綏猷遇歲豐。每册封期歲多豐稔。群才資輔弼，世德保初終。鼇柱三山立，鯫生一介通。參戎依幕府，宣詔重儒躬。肅客巾披紫，王命紫金大夫迎余於門外。張筵罽織紅。舒誠勤送醆，扶醉快乘驄。宴罷余騎馬回館。敢説傾珠玉，留詩證雪鴻。

琉球雜咏

停雲舊館霸江濱，不見當年駐節人。聞道廣平心似鐵，梅花題遍一樓春。舊使館中王册使垓題駐節額尚存。杜册使三策題梅花詩百首于樓上，今已漫滅。君曾疏劾魏忠賢謀害萬安事，有直聲。

著書閒築小東軒，傳信曾經細討論。手植十圍榕樹在，百年風雨護蟠根。徐册使葆光嘗築小東軒于館後，著《中山傳信録》，軒已圮，今敷命堂前手種榕樹猶在。

釣魚臺過問花瓶，萬里靈槎耀客星。利涉由來憑福命，不須先勒玉棺銘。册使渡海，造明器，前刻天朝使臣，釘大銀牌一面，載以行。見《使職要務》。康熙五十八年罷。乾隆二十一年高宗謂周册使煌曰：此是汝等福命耳。

丹詔煌煌出禁闈，天家寵錫及王妃。敖那氣象尊無上，猶服先朝一品衣。封期例賜王及妃文幣。夷音國王譯爲敖那。國初服制未定，但賜文幣，國王仍用前明冠帶。

彭湖島外點煙浮，吴越同躔屬女牛。海日東升先得氣，一條蜿蜒似流虬。《集事淵海》云：琉球與泉州之島曰彭湖者煙火相望。《使事紀略》云：琉球去彭湖不下數千里，煙火可得而相望乎？《中山傳信録》：上遣平安、監生豐盛額同往測量，與吴越同屬女牛之次，俱在北宫。《中山世鑑》：隋使羽騎尉朱寬至國，於萬濤間見地形如虬浮水中，始曰流虬。

天神坐鎮鬣風恬，魚魯何煩考訂嚴。安得辨戈還舊號，海沙爲米水爲鹽。天孫氏長女君君爲天神，國人稱爲辨戈天。舊傳神能化沙爲米，易水爲鹽。後有册使改辨戈爲辨才，遂不驗。

西門隙地起丹楹，風動高秋木葉聲。賴有女兒留廟貌，至今苗裔溯端明。蔡氏本端明之後，有女亞佳度者，夫亡守節，嘗積女紅所入貲建祠於西門。

紫巾黄帽聳峩峩，事簡官閒政不苛。釁序也分升斗禄，島王養士沛恩多。中山官制載，秀才食俸四俵。

中山彙集認題籤，價重球陽值數縑。想見風流吟社老，露珠濃灑鹿毛尖。《中山詩彙集》選王尚貞時士大夫詩。球筆用鹿毛爲之，管長四寸，筆帽裂其一面，活脱上下。

缺衽寬袍錦束身，朝簪次第辨金銀。老奴漁利徒貽笑，賺得夷官帶網巾。國人衣缺右衽，服官者束錦帶，以金簪爲貴，銀次之。明謝公杰有母舅某從行，攜網巾至，無售者，謝云陪臣不戴網巾，册事不舉，於是競市一空。

四寸神螺小若拳，神香供奉使星船。平安如願乘風去，不使鯨濤横拍天。乾隆間班禪額爾德呢進右旋白螺，形如拳，徑四寸二分，號定風螺。前大將軍福康安征臺灣，高宗命從大内移出，蕆事後留福建督署，封舟渡海亦載以行。匣上有「護佑渡江海平安如願」語。

泉碕新月挂林梢，霸港風平已落潮。振響如鸞清貫耳，夜深水上起文鰩。泉碕橋在那霸港，中山八景有曰泉碕夜月。

方外詩誰貯錦囊，記曾傳賞到漁洋。高飛青鳥今何處，惟有空山落葉黄。《池北偶談》載天王寺僧瘦梅賦七夕有云「陶公簾外赤龍下，漢武殿前青鳥來」。萬松院僧不羈有詩云「黄葉落三徑，白雲歸數峰」。

預思大祭報豐年，東作扶桑曉日邊。我見老農驅犢出，何爲浪賦馬耕田。國中六月稻熟，祭稻神曰大祭。《觀海集》、趙册使文楷《槎上存稿》皆有《馬耕田歌》，余遍訪國人僉云馬不能耕，所見亦皆牛耳。

蕉衣溼透汗珠流，竟日蝨飛午不收。海上風吹龍雨過，簟涼如水即成秋。昔人謂國中甚熱，祇巳午二時蝨藏不見。予所見不然，雖日中亦出。

馬基女市日中開，交易論量貫目回。戴物不嫌雲髻重，笑看頭上壓山來。馬基在那霸村，市集皆女子，貨物無肩擔者，輕重各物皆戴於首。

參軍姓氏半銷沈，空負乘槎萬里心。獨有風流王太守，一時詞翰重雞林。王夢樓太守文治嘗爲全册使魁從客，工書善詩。

浮紅浮白甕初開，知自八重山島來。一箇文螺斟酒遍，春風三月醉蓬萊。酒出八重山島者良，喜事用紅酒，平時聚飲則用白酒，飲止一器，主人先自飲，飲畢滿斟獻客，客以次遞飲。

照殿紅開閃燭光，此花東海貴深黄。花心不見樓臺起，未必扶桑即佛桑。扶桑花一名照殿紅，單瓣，蘂高出花瓣外如燭盛盤，有大紅、淺紅、黄三種。自來記載謂即佛桑。按佛桑中心起樓，花瓣多一層。

浩浩無垠島尾沙，山南故國屬誰家。可憐豐見城頭月，不照宫花照野花。山南名島尾，一作島尻，山南王弟豐見城猶存。

聞説高吟送使君，荆川筆落海東雲。詩才前代推韓謝，誰誦當年海外文。唐荆川有送高行人澄使琉球詩，韓文、謝杰詩朱竹垞採入《明詩綜》，今求二公使琉球之作不可得矣。

天澤門中兩使君，錫綸敷命繼前勳。峩峩樓閣登臨處，萬里長風五色雲。使館門曰天澤，大堂曰敷命，二堂曰皇綸三錫，堂後長風閣居正使，停雲樓居副使。

《離婁》卷末畫文昌，贊語無端續萬章。三十使膺黄帽貴，大奎何必問科場。國人年三十由鄉舉里選出仕。國中四書刊本，《離婁》卷末有文昌像，旁聯入「氷鑑無私，三千禮樂皆翹首；文章有用，五百英雄代出頭」。《萬章》卷末有「大奎天下，從此借梯」。皆詳《中山見聞辨異》註。

水影遥連島嶼青，倒涵天上酒瓢星。若教此海成春釀，一醉中山不復醒。「瓊漿玉液吾何爲，但願此海成春酒」，乃趙冊使文楷渡海《放歌行》句。

將星兩見落軍前，萬里招魂悵海天。士卒桐棺歸不得，夜深燐火起蠻煙。嘉慶五年護封游擊陳端芳，道光十八年護封游擊周廷祥俱歿於球，載柩還。若前後亡兵葬中山，今纍纍十三塚云。

泉噴龍口去滔滔，響雜松風作怒濤。宫殿巍峩西向處，露臺休認髑髏高。王城門名瑞泉。泉從石龍口出，號中山第一泉，至王城經過萬松嶺。《明一統志》，王所居壁下多聚髑髏以爲佳。今按王宫西向中華，建於山上，其下無髑髏。

好憑竿上相風烏，波浪應無落漈虞。莫道《瀛蟲》疎計里，綫痕約取水程圖。《明一統志》：遇颶風作，漂流落漈，回者百無一二。《瀛蟲録》：琉球當建安之東，水程五百里。《使琉球録》譏之曰：不知是何洋發舟，而若是乎其近易邪？按球官所進水程圖，畫水程一綫，旁註以十里爲一里。然則《瀛蟲録》殆約言之歟？

海天晝夜浪濤聞，猛起長風疾捲雲。縱有舵工誇不得，端憑鎮静大將軍。海舟舵神號鎮静大將軍。

若秀攜來護壽紙，從余乞寫海東詩。硯才更斲奔波石，應勝支機一片遺。國中文童稱若秀。護壽紙出護壽山。奔波石可爲硯。

東溟市舶狎滄波，頃刻揚帆抵薩摩。寶島勝於諸島富，由來晉用楚材多。薩摩洲在寶島，屬日本國。寶島産金、銅、錫、磁諸器，距琉球三百餘里，故取資居易。

紙扇瓷甌女集陳，搜羅空問海山珍。歸裝大好供諧謔，帶得琉球貨贈人。吾鄉俗語謂夙憎之物輒曰琉球貨。

扁舟來往百蠻間，萬里東游此日還。遥見一痕青似髮，横山聊且當家山。歸舟望見南杞山，近中國矣。南杞球人呼爲横山。

蔡氏宗祠謁端明學士像

君謨流澤遠，蔚起子孫賢。自食中山禄，於今五百年。本支蒙葛庇，異派衍瓜緜。買得西門地，春秋享祀虔。

節女能兼孝，蘋蘩薦特誠。幃房勤紡績，祠宇費經營。蔡氏女孫名亞佳度者，夫亡守節，嘗積女紅所入資建祠。暖颸爐煙影，凉催木葉聲。點睛重拂拭，廟貌肅東瀛。學士像歷年既久，損一目，其後人屬余補成之。

觀筆山主人毛世輝墨蘭

聞道東瀛有逸才，當年簪筆近蘭臺。美人已去留香草，曾受春皇雨露來。世輝曾讀書太學。

望仙閣

挂帆今萬里，海外恣游敖。卻笑求仙者，延年空自勞。蓬壺寄觴詠，樓閣俯煙濤。簾卷斜陽晚，高談興轉豪。

鑑水山莊

地近雲城數畝間，澄潭如鏡碧迴環。每當煙月新晴後，如在江湖畫舫間。雁齒小橋雙跨水，龍鱗老樹半依山。林泉應許芻蕘往，一逕通樵不閉關。

故法司向天迪園題壁

法司老去有名園，策馬怱怱一叩門。急掃風軒留客坐，夕陽影裏倒金樽。
何年海石疊爲山，雲外巢居似鶴閒。石上舊題「巢雲」二字。風雅宜人逢二阮，謂得章、麟趾叔姪。恍疑身在竹林間。

夏日諸子招集西街别墅

雨後蒼苔上蠣牆，輕風徐透葛衣涼。好抽健鹿題蕉葉，閒取文螺作酒觴。簷影近連榕樹蔭，别墅與使館相望，館中榕樹册使徐澄齋先生手植。簟紋清帶海波光。客中喜結新吟侶，氣洽蘭言一室香。

席上贈馬容齋紫巾官執宏疊前韻

鼓篋曾依數仞牆，舊游迴首海雲凉。前册封時讀書太學者四人，今惟君無恙。中華流覽詩千首，絶島相逢酒十觴。能道當年張博望，聞君縷述前册封事。争看今日魯靈光。紵衣笑指天家錫，襟上痕餘紫茗香。君衣中國製，謂余曰蒙睿皇帝所賜。

放舟那霸港游奥山龍渡寺

絶似故鄉蘆荻洲，雨餘乘興蕩扁舟。短篷入畫容趺坐，小榼流香助勝游。捫葛静探龍洞古，聽松凉報寺門秋。沙隄回望無多路，水抱雲飛境轉幽。

龍潭觀競渡

凉風吹龍潭，大波起泱漭。中流競飛鳧，沖雨出蘭槳。魚龍驚退避，旗幟亂飄蕩。逐隊諸少年，豐姿各秀朗。羅襪呈水嬉，畫鼓轟雷響。我行别江湖，空結湘潭想。島王意殷勤，命駕請先往。與客縱游觀，圖寫同樂象。清歌到耳根，舉座一拍掌。誰知東海東，移我心情爽。

螺舟太史招集停雲樓下賞菊

使君儒雅亦風流，九日花前樂未休。宴客韓琦工覓句，思家王粲怕登樓。蟹肥酒熟江南夢，血紫輪黄異國秋。琉球菊有血紫、大輪黄等名。彈指流光容易過，半年東海尚句留。

中秋前一夜集都通事鄭廷翼家待月風雨適至坐虜轎歸

石臺高聳短垣齊，俯見平橋柳外隄。月影故遲明日滿，水光忽被晚煙迷。尊前紫蟹肥初擘，屋後荒雞晚更啼。雨雨風風行不得，夜深籠鳥在塗泥。虜轎如籠鳥。

葉西白屬題其太夫人遺照

老去催榆景，音容尚可追。藥爐如昨日，風木寄餘悲。未慰勤劬意，能無夢寐思。北堂遺蔭在，常護佛雲慈。

舟次邵伯埭

邵伯湖頭春未殘，雨餘圖畫上樓看。桃花浪淺停舟穩，楊柳風多拂面寒。未盡水程還載酒，將分客袂共憑欄。蒨園、少山約明日先發。晚來回望揚州月，城郭蒼茫煙水寬。

蓮衣和尚集同人於宣武城南禪院東園屬余爲圖因題二律

節旄雙擁玉堂仙，謂出使琉球林勿邨修撰、高螺舟編修。許我同乘太乙蓮。萬里帆檣通異域，九衢風月又今年。倦飛海角征鴻影，重結京華策蹇緣。客館西鄰蕭寺近，心閒好伴遠公禪。

東園雨後散煙霏，聞説群公逸興飛。自笑風塵常碌碌，相逢裙屐轉依依。柳條覆檻陰成緑，蘆影過人花正肥。明日重尋觴詠地，我來盤礴解征衣。

道光戊戌歸自球陽贈姚湘坡吏部福增

乘槎萬里愛探奇，海外歸攜一卷詩。猶憶停雲樓下宿，使君相對夜敲棋。

聞琉球向生克秀歿於福州詩以哭之

猶記横斜寫蕙時，余在中山曾見生戲畫蘭葉數筆。豈知好種易離披。自辭故國心常戀，愛學中華語獨遲。生過杭時謁余，忽作漢語，前此未之聞也。萬里淒凉歸旅櫬，三年辛苦有遺詩。向生在國子監肄業三年。峰青海上魂應在，淚灑西風奠一卮。

附録

含暉堂遺稿序

張　衢

余以輇才，偃佒武林，與陳君二山爲忘年友。二山多材藝，逴躒青衿中，嘗示余詩詞書畫，非一曲之士所習見者。其書仿唐張從申、李邕，畫仿婁江王圓照石谷，而詩則仿六朝，或三唐，或南北宋。不肯如鷗鳧泛泛水中，與波上下；不肯如輿臺隸皁，依人門户，覓食昕暮，其特立獨行之士也夫！一日以古今體詩稿倩余爲序以弁首。余非善詩者，第思王摩詰「詩中有畫，畫中有詩」，二山既善畫，余即以畫論詩。嘗見時彦仿倪迂畫高樹數株，下布平坡，連犿横亘之，乃占縑半幅，樹顛以斡豪擦數石其上，即以淡墨一抹爲遠山，題云仿雲林筆意。雲林畫何其易也。蓋畫家之有體勢，猶堪輿家之有形勝，來龍過脈，原明委分，然後可以講藏風止水之法。今也胸中無邱壑，而漫云寫意，曾未絢爛而欲求平淡，踈以取秀，側以取媚，如諧臣媚子，足以容悦於一時，而登清廟明堂，則非壯夫奇士不足以充其選。昔宋元君將畫圖，衆史皆舐筆和墨，一史獨般礴解衣袂。宋元君曰：「是真畫者。」夫古人十日一水，五日一石，崇山遒舉，必擅出雲降雨之奇，巨浸横披，殊有沐日浴月之勢。董思白云：書家以險絶爲奇。吾以爲畫亦然也，即詩亦然也。故杜少陵云「平生性癖耽佳句，語不驚人死不休」，此意惟二山能知之，吾更願時彦共知之。雖然，二山之詩經營慘澹，日見其難，沈浸穠郁，日趨於厚。慎斯術也，進乎技矣。道光辛卯六月，愚弟張衢拜譔。

又

蘇惇元

癸巳甲午間，余客杭，評點曹孟明詩，陳君仲博見之，以爲知言，遂與余交。一再見後，仲博輒以詩册屬爲評訂。其後交益篤，往還益密，相與登山臨水，談論古今，或遣興作書畫詩歌，甚歡娱也。而余壯後不多作詩，故與仲博酬唱頗少。乙巳，余客三衢，仲博赴贛，過衢相晤，留贈以詩，余未賦酬。旋余抵杭，有詩懷仲博，仲博亦未答和。明年余歸里，曾一得仲博書，後遂不通息耗。尋聞仲博殁於南昌，余頗悼之。今晤令子子壽於皖，索觀遺詩，其稿零落，余前所閲之册已失去。子壽請余與李藹如方伯爲之選訂，將付剞劂，且乞余爲序并表墓之文。乃爲之别擇，編爲二卷。仲博之詩兼學唐宋諸家，而於東坡爲尤近。仲博少好吟咏，丁酉後遊燕、薊，泛琉球，益肆爲詩。嘗爲余述渡海歷風濤之險，見景物之異，及球之風土民俗，言之亹亹，而有雄邁超舉之氣。今觀仲博出遊以後詩益加進，其得於江海之助與？仲博長余二歲，體素健無疾。余自甲辰患寒疾，沈痼不瘳，仲博每爲憂之，而孰知今乃爲仲博表墓，且序其遺詩也，悲夫！咸豐辛亥十一月既望，桐城愚弟蘇惇元序。

東洲草堂文鈔

〔清〕何紹基　撰

校點説明

《東洲草堂文鈔》二十卷，清何紹基撰。

何紹基（一七九九—一八七三），字子貞，號東洲，湖南道州人。道光十六年（一八三六）進士，歷官編修、四川學政。晚年辭官講學。除詩文集外，尚有《説文段注駁正》等。

今從同治六年（一八六七）刊長沙無園刻本録《册封琉球賦》一篇，係道光十七年館課。按，當時琉球請封，朝廷以翰林修撰林鴻年（字勿村）爲正使，翰林編修高人鑑（字螺舟）往。林、高使歸，未見有使録問世，有關記載也不多。今連類以及，將涉及此次出使事之同時吴榮光詩二首、林壽圖詩一首併録於此，以供參考。吴榮光（一七七三—一八四三），字殿垣，號荷屋，廣東南海人。嘉慶四年（一七九九）進士，官至湖廣總督，以事貶福建布政使。林壽圖（一八〇九—一八八五），字穎叔，號歐齋，福建閩縣人。道光二十五年（一八四五）進士，歷官給事中、陝西布政使。

（李夢生）

東洲草堂文鈔

册封琉球賦以道光丁酉修貢請封爲韻　并敘　大課四名

皇帝御極之〔十〕有七年，琉球國世子臣尚育以序當嗣立，遣陪臣耳目官向大烋、正議大夫孫光裕賫表奉貢，籲請於朝。上命翰林院修撰林鴻年爲正使，翰林院編修高人鑑爲副使，奉册往封。將以明歲春啓行，所以建邦懷遠，甚盛典也。臣按琉球之文始見《明史》，《元史》作瑠求，《隋書》作流求，《爾雅·釋言》曰流求也，《毛詩故訓傳》以爲左右流之之義。然則《隋書》所謂東望依希有烟霧氣，不知其幾千里，因使入海訪求異俗者，非於雅訓有合歟？大業中遣使慰諭，繼以用兵，未能歸順。逮元至元、元貞兩朝，皆招討兼施，訖不用命。明初敦諭，朝貢始臻，賜幣册封，使舟頻發。琉球本三國分王，尚巴志始以中山并兼山南、山北，時宣德三四年也。我世祖撫壹寰區，率先表貢，詔書金印，使未獲行，至康熙元年並奉新頒敕書前往。嗣後二十一年、五十七年、乾隆二十一年、嘉慶四年、十三年，叠奉綸言，俾承先烈。我皇上臨御以來，修文德，揚武功，威惠所流，罔有不屆，中山朝貢恭順有加焉。遴才玉署，敬播龍章，嘉與維藩，明示無外，信聖德之廣被，亦詞曹之極榮已。臣趨陪芸館，與聞盛美，謹撰賦曰：

緊靈鼉之委輸，控中區以環抱。納群流而不波，知聖人之有道。於是鳥俗麟洲，虯鄉鼇島，凡沈玉之所未極，簡書之所不造，莫不萬里蛾伏，重譯臯藻。覘析木於天津，效奇琛於地媪。況乎蔚爲大邦，世守符寶，嚮化者已二百年於兹，將撫此三千里而長保。流求古國，尚氏新王。溯舟師於隋代，徒委甲於重洋。元兵再至，文德弗彰。明初馳諭，朝貢相望。因羈縻以效順，匪淪浹而不忘。聞世祖之膺籙，馳下吏而靡遑。允爾嗣服，丹詔煌煌。聖祖繼之，敕使並將。高宗、仁宗，休命屢揚。涵海養春，奕葉彌光。固宜其屬，當纘序而震動竦息，以待命於我皇。乃選陪隸，嚴使令，涉汗漫，越零丁，遵斥堠，詣闕廷。燦銅鞍與漆甲，儷金鶴於銀屏。有貢在筐，有表在亭。心明明其若月，字一一而涵星。天子曰禕哉，是其克秉藩服，恭奉國經。宜申錫以帶礪，俾永鎮於滄溟。臨軒遣使，聖訓聽聽。其肅將余一人之命，而遄造乎首里之庭。玉節駢頒，醲恩渥受；麟補蟒衣，珠冠紫綬。驟我馬兮皇華，別宫鷺兮翠柳。飛杏雨兮江南，指梅花兮浦口。虎門汎舟，雞岫卬首。沙漏數更，神螺旋右。測鍼位於辛辰，訂謡線於卯酉。舟中載册，如嶽與斗。氣慴川衹，靈護天后。紅蜻紫蜨於是乎翔扶，奇鱷怪螭於是乎潛走。望姑米兮壤接，入那霸兮颿收。堂開露洒，橋亘虹周。諭祭之苾芬既薦，册封之儀矩爰修。龍亭日麗，玉案香浮。藩臣稽首，太史揚休。皇帝有詔，爵襲箕裘。苴茅罔替，茀禄斯遒。皇帝有敕，賜賚豐優。王妃並錫，錦綺叠稠。拜龍光兮奂爛，燭鯷國兮遐幽。願永祼兮服伏，戴恩波兮泳游。慶庭闕之禮成，陟書樓而梯控。峙列聖之雲章，懸千尋之寶棟。仰宸訓之峨峨，增臣心之洞洞。爰禮上賓，集僚衆。酌蜜林之芳醅，賡太平之雅弄。累七宴兮冬臨，待一帆兮風送。馬齒猶青，鯢淵不凍。氣迴望兮疑虬，使耑歸兮翽鳳。蓋銜命者甫返於周行，而表謝者又踰乎常貢。已爾乃諏其秩官，考其疆境。自雄長於中山，兼南北爲三省。王城在中，百職是整。國相執其鈞，法司佐其柄。三十有五之閒切，涖以按司；三百八十之邨縣，粲乎里井。有島卅六，監撫分領。至繼緒以有邦，肅騰章而上請。惟極必歸於厥中，斯政乃一於所秉。所以風教鬱興，兵戎息警。長依雲日之光多，自讋魚龍而氣静也。若其山川之磅礴，物産之豐茸。鶴頭鳳崒，鉢嶺金峰。瑞泉縵湖，砂川赤淙。并崟崎以蹇嵯，亦澔瀚而沖溶。吉茄天芋，石芝海松。鯊鶱化鹿，鰕巨猶龍。久米知花之域，薩摩野古之衝。雖珍物所競湊，咸歲事所不供。惟聖天子卻遐方之奇異，示明德之儉恭。所由絲綸敷播，瀛禆景從。信恢恢乎包天樞而括地軸，豈僅僅乎邁禹甸而媲堯封也哉！

（《東洲草堂文鈔》卷十九）

附

喜琉球册使至二首 林修撰鴻年、高編修人鑑。

吴榮光

最重君恩最壯遊，萬靈往返護行舟。天臨群島蛟鯨靖，人指重溟日月浮。聖德綏徠嚴糾察，奉有詔諭稽查。臣心清白尚咨諏。中山使事曾三見，嘉慶五年、十三年及今而三。僅見乘風六日郵。放洋往返各六日。

雙鵠星飛直北來，八騶雲擁遍南垓。浙閩山水行縢熟，文武威儀晝錦回。兩使者皆路經珂里。一品集中真巨手，百花頭上信高才。臨軒正念皇華切，好博天顏一笑開。

（清道光筠清館刻本《白雲山人詩集》卷二十）

家勿邨修撰鴻年偕高螺洲編修奉使琉球將抵福州過柔遠驛觀夷官習禮賦四十韻

林壽圖

十八年六月，龍飛紀道光。四森成帶礪，一介達梯航。告訃邦惟舊，襃封慶未央。詞垣三殿選，驛堠百蠻鄉。雨露霑新寵，雲霞照大荒。北來經析木，東攬極扶桑。蕩潏仁風遠，峥嶸正朔長。占星到牛女，建國溯人皇。怪誕存君祝，傳聞略宋唐。輸誠洪永代，鎮撫按司畺。章廟榮冠帶，球陽篤保障。周廷通象譯，漢詔播炎方。至德無矜伐，嚴威自肅將。五朝今繼聖，七葉更遐昌。國自尚質受封，於今七年矣。賤子家閩嶠，來賓覩越裳。鮫綃時有贈，鯷户事能詳。群盜連滄澥，邊藩昔陸梁。波臣脩職貢，天語錫輝煌。七事吾宗擅，康熙二十二年林舍人麟焻奉使，上七事疏。三山世鑑揚。我皇紹休烈，侍從盡才良。受籙膺神器，朝宗列島王。八城開馬市，五嶺度龍驤。早值兵皆偃，猶思澤普洋。璽書勞賻唁，旌節慰存亡。品秩加華服，官儀具太常。軺車推二妙，蓬頂領群芳。焜耀相如里，經營陸賈裝。幢幡甘蔗影，帟幕荔支香。詭麗歸墟處，瑰奇巨壑藏。雞籠望空闊，馬齒接微茫。閒歲臺江渡，乘風海舶颶。輈輈雜鳥語，玳瑁半倭粧。馴擾諳情性，雍容習典章。氍毹排彩仗，韎韐儼戎行。想像輶軒降，親臨黼黻旁。教忠端治本，延賞協嘉祥。鍼路麟洲轉，更程鰈水量。海道六十里爲一更。百靈丹簡護，五兩錦飄張。北極瞻樞斗，南瀛貢篚筐。大清千萬禩，與爾固金湯。

（清同治刊本《黄鵠山人詩鈔》初鈔卷一）

琉球詠詩

〔清〕佚名 編

校點説明

《琉球詠詩》不分卷，編者不詳。

本書收入鷺江出版社《傳世漢文琉球文獻輯稿》第二輯，未言明來源，又無序跋等可資論證，書中兼收詩文。「琉球詠詩」之名是舊題抑新創，雖有疑而不得而知，未見原本，故姑仍其舊稱。

本書編者、抄者均無從考證，書所收基本起於清嘉慶年，迄於道光年，編録混亂，編者當爲道光或稍後人。然編者（或抄者）於中國典籍之修養極差，如於「瓣香」一詞，旁注「瓣」爲「瓜中實」；於「山君」亦特注明爲虎，頗疑其爲琉球人中略知中國文化者。

本書所録前一小半爲中國人詩，後則多爲琉球人所作。中國作者，基本爲册封使臣，如趙文楷、李鼎元、林鴻年、高人鑑、齊鯤，及隨李鼎元出使的長沙僧人寄塵，這些人或作有使録，或有文集，本《集成》已收録，兹不再介紹。其他作者有福建閩縣人陳元輔、陳堯棟，及黄潤光、王魚樂、林超元、陳證闌，生平均不詳。清代禁人私自出海，這些人是隨何人赴球亦無考。於琉球人作品，則集中收梁必達、向世德、馬執宏等名人。

本書此輯僅限收中國人有關琉球的作品，故此僅將中國人所作輯出，凡作者有集傳世的，均予以校勘。本書所收均直接録自原作，故與各家詩集所收多異文，且時有詩集未收者；尤其珍貴的是，道光十八年（一八三八）出使琉球的正、副使福建侯官人翰林修撰林鴻年、浙江錢塘人翰林編修高人鑑均未作出使記，也未見有集傳世，賴本書存其作品一二，以略見使臣在琉球的活動，自當予以重視。至於本書所收琉球詩人的作品，亦可見中華文化對鄰邦影響，因不在本文討論範圍，故此不贅。

（李夢生）

目録

琉球詠詩

九月四日中山王招遊東苑值雨晚歸五律二首録請誨正〔一〕

趙文楷

大海蒼茫裏，何年構静觀〔二〕。石樓環晚翠，松蓋倚秋寒。椽桷淳風在，尊彝禮數寬〔三〕。亭東纔咫尺，未上舞雩壇。

海雨蕭然至，濃陰晚不開。簷牙懸碧溜，屐齒滑蒼苔。静室雲烟入，歸途燈火催。殷勤主人意〔四〕，携手約重來。

【校】

〔一〕此篇原未署名，見趙文楷《槎上存稿》，因補，題無「九月四日」四字及末「五律二首録請誨正」。

〔二〕此二句《槎上存稿》作「海水空濛裏，斯園是静觀」。

〔三〕禮教，《槎上存稿》作「禮數」。

〔四〕此句《槎上存稿》作「主人殊好客」。

南苑七律一章敬請中山王誨定〔一〕

趙文楷

南園臺館鬱嵯峨，千騎尋遊載酒過〔二〕。海上烟霞丹嶂遠，山中草木白雲多。蛟宫夜静驚燈火，錦石秋深媚綺羅。欲向洞元探玉訣，未知蓬島近如何。

【校】

〔一〕詩見趙文楷《槎上存稿》，題「遊中山王新闢南園」，因補名。

〔二〕尋遊，《槎上存稿》作「遊行」。

九月八日過向法司園林〔一〕

趙文楷

爲有尋山約，言過鄭李莊。雲陰迷鶴徑，海雨潤魚梁。静几宜攤卷，高懷一舉觴。菊花開太晚，明日是重陽。

【校】

〔一〕詩見《槎上存稿》，題「法司向天迪園」，因補署作者名。

題臨海寺〔一〕

趙文楷

海上何年寺，崚嶒倚砲臺。沙堤晨雨潤，石壁午潮來。設險形無缺，憑高意自哀〔二〕。可憐豐見壘，狼藉長莓苔。

【校】

〔一〕詩見《槎上存稿》，題「遊臨海寺」，因補署作者名。

〔二〕自，《槎上存稿》作「轉」。

滿月遊護國寺觀潮和周海山先生元韻〔一〕

趙文楷

雲容天色冷如秋〔二〕，滚滚波濤去不留。萬里中原隨浩蕩，千年元氣共沉浮。誰言問渡尋河鼓，我已無心狎海鷗。好語山僧勤掃榻，重未擬作醉鄉遊。

【校】

〔一〕詩見《槎上存稿》，題「波上寺觀海用前使周海山先生韻」，因補署作者。

〔二〕冷，《槎上存稿》作「黯」。

中秋長風閣口占録請中山王教定〔一〕

趙文楷

長風閣上海連天〔二〕，天上嬋娟月正圓。波浪聲從雲際落〔三〕，山河影向鏡中懸。秋來鴻雁無傳信，夜永魚龍未穩眠。莫望故鄉嘆離別〔四〕，幾人生到海東偏。

【校】

〔一〕詩見《槎上存稿》，題作「中秋長風閣作」，因補署作者。

〔二〕上，《槎上存稿》作「外」。

〔三〕雲際，《槎上存稿》作「簷際」。

〔四〕故鄉，《槎上存稿》作「中原」。

庚申九月使竣西歸留别中山王七律一首即請誨正〔一〕

趙文楷

九月寒濤捲暮烟〔二〕，秋風秋雨悵離筵。東來滄海疑天末，西去長安近日邊。鴻跡偶留成勝概，蜃樓親見是前緣。聖朝中外無遐邇，珍重他年令德傳。

【校】

〔一〕詩見《槎上存稿》，題「留别中山王」，因補署作者名。

〔二〕寒濤，《槎上存稿》作「濤聲」。

無　題〔一〕

趙文楷

一枝春信到孤山，冰雪肌膚不覺寒。月下水邊看不足，摺來更向手中看。
膽瓶新插菊花枝，共向花前醉一巵。歸去馬蹄沙路穩，西風吹我帽簷欹。

【校】

〔一〕按本詩原闕詩題，亦不見《槎上存稿》，因前後均趙文楷詩，故留存，暫署趙名。

奉賀中山王初舉世子〔一〕

趙文楷

三日扁舟滯海濱，去來遲速亦前因〔二〕。歸途贏得誇人語〔三〕，親見炎洲産鳳麟。

其　二

欲回使節拜臨軒〔四〕，定有周咨許盡言。一事博來當宁喜，海東新得小屏藩。

【校】

〔一〕詩見《槎上存稿》，題作「登舟後國王以生世子告漫成四絶賀之」，此爲第四、第三首，因補署作者。

〔二〕亦，《槎上存稿》作「定」。

〔三〕誇人語，《槎上存稿》作「逢人説」。

〔四〕欲回，《槎上存稿》作「回朝」。

過東禪寺〔一〕

趙文楷

蕉衫蒲箑晚風涼，偶爲尋幽到上方。禪榻不收松子落，佛燈初出篆烟香。閣前海氣留殘雨，花外鐘聲散夕陽。莫向山僧頻問訊〔二〕，無言對我澹相忘。

【校】

〔一〕詩見《槎上存稿》，題「遊東禪寺」，因補署作者名。

〔二〕莫向山僧，《槎上存稿》作「懶向夷僧」。

東苑和壁間徐太史韻四首爲中山賢王教正〔一〕

李鼎元

斗室開三面〔二〕，看山不掩扉。樹横枝礙帽，石亂角鉤衣。海水因風立，林花帶雨飛。親人魚鳥意，觴處見天機。

又

南山看不斷〔三〕，雲氣接長空〔四〕。瀑布拖烟白，楓林繞露紅〔五〕。夕陽牛未下，曲徑鳥纔通。九月天猶熱，披襟納好風。

又

樓閣空中矗〔六〕，中山第一觀。剪榕爲翠蓋，編竹作雕欄。壁好何須粉，楹賢不用丹。渾然完我樸，盤石自長安〔七〕。

又

地與宮庭近〔八〕，天教雨露偏。佛桑能捲日〔九〕，銕樹自攢烟。我舊懷名德，王今實象賢。粗茶兼澹飲〔一〇〕，一句勝千篇。

【校】

〔一〕詩見李鼎元《師竹齋集》，題「題東苑四首柬中山王用前使徐檢討葆光韻」，因補署作者名。

〔二〕面，原誤作「畫」，據《師竹齋集》改。

〔三〕看，《師竹齋集》作「青」。
〔四〕雲氣，《師竹齋集》作「樹色」。
〔五〕繞，《師竹齋集》作「綴」。
〔六〕矗，《師竹齋集》作「置」。
〔七〕此句，《師竹齋集》作「身與室俱安」。
〔八〕與，《師竹齋集》作「接」。
〔九〕捲，《師竹齋集》作「捧」。
〔一〇〕澹飲，《師竹齋集》作「淡飯」。

庚申秋九日奉題向法司漱石山房〔一〕

李鼎元

小山曲摺護迴廊，緑樹垂陰覆石塘。三寸金魚争食聚，一雙玉蝶逐花忙。林亭似此人無俗，福壽如翁國有光。漱石枕流饒理趣，齋名題罷筆生香。

【校】

〔一〕此首《師竹齋集》題作「題法司向天迪漱石山房」。

波上和周海山先生韻〔一〕

李鼎元

高臺五月爽如秋〔二〕，坐爲薰風半日留。南北兩山連水闊，乾坤一氣與人浮〔三〕。厓懸石筍蹲如虎，艇蕩蘭橈泛似鷗。烟火萬家安作息，葛天淳俗正優游〔四〕。

【校】

〔一〕詩見《師竹齋集》，題「波上和海山先生韻」。

〔二〕如，《師竹齋集》作「於」。

〔三〕此二句《師竹齋集》作「山水多情隨地好，乾坤浩氣與人浮」。

〔四〕葛天，原誤作「葛夫」，據《師竹齋集》改，集此句作「葛天淳俗在荒陬」。又，此二句，原本皆旁改：「萬里一堂緣不偶，塵中難得是花游。」

題臨海寺〔一〕

李鼎元

有寺皆孤冷，無山不狹斜。居人能玩水，待客惜烹茶。僧以言爲教，神依石作家。此邦惟恃海，食物半魚蝦。

【校】

〔一〕詩不見《師竹齋集》，趙文楷有同題詩，此當係李鼎元同時作，故暫署李名。

奉賀中山王初舉世子〔一〕

李鼎元

玉麟昨夜下天閶，瑞氣充閭降百祥。一索果聞生世子〔二〕，初封又見小藩王。亦知公問名猶早，古者子生三月，父母初名之〔三〕。欲試啼聲事不違〔四〕。遠客有言無長物〔五〕，先防喜極誤書麈。

【校】

〔一〕《師竹齋集》題下多「時十月十有八日」。
〔二〕世子，《師竹齋集》作「長子」。
〔三〕此注《師竹齋集》無。
〔四〕事不違，《師竹齋集》作「客未違」。
〔五〕此句《師竹齋集》作「剩有新詩馳賀去」。

辱承嘉貺感感愧愧小詩一章以當面謝〔一〕

趙文楷

海上暮雲合，歸潮一夜生。青山離夢在，落日故園明。拜賜誠無已，藏珍未擬輕。由來溟渤水，不及主人情。

【校】

〔一〕詩見《槎上存稿》，題「中山王至館送行手奉金扇爲別書此報謝」。

題朱紫陽真蹟三首題新擬

林鴻年

綿綿道統集其成，僞學何能累大名。我向考亭思故里，瓣香敬爲不勝情。

題吟興寄水山長，家在閩巖夢紫陽。即此餘才關學問，正心正筆兩相忘。
豪素飄零幾百秋，津關南下海東頭。淵源莫辨程門遠，墨瑶留資燕翼謀。

道光十有八年，歲在戊戌，重陽之月，得觀朱紫陽夫子真跡，誠厚幸也。真跡藏在程宅。程之先人名順則者，故中山祠宗也。遠購前賢手跡，以志崇敬，且遺後人好藏之爲寶，則其人其子孫皆可嘉焉。匆歸櫂，占三截句付之，因跋其末云。侯官林鴻年書。

題朱紫陽真蹟題新擬

高人鑑

擘窠十四字成章，翰墨餘芬重紫陽。羽翼聖賢文有本，闡揚經史筆生光。巍巍道統緜中古，奕奕聲名達遠方。敬爇瓣香頻展玩，敢將遺跡比蘇黄。

是卷藏程君德裕家，余奉使中山，造其室而請觀焉。先後十四字，次成七言詩二語，字畫蒼勁，凛然有正大之氣，非鈎摹所能彷佛，惟玩其文理，斷爲後人湊集而成，非原璧也。雖然，《聖教》集書，金錢一字，是豈不可以寶乎？程氏子孫其世守之。時道光十有八年，歲次戊戌，九月既望，錢唐高人鑑謹題并跋。

游東苑題奉中山賢王大教

林鴻年

辨嶽遠不遠，久高東更東。從游多賦手，聲韻定摩空。

崎山[一]

高人鑑

崎山直上路盤旋，未到先知境已仙。韋曲高凌天尺五，梁園廣集客三千。滄波浴日涵光遠，老樹摇風蕩影圓。流覽超然塵世界，晚鴉催返尚流連。

【校】

〔一〕詩原無題，據意補。按：此下數首，按本書例當均係高人鑑作，故輯録；作者暫署高人鑑，俟考定。

經臺新荷

高人鑑

好是經臺爽氣多，四圍圓沼貼新荷。辨才天女當周急，萬貫青錢撒緑波。

虎頭松濤

高人鑑

虎頭聳峙峻如何，風逗松濤四面過。莫訝山君聲猛烈，咆哮偃亞却差多。

鶯花啼又笑

高人鑑

清晨捲箔賞春晴，花笑東風鳥又鳴。有色有聲争淑景，揮毫費我兩番評。

箭道新開小苑邊，坦平鋤盡草芊眠。太平貫革何曾尚，揖讓咸遵禮數先。高人鑑

小苑秋梅

春光不占占秋光，小苑梅花却晚芳。可笑陶潛惟愛菊，羨他籬下傲寒霜。高人鑑

竹　籬

修竹編籬格淺深，扶桑尚足拂雲陰。許多麃眼窺明月，似樹姮娥認古今。高人鑑

不寢偶吟

多情明月牖前明，孤枕寒衾睡不成。散步偶吟唯腹稿，茶笙聲惹夜鷄聲。高人鑑

賀某四十九歲初度

四十九年庚子正，今春預賀五旬榮。先生本是知非士，壽耈添籌德愈明。高人鑑

贊翁維垣寫字

翁維垣現是青年，鐵畫銀鈎筆力堅。異日三臺孫纘祖，緝熙世秉法司權。

末吉寺題〔一〕

李鼎元

萬株松蓋蔭山路〔二〕，一箇茅庵伏嶺西。行盡竹籬來石筍，撥開雲陣上天梯。青疇帶水匀匀下，緑樹含烟望望低。只有王宮相對出，蜀樓如待蜀人題。

【校】

〔一〕詩見李鼎元《師竹齋集》，題「登末吉山樓」。

〔二〕路，《師竹齋集》作「蹊」。

乾隆丙子仲秋遊護國寺〔一〕

周　煌

草碧花殷八月秋，登臨人到此淹留。歸雲赴壑天邊盡，倒影銜山海上浮。社日已過無旅雁，客心隨處有盟鷗。相傳十八潮頭大，更約壺觴作夜遊。

【校】

〔一〕按：此詩周煌《海東集》未收。

和元韻〔一〕

齊鯤

旅館初驚落葉秋，尋幽蘭若偶遲留。窗中山色長天净，寺外潮聲大地浮。羈客征蹤隨老馬〔二〕，高僧心事付閑鷗。題詩波上籠紗在，五十年前憶舊游。

【校】

〔一〕齊鯤《東瀛百詠》題作「秋杪遊護國寺觀潮和壁間周海山先生七律原韻」。

〔二〕征蹤，《東瀛百詠》作「行蹤」。

中山王招飲南苑是日未果即次李墨莊太史韻

寄塵

遥望松篁紫氣深，蕭蕭風韻想秋林。中山已見賢王面，流水如聞太古音。綺席未能同暢飲，幽懷此際費清吟。天高海闊飛難到，野鶴空勞萬里心。

中山鐵樹分咏

陳元輔

勁節從來鐵作心，任他霜雪不能侵。長存石畔松爲侣，獨立風前竹伴吟。鳳尾分開文彩秀，龍鱗結就歲月深。不隨桃李争春色，名重中山真到今。

千樹叢中一偉人，挺生偏在海之濱。實同虎眼光能照，姿並驪珠花不塵。有葉每分爲鳳尾，與松共老作龍鱗。盤根如石淩霜雪，香木長存表世臣。

歷盡春秋不記年，生成鐵骨傲霜前。風摇鳳尾枝枝動，日映龍鱗點點鮮。幾樹珠花疑捧雪，滿庭翠色似含煙。中山從此堪千古，留向朱門奕世傳。

生來不受雪霜侵，入火方知百煉深。傲骨果開雙巨眼，酬人惟有一片心。花非紅紫纍纍日，鐵作肝腸片片金。勁節堪同松柏操，海天風雨起龍吟。

鐵樹由來色相真，不隨紅紫逐芳春。縱經風雨終難蔞，豈爲冰霜忽變易。湮新葉疑同虎尾，盤根更喜有龍鱗。琪花瑶草堪爲伍，此種偏能産海濱。

雙江臺遠眺

陳堯棟

獨坐雙江臺上頭，萬松風裏聽洪流。窗開巨浸茫茫白，潮起香丹片片浮。天半紅墻多古刹，水邊畫棟盡歌樓。明朝策蹇尋春去，倚柳穿花作勝遊。

又

黄潤光

名山寂歷可參禪，臺號雙江著有年。逕曲人從雲裏步，波澄影在鏡中懸。鍾聲遠播千村晚，霞彩高飄半嶺前。此處正安吟榻好，敢云附驥笑諸賢。

又

王魚樂

憑山俯海鬱菁葱，山自西來水自東。賞玩佳時當桂月，登臨勝概問松風。衣冠宋代浮雲白，鍾鼓禪堂落日紅。自笑與君携筆墨，不防吟嘯傲長空。

重遊天寧寺

王魚樂

法界重登眼界開，無邊光景繞香臺。客緣乘興披襟至，我亦偷閑特地陪。細訪高風思勝跡，漫吟逸韻愧迂才。頻將鴻爪前因認，記取來遊第二回。

松風堂懷古

王魚樂

承相遺基何處承，天寧寺裏思悠悠。松風堂在人難覓，海月亭空水自流。數片閑雲猶觸石，幾株老樹更棲鳩。滄桑變幻無時盡，忠定芳名萬古留。

贈存留官梁必達先生哂政

林超元

聞從勝友上重樓，促膝偏欣臭味投。品格風流真拔萃，詩詞俊逸孰堪儔。居官更羡登朝早，奉使應知得寵優。今日論交同恨晚，茶鐺酒榼漫遲留。

兩次過梁先生館樓蒙留飲贈扇，偶占謝之。

林超元

重樓兩度訪衷腸，促膝盤桓引興長。相愛相親投意氣，同聲同調和篇章。瓊筵飲飽高賢德，素箑頒來外國光。别後交情縈夢寐，十分厚惠最難忘。

一晤芝顔便豁心，天涯君不愧知音。皇華續報榮旌快，無任交情别轉深。論文樽酒契三生，思把離裙别緒縈。良會天緣知在邇，彈冠人復賦鶯鳴。

憶親

陳證闌

白髮慈親七十餘，不知老體近何如。老來賴我供湯藥，别後憑誰奉板輿。旅館宵長頻有夢，家鄉路遠久無書。君歸正向門前過，爲報平安莫倚閭。

遊善興寺

陳證闌

止止行行上翠巓，尋幽直到善興前。峰迴路轉皆成趣，境静人稀别有天。一派松濤千嶂雨，四圍山色萬家烟。塵緣分我林泉興，不及高僧日日仙。

失　題

林超元

佳章艷敵六朝人，讀罷香生齒頰春。一曲知音盟此日，又添詩債抵來頻。

和前韻〔一〕

林超元

第一園林第一天，千峰烏麓勢相連。拓襟名勝山兼水，到眼樓臺雨和烟。畫石客探青鳥外，論詩人問白雲邊。此中真趣誰能領，不是王維即米顛。

【校】

〔一〕按此和詩原作爲琉人梁必達《墨行花園》詩。

還硯齋雜著 附詩略

〔清〕趙新 撰

校點説明

《還硯齋雜著》四卷，附《還硯齋古近體詩略》一卷，清趙新撰。趙新生平及其出使琉球經過，已見前《續琉球國志略》介紹。其所著詩文，郭柏蔭於本集序中説：「其古文醇古澹泊，具有本原」，「詩不多作，而體格自峻，五古尤工，出入於漢魏六朝諸家，其均足傳無疑」。

本書有光緒八年（一八八二）黄樓刊本，兹從中輯得表四通、詩十首，均不見所撰《續琉球國志》中。

（李夢生）

目録

還硯齋雜著附詩略

充冊封琉球國王正使謝恩表

奏爲恭謝天恩，仰祈聖鑒事。本月初五日，禮部將送到往封琉球正、副使各銜名帶領引見，奉御章鈐出正使趙新，欽此。竊臣閩嶠庸材，備員詞館。瑣闈襄事，再邀持節之榮；講幄依光，幸與校書之列。前以銓曹考績，記注頻膺；兹逢重譯宣風，絲綸特簡。渥蒙甄寵，彌益悚惶。伏念琉球爲海甸名邦，册封乃國家盛典。恩周嗣服，欣瞻覆幬之無遺；學愧通方，敢擬山川之能説。臣惟有忠信盟心，恪恭將事，冀仰副聖主柔遠錫羡之至意。所有微臣感激下忱，理合繕摺恭謝天恩，伏乞皇太后、皇上聖鑒。謹奏。

册封琉球起程日期謝恩表

奏爲報明起程日期，恭謝天恩，叩請聖訓事。竊臣等前經内閣翰林院保送册封琉球正、副使，於同治四年七月初五日由禮部帶領引見，奉御章鈐出正使趙新，副使于光甲。欽此。據禮部知照歷届出使琉球事宜，並將一品蟒緞披領袍各一件，頒給前來，臣等當即叩頭祗領訖。兹謹擬於正月初十日，齎奉詔敕自京起程。伏念臣等樗櫟庸才，毫無知識，仰蒙恩命，奉使海隅。膺一品之頭銜，鵷濡彌懔；荷九重之心簡，鼇戴同深。爲此泥首宮門，叩求訓誨，俾有遵循，仰沐鴻慈，益無既極。所有微臣等感悚下忱，理合恭摺具奏，伏乞皇太后、皇上聖鑒。謹奏。

抵閩登舟候風放洋日期表

奏爲恭報微臣抵閩登舟候風放洋日期，仰祈聖鑒事。竊臣等奉命册封琉球國王，於本年正月初六日請訓，初十日恭奉詔敕由驛趲行，四月二十二日行抵福建省城。准巡撫臣徐宗幹選募渡海商船二隻，調撥護送武弁二員、兵丁二百名，並飭府廳州縣派撥夫役匠作人等，移知臣等，公同點驗，一律齊備。並准總督臣左宗棠將留藏督署之吉祥右旋神螺，委員賫送前來，臣等當即祇領訖。遵照歷届定例，於夏至節後西南風順，可以開行。謹擇於五月十三日恭賫詔敕，自南關登舟，並敬奉諭祭天后、海神祈文各一道，詣閩安鎮怡山院虔誠致祭畢，即便放舟。伏念琉球爲率俾世臣，册封乃褒榮大典，臣等猥以菲才，忝膺寵命，惟有忠信盟心，恪恭將事，冀仰副聖主柔遠錫羨之至意。所有微臣抵閩登舟候風放洋日期並感激悚惕下忱，理合恭摺具奏，伏乞皇太后、皇上聖鑒。再臣等封摺印花係借用福建巡撫關防，合並陳明。謹奏。

恭報封舟回閩日期表

奏爲恭報臣等回閩日期，仰祈聖鑒事。竊臣等奉命册封琉球，於六月初四日自福省南臺開舟，駛至五虎門等候西南風，於初九日放洋，二十二日行抵該國。查照向例，次第擇吉於七月二十日行諭祭禮，八月二十七日行册封禮。該國王尚泰感激至誠，形於辭色。該國自春夏以來，久苦亢旱，封舟抵境前後，輒沛甘霖，舉國臣民，歡呼載道。尚泰懇留詔敕爲鎮國之寶，查與舊例相符，敬謹轉交供奉。臣等仰體聖主懷柔至意，於該國供應，一切概從減損。舊例回舟於冬至前後啓行，臣等隨行員弁兵丁匠役人數較多，少住一日即省該國一日之費，隨於十月二十四日開船，駛至那霸港，等候東北風，於□□日放洋，□□日進五虎門，□□日至福建省城。通省官民，無不訝爲神速。此皆仰賴聖主洪福，天后默佑，因而來往均臻平善。雖前後數遇觸礁，停洋擱淺，均蒙化險爲平。臣等欽佩之餘，益深悚惕，理合將平安回閩日期，恭摺具奏，伏祈皇太后、皇上聖鑒。該國王尚泰現遣陪臣馬朝棟、阮宣詔隨同來京，恭進表貢，叩謝天恩。該舟亦於□□日抵閩。所有前奉恩賞吉祥右旋白螺，亦已交明兼署督臣英桂敬謹供奉，合併聲明，謹奏。

（以上《還硯齋雜著》卷一）

乙丑秋七月奉命册封琉球旋擢右贊善紀恩四首

龍節欣逢八度頒，仰邀華選到清班。波濤極目瞻三島，風物從頭數百蠻。先世隴阡榮墓表，故人文讌話鄉關。澄瀾東望都如鏡，舊志荒唐總可删。

頭銜竟許冠群僊，一品還叨賜服鮮。戀闕仍依天尺五，乘槎直渺水三千。貽來珠玉多新詠，瀕行都中諸公多惠佳章。夢到蓬萊亦夙緣。幼時曾夢乘巨艦犯波浪而行。猶有支機堪乞否，君平早已識張騫。星士某占本歲將有遠行。

咫尺東華接斗杓，著書身許傍雲霄。充國史館提調八年。依光講幄恩先被，癸亥充日講起居注官。注考銓司寵再邀。壬戌、乙丑京察均列一等。簜節兩持逢慶榜，己未典江右試，壬戌典粤西試，皆以恩科，並補行正科。芝坊初晉忝官僚。捫心愧少涓埃效，敢計馳驅萬里遥。

此邦供億本多儀，七宴承筐禮亦宜。温飽豈移垂老志，去來自有寸心知。平生未敢忘忠信，前路何須問險夷。但願壓裝無别物，一帆風月百篇詩。

居球五月承諸君子雅誼晨夕過從極詩酒談讌之樂並惠贈佳章倍榮行篋考風問俗俾得徵文獻以續前賢所述今將别矣離緒縈懷不能自已賦此誌謝

乘風真覺到蓬萊，飽看神山日幾回。小住儼成安樂國，瀕行難遣别離盃。新詩雜誦多佳句，球陽士大夫惠讀佳什頗多，擬攜歸選梓。舊志增修愧史才。歸擬再續《琉球志略》。文字果留緣法在，此生何必定重來。

後先使集並堪師，前輩風流想見之。軼事曾留池北記，王漁洋先生著《池北偶談》，間載使球軼事。高吟誰嗣海東詩。前使汪舟次先生著《海東吟稿》。秀才問字傳《球雅》，前使李和叔先生著《球雅》。好女行歌唱《竹枝》。前使汪舟次、林石來、徐澄齋三先生并著有《中山竹枝詞》。更有《中山傳信録》，徐君大筆仰淋漓。《傳信録》亦澄齋先生所著。

周曾程蔡並錚錚，風雅於今有繼聲。球陽周公熙臣有《翠雲樓草》，曾公虞臣有《執圭堂集》，程公寵文有《雪堂讌游草》，蔡公聲亭有《觀光集》，皆已刻，此外未刻者尚多。上國觀光吴季子，圜橋請業魯諸生。從君七穆均能賦，別派三僧亦擅名。球僧宗實、不羈、瘦梅皆能詩，汪舟次先生稱爲球陽三詩僧。尤羨禮成工獻頌，一時珥筆遍公卿。球邦逢册禮慶成，士大夫皆進頌。

盛筵排日足盤桓，辨嶽招邀又社壇。異地聯成文讌聚，經旬數去酒杯寬。登樓容易逢秋晚，剪燭流連到夜闌。莫怪臨歧仍默默，贈言欲學古人難。

答中山王送菊詩

何處商飇忽滿樓，南山芳信正悠悠。白衣恰送柴桑酒，青眼相逢米島秋。故里音書稀過雁，重陽風雨遲歸舟。多慚閔叔猪肝累，又爲黄花十日留。

名園佳色雜瑤瓊，幾許黄金綴得成。插帽正誇新寵渥，捲簾況對晚香清。瑞泉培露叨分豔，甘谷餐霞借解醒。聊托蛩吟答嘉貺，由來節物最關情。

（以上《還硯齋古近體詩略》）

歗雲詩鈔

〔清〕林樹梅　撰

校點説明

《歗雲詩鈔》十四卷，清林樹梅撰。

林樹梅（一八〇八—一八五一），名光前，字樹梅，以字行，號歗雲、瘦梅，福建金門人。少從父從征閩海，後曾入臺灣鳳山知縣曹瑾幕，多有建樹。著有《歗雲詩鈔》、《文鈔》等。

此次從《歗雲詩鈔》道光刊本輯詩三首，均爲與琉球使臣及隨從酬答之作，由此可見琉球文人與福建文人交往過從之密。值得注意的是，關於「琉球」一名所指，在明代以前常以之誤爲今臺灣島，此後又以澎湖誤屬琉球，亦有誤以臺灣島附近之小琉球島屬琉球者。林樹梅曾親歷福建沿海各島，二次東渡臺灣，作有《閩海握要圖説》，曾在《詩鈔》卷三《題琅嶠圖》之三小注中明白指出：「小琉球不隸琉球國……可證傳聞之謬。」在《贈琉球魏貢使有淵》詩注中，更明確指出將小琉球隸大琉球「語皆失實」。凡此，均見林樹梅於海疆地理之關注。

按，據《歷代寶案》卷一六八，道光十八年（一八三八），清廷派翰林修撰林鴻年、編修高人鑑爲正、副使往封琉球國王。翌年，琉球遣紫金大夫楊德昌、使者馬維興、都通事魏學淵等爲謝恩使，耳目官章鴻勳、正議大夫林奕海爲正、副貢使，駕船至閩入京。本書所輯前二首即作於該時。

（李夢生）

歗雲詩鈔

贈琉球魏貢使有淵

有淵名學源，琉球中山久米府唐營人。道光丁亥，貢船來閩，飄至海壇，幾壞。先君子遣兵救導，且護之歸。戊戌，中山王受封禮成，以君充貢使，入朝謝恩。今秋樹梅遇諸省城，率贈此篇，以志遇合之舊。

魏君家在東海東，十年不見成老翁。一朝相遇不相識，似此離合疑夢中。君來齎奏謝天子，幽燕齊魯記遊履。詩滿奚囊秋已深，讀君佳句爲君喜。自君别我蕩歸櫓，悲生風木嗟何怙。相看今日宜盡歡，轉使談往淚如雨。去年我過小琉球，君鄉有客時覆舟。爲言司土護歸國，吾皇仁愛方懷柔。或傳琉球有大小，荒傖耳食殊未了。讀書盡信古所難，况復海山多浩渺。丁酉八月，樹梅自瑯嶠番社歸，聞有琉球人碎舟於鳳山南海之小琉球嶼。戊戌三月，又有碎舟於瑯嶠者，土番欲盡殺之，乃急遣人諭救，由鳳邑遞送回國。史傳謂小琉球嶼近泉州，隸大琉球，天霽登鼓山可望，語皆失實。樹梅嘗親至其地考正之。即今送君重執手，萬里離情君記否。祝君再歲乘長風，得來頻醉十斗酒。

答琉球林副使文灡

予既得魏君有淵，因晤家文灡副使，名奕海，亦雅士也。自言先世居閩林浦。明洪武間遣三十六姓往琉球教導，其祖與焉，遂爲中山久米府唐營人。君作秀才時，嘗三至閩習儒業，歸爲大夫。今充副貢使京旋，將以明年歸國。書其紀遊詩見贈，走筆答之。

吾宗有士家琉球，翩翩儒雅能風流。朅來貢獻見天子，朝衣長染天香留。自云先世出林浦，晉安郡王溯始祖。晉安郡王諱禄公，爲閩林始祖。此歡何必非三生，此會居然足千古。禮云大夫無外交，此言毋乃同柱膠。方今四海合爲一，四海兄弟皆同胞。我曹況復生同姓，更有文章通性命。一朝相遇快奇緣，恨不相從長快詠。我將往采武夷茶，遲汝再來東海槎。詩話樓頭辨詩格，烹茶煮雪看梅花。（以上卷四）

贈琉球蔡錫謨楊邦錦兩秀才

海天萍跡此相遭，抵掌無煩譯語勞。卅六姓中佳子弟，明洪武間，移閩人三十六姓往琉球教導，至今子孫皆爲秀才。四千里外大波濤。人能談道鬚眉古，志切觀光意氣豪。轉爲新知傷故舊，不堪風雨讀《離騷》。聞魏大夫有淵去年溘逝，予舊知也。（卷八）

遜學齋全集

〔清〕孫衣言　撰

校點説明

《遜學齋全集》三十二卷，清孫衣言撰。

孫衣言（一八一四—一八九四），字紹聞，號琴西，浙江瑞安人。道光三十年（一八五〇）進士，授編修。光緒間歷官江寧布政使、太僕寺卿。尚著有《甌海軼聞》，編刻《永嘉叢書》。

孫衣言曾于道光二十一年（一八四一）教習琉球官生，故集中多與琉球人或事有關之詩文。從所作諸序，知繼潘相《入學見聞録》後，同治年間教習徐幹又作《見聞補録》，孫衣言與徐幹又皆編有琉球人詩文集，今是否存世，待訪。兹據清同治刊本《遜學齋全集》輯録有關篇章，以供參考。

（李夢生）

遜學齋全集

琉球入學見聞録序

琉球自國初以來子弟入監讀書者七，乾隆間教習臣潘相始爲《入學見聞録》一書，所載朝廷恩數，及其國世系、風土、人物、文字，言之綦詳。嘉慶間教習臣黄景福復爲《見聞辨異》一卷，考訂訛誤，皆足與徐葆光、周煌諸志互爲質証。

道光二十一年，琉球弟子向克秀、阮宣詔、鄭學楷、東國興四人入監，臣以副貢生充教習，時與諸弟子詢考謡俗，大約無異前録，而其在學所爲詩文，別爲録刻，故不復著論。今年二月，臣以提刑淮南北奉命入覲，適琉球弟子林世功學成將歸，來謁於客邸。世功在其國時嘗從宣詔國興學，故脩再傳弟子之禮，隨教習臣徐幹來見。而幹復以所輯《見聞補録》屬爲之序，猗與盛哉！

我國家聲教覃敷，無遠弗格。而海外藩邦能以禮義文學接於上國，其子弟又能循習儒雅，知中國所謂師弟子之禮，皆爲可紀。昔子思之書，推言聖人教化之盛，至於舟車所至，人力所通，日月所照，霜露所墜，凡有血氣者莫不尊親，蓋其盛德沾被，非疆域所能限隔，而四荒絶域，言語之不通，文字之不同，乃有事祅神、遈怪誕以自絶於聖人者，夫聖人之教所弗及，則亦非帝王之權所能治矣。然臣竊見載籍以來，如漢之冒頓，晉之劉、石，唐之吐蕃、回鶻，皆能騁其凶鷙，爲禍中國，而其棄禮蔑義，自相傾奪，以取滅亡，大率遠者百年，近者數十載，輒種類絶滅，歸於烏有，殆與草木禽獸無擇。而琉球獨以海外小邦，被服冠帶，誦法詩書，爲中國儒者所紀，比於春秋鄒魯，豈獨天子文治之美，亦其涵濡聖教者深也，是固宜保守藩服，遠有歷年者矣。故臣於幹之所編樂爲之言，而獨惜夫言語之不通，文字之不同者，未能使之與讀是書也。

琉球詩録序

中山人士往往能爲詩，然多爲五七言律絶，以資酬答而已，鮮有爲古詩者。予爲教習時，頗令弟子輩汎覽漢、魏、唐人以來諸家作者，間語以古人作詩格法蹊逕，皆灑然有得，其所爲詩亦往往可觀。予嘗擇其雅者録而刻之，謂之「琉球詩録」。今年春，琉球學生林世功在監期滿，其師教習徐君幹亦有詩録之刻，取而閲之，則皆馴雅可誦。而林生又來乞余遜學齋詩，謂將歸詒國人。徐君又言，琉球人極重予前録，幾於家有其書，其好文而勤學，皆可尚也。聖天子在上，方以文章禮樂陶冶天下，俾各安其性命之正。而荒洲窮島，狉榛蒙昧之民，猶有奮其角牙，含沙噓毒，自外王化者。而琉球禮義相承三四百載，士之北學中國者，獨能以揚扢風雅，自託於中朝俊秀之倫，殆所謂蓬萊、方丈，秦皇漢武之所望而不見者歟？於戲，盛矣！

琉球詩課序

教習徐君既選琉球弟子之詩以爲詩録，又取所作帖體詩别爲一編而刻之，太抵仿予前刻意也。予謂試律之作始於唐人，至今日而朝廷儒臣碩望，下至山陬海隅鄉曲之士，無不揣摩聲病，妃紅儷白，以求合於應試之體。而海外文物之邦，如琉球者初未嘗有場屋取士之法，乃亦效而爲之，信乎風尚之所趨，有莫知其所以然者矣。予嘗聞中山人士雖尚試律，然其國人所爲大率四韻而已。阮宣詔等入監讀書，始有八韻之作。而徐君此録所載林生詩尤爲妥帖詳雅，有中朝館閣氣象，則其文教之開而日新，尤可喜也。昔宋人言詞科之敝，一時競爲儷偶，至有以一聯之佳，終身富貴者。今殿廷考試皆用八韻，而館閣之士畢精壹志，以求工於聲韻對偶，其弊殆亦類此。獨琉球幸而無之，則其所謂試律或猶近於古詩之流也歟？徐君其必有以取之矣。

（以上文鈔卷八）

學生作琉球食戲述

鯨魚羊豕腴，肉𠜂瓊玉膚。此物穴溟渤，雄與蛟鱷徒。不能鈎餌致，乃爲黄金屠。琉球生云：捕鯨魚必以黄金刺之乃死。海鰻止是蛇，强名甯稍殊。獰形改鬱屈，怒目猶睢盱。自非有奇疾，聚毒安敢茹。海馬稍恨腥，馬首身是魚。家蔬魚名，亦曰佳蘇。最易得，紫黑榾柮枯。削末投沸水，脆美回昭蘇。其餘衆瑣碎，大略如越吴。調和酸鹹雜，美醬豆麥俱。佐之美姬酒，嚼米由彼姝。不知施邪嫫，取醉咳唾餘。美姬酒云由女子嚼米爲之。我生本南食，下咽氣自如。持用饗北客，掩鼻走絶袪。彼此更誇詫，未可相賢愚。粤人羹蝦蟇，抱筯如瓊琚。北人食乳酪，乃不知莼鱸。食焉安所甘，居焉安所娱。述此聊爲笑，匪用誇庖廚。

琉球貢使向紹元都通事梁必達來見賦此爲贈

伏犀入髮高頰顴，美髯如戟目炯然。黄冠突兀錦花帶，深衣匹帛行圈豚。中山使者顔色好，入門磬摺形恭虔。搓手作禮致其敬，其心孔殷未能言。唐營通官精爽緊，代陳款曲詞便便。攘袂出手手指天，皇帝聖德臨無偏。次言先生教誨厚，諸生小子坯爲甄。寡君諸卿諸大夫，傳語致謝感在肝。我言此乃我職然，百不盡一心煩煎。惟有帝德不可似，博如天覆深九淵。仁風四噓草木茁，天光下照日月懸。大夫行矣忠其君，農力鋤犂士誦絃。上無僭替民無怨，永爲鄒魯傳萬年。此所以報報以義，不在貌恭仍獻珍。我睨使者首愈俛，下手至膝坐弗安。自循其帶持示我，我知爾意無待論。門外僕僮静兀兀，黑帕六角衣斕斑。嘔咿耳語類有會，鞠躬偵伺頭如黿。作詩與爾述我語，歸示其人傳兒孫。

（以上詩鈔卷二）

琉球門人阮宣詔東國興以土物見寄而不得其書即簡二首并問鄭生學楷癸丑

昔枉中山信，相思滄海東。早知遥道意，猶與别時同。細葛輕含雪，香紈緩趁風。即今嘉惠及，愁望益悤悤。

阮子猶閩嶠，東生在舊閭。朅來千里使，偏惜一行書。從宦情難展，論文意未疎。南風相問訊，鄭谷興何如。

（詩鈔卷九）

琉球門人阮宣詔以充入貢副使至都並得東生國興消息賦贈二首并寄東生

十年回憶授經時，萬里重逢亦自疑。鬢髮相看俱老大，文章今見有光儀。來經滄海波如席，春到皇州柳已絲。卻爲懷人成感愴，當筵無意覆深卮。向生克秀、鄭生學楷皆已亡矣。

門下東生最妙年，當時文筆亦飄然。新聞酒醴王門内，時對圖書玉殿前。魯國中公猶邸舍，洲中晁監幾詩篇。卻期燕雁能相代，來慰離情到日邊。東生聞在王宮授王世子經。

送阮行人别

相向柳條新，金尊四坐春。十年思遠别，萬里又歸人。驛路看芳草，江波動白蘋。重逢知未卜，何惜一沾巾。

（以上詩鈔卷十）

資政新篇

〔清〕洪仁玕 撰

校點説明

《資政新篇》，太平天國洪仁玕撰。

洪仁玕（一八二二—一八六四），字益謙，號吉甫，廣東花縣人。洪秀全族弟，參與創立拜上帝會。歷任太平天國精忠軍師，封干王，總理朝政。兵敗爲清軍所俘，被殺於南昌。

《資治新篇》是洪仁玕提出的施政綱領，主張革新政治，學習西方科技文化。本書所輯録僅是附帶而及琉球之片言，而對中國政府歷來對琉球邦交中惟我獨尊之批判可謂鞭辟入裏。

本書輯自神州國光社一九五二年版中國近代史資料叢刊《太平天國》第二册。

（賀聖遂）

資政新篇

英吉利，即俗稱紅毛邦，開邦一千年來未易他姓，於今稱爲最强之邦，由法善也。但其人多有智力，驕傲成性，不居人下。凡於往來言語文書，可稱照會、交好、通和、親愛等意，其餘萬方來朝、四夷賓服及夷狄、戎蠻、鬼子，一切輕污之字皆不必説也。蓋輕污字樣，是口角取勝之事，不是經綸實際，且招禍也。即施於枕近之暹羅、交趾、日本、琉球之小邦，亦必不服。實因人類雖下，而志不願下，亦勢迫之耳，非忠誠獻曝也。

李鸿章信函

校點説明

李鴻章（一八二三—一九〇一），字少荃，安徽合肥人。道光二十七年（一八四七）進士，官翰林院編修。太平軍起，組建淮軍，任江蘇巡撫。同治九年（一八七〇）擢直隸總督兼北洋通商大臣，累官文華殿大學士，封肅毅伯。

光緒四年（一八七八），日本阻止琉球入貢中國，次年又派兵佔領琉球，廢琉球爲沖繩縣，清廷就琉球事多次派人與日交涉，并委美國前總統格蘭忒從中斡旋，其間李鴻章不僅參與了琉球案的談判，且起主導作用；而作爲談判代表中國駐日公使何如璋也多次就此事請示李鴻章。本書從安徽教育出版社出版的《李鴻章全集》所收「信函」中選録了復何如璋信二封，復總理各國事務衙門函四封，另附何如璋信一封，與格蘭忒晤談節略一篇。這些信函等表示了李鴻章對日本佔領琉球事一貫持談判、拖延的立場。有關此案的全過程，及李鴻章於光緒六年十月所上的妥籌球案摺等，均請參本《集成》所收《清光緒朝中日交涉史料》。

（秦　潔）

目録

李鴻章信函

復何子峨 光緒四年四月二十九日

再密復者：承示日本阻貢一案，琉球使臣屢次哀吁，冀中國力加保護，借支危局，情殊可憫。琉球自明初臣服中國，五百年來，無代不受封，無期不朝貢，舊章具在，班班可考，較之萬曆年間爲薩摩藩屬者，其年代先後已自不同。一旦恃强凌弱，欲舉附庸者而郡縣之，阻貢不已，旋改年號，改年不已，復欲鎖港，無理已極。琉人喁喁内向，思欲托庇宇下，沐我厚往薄來之利，兼收扶危定傾之功。我中國自應善爲護持，俾海東片壤稍延宗社，乃足昭字小之誼。且前時副島種臣既許中、東兩屬之請，是彼未嘗不畏我牽制。中國若隱忍緘默，彼且疑我怯弱，或將由琉球而及朝鮮，不如早遏其萌，使無覬覦。是今日日本阻貢之舉，中國之不能不與力争者，理也，情也。然邇年以來曾未認真議及者，蓋亦有故。琉球以黑子彈丸之地孤懸海外，遠於中國而邇於日本，昔春秋時衛人滅邢，莒人滅鄫，以齊、晉之强大不能過問，蓋雖欲恤鄰救患而地勢足以阻之。中國受琉球朝貢本無大利，若受其貢而不能保其國，固爲諸國所輕；若專恃筆舌與之理論，而近今日本舉動，誠如來書所謂無賴之横，瘈狗之狂，恐未必就我範圍；若再以威力相角，争小國區區之貢，務虚名而勤遠略，非惟不暇，亦且無謂。鄙意以爲中國與之淡漠相遭，殆即古人不服藥爲中醫之説，至謂言之即恐開邊釁，則未必然。日本餉項之絀，國債之繁，舊族廢藩之思亂，前此聞之稔矣。西鄉隆盛已伏其辜，彼君臣鑒不戢自焚之禍，或者漸思守分。所購鐵甲船，聞甲有四寸，似非鐵皮五六分厚者可比。然核其軍額頗屬單弱，中國兵力固自應之有餘，諒彼决不因一言不合，遽起波瀾，惟言之不聽恐無大益耳。然琉球既祈懇不已，或不妨相機妥爲開導，仍候總署核示辦理。鴻章前晤森有禮，亦曾詢及阻貢之事，彼乃佯爲不知，似由情理内怯，但使少有顧忌，俾蕞爾孱邦不遭吞噬，所獲已多。將來倘有辨論之時，自應援引修好條規第一、第二兩款與相駁難，并密請總署轉咨禮部，將琉球數百年朝貢成案鈔備崖略，可以應答不窮，往年日本於臺灣、朝鮮之役，始以巧言餂我，繼以虚聲疑我，其堅韌狡獪情狀令人莫測其端。執事沉毅有爲，果於任事，與日人交涉稍久，必能詗彼情實，與爲推移，先事則審慎周詳，臨事則識力堅定，見可知難，隨時進退，諒必曲中機宜也。再頌勛祺。不具。鴻章又頓首。

附　何子峨來函 光緒四年四月二十八日

專肅者：阻貢一案，在神户時有球官來謁，察其詞意，誠有如上諭所謂另有别情者，因飭其將阻貢後所有與日本往返文書悉鈔一份備覽。寓東京後，駐日球使毛鳳來等迭次求見，收其各稟。如璋反復查閲，緣琉球於明萬曆三十年役屬薩摩藩，近日本廢其國内諸藩，遂欲舉附庸者而郡縣之。因琉球之臣事我朝也，必逼使貳我而後可以逞其志，此阻貢之舉所由來也。琉球寡弱不敵，勢如累卵，不能不托庇宇下以救危亡，故屢次遣員哀吁者以此。然惟稱日本阻貢，於廢藩制、改年號諸事皆隱忍不敢陳，是琉球之愚也。琉球初附東京，其王曾聲請率由舊章，中、東兩屬，彼時副島種臣爲外務卿，經許其請，後乃竟阻貢使，遣官駐球，欲鎖其港。琉人危拒，幾至騷亂，以劫日人。觀日官批其所稟，絶無情理，不過一再曰所請各事難以聽從而已，是日人未嘗不知理屈。四年以來未遽滅其國絶其祀者，則以我牽制之故，欲俟我不與争而後下手耳。今向德宏之來（中山王據閩藩探問咨文，始將阻貢情事咨復，差向德宏賫來，其咨復文書當抄與日人。此次索閱之，唯於諭日復貢等字則隱約其詞，餘皆同也），馬如衡之去（光緒二年十月十九日，自琉往閩，此間新聞紙早經傳播），日人皆知之，遲之又久而我不言，日人或揣我爲棄琉球，疑我爲怯。日本行廢置而郡縣之，以後更難議論，此準理度情，此時不得不言者也。或者乃恐因此開釁，不知日本國小而貧，自防不暇，何暇謀人。該國債逾二億，因去年薩亂，民心不靖，復議減租，國用益絀，近復下令借民債一千二百萬，而應者寥寥，所賴以敷衍者紙幣耳。然苟一興師則軍械槍火皆購之外國，非現金不可。陸軍常備額止三萬二千人，海軍止四千人。輪艦止十五號，多朽敗不可用者，議由英廠購船，以費絀始來一號，名爲鐵甲，實鐵皮耳。近仿德制，寓兵於農，征役練兵，三年爲期。彼蓋知全國瀕海，時勢艱危，圖自守耳。若傾國勞師，常額不敷，必役番休，廢藩舊族意多怨望，又恐内亂將作。彼執政如岩倉、大久保皆非輕躁喜事之流，此種情形無可掩飾，其不敢開邊釁者必矣。若臺灣之役，西鄉隆盛實主之，長崎臨發，追之不及，乃將錯就錯，使大久保來議和。大久保歸，國人交慶。後西鄉復議攻高麗，執政痛抑之，乃棄官稱亂，自滅其身。至今士大夫皆深諱是事，不復一言，其情可揣而知也。中土所傳日秏多出誇張，證以臺役，益疑其强盛。如璋到此數月，旁觀目擊，漸悉情僞。前所呈《使東述略》略陳大概，竊謂其今日固不敢因此開釁也。若又以日人無情無理，如瘈狗之狂，如無賴之横，果爾，則中、東和好終不可恃。阻貢不已，必滅琉球。琉球既滅，行及朝鮮。否則以我所難行，日事要求，聽之何以爲國，拒之是讓一琉球，邊釁究不能免。欲尋嫌隙，不患無端。日人苟横，奚必借此。又況琉球迫近臺灣，我苟棄之，日人改爲郡縣，練民兵；球人因我拒絶，甘心從敵，彼皆習勞苦耐風濤之人，他時日本一强，資以船炮，擾我邊埵，臺、澎之間將求一夕之安不可得。是爲臺灣計，今日争之患猶紓，今日棄之患更深也。則雖謂因此生釁尚不得不争，況揆之時勢决未必然乎。如璋熟知中國此時决非用兵之時，即慮日人亦知我天恩寬大，必不因彈丸之地張撻伐之威，口舌相從，恐無了局。然無論作何結局，較之今日之隱忍不言猶爲彼善於此。即終無了期，而日人有所顧忌，球人借以苟延，所獲亦多。失此不言，日人既滅琉球，練之爲兵，驅之爲寇，轉恐邊患無已時，斯又度時審勢反復躊躇而以爲不得不言者也。閩中來函，極言恐開邊釁，欲罷此事。如璋謹據其所見函呈總署，然兹事重大，自恐識暗智昏，惶恐不知所措，伏維中堂察核訓示之。臨楮悚皇，再叩崇祺。如璋又肅。

復總署　密議日本争琉球事 光緒四年五月初九日

敬密復者：頃奉五月初七日直字四百三十號密函鈔件，以日本阻貢一事，閩帥謂宜勿輕發端；子峨星使謂隱忍不言，失體敗事，究應如何辦理，屬即妥籌具復等因。仰見虚衷博采，思患預防，曷任欽悚。鴻章前接子峨四月初七日來函，力陳此議，與上尊處信件大致相同，當就管見所及詳復一緘。兹將來往函稿鈔呈鈞核，未知有當萬一否。查小宋等以日本舉動叵測，有可疑者三端：其第一、二端似未甚確，第三端則琉球以咨復閩藩之文鈔給日國，毛鳳來等又在日境時謁星使，日本殆明知而陰縱之，以嘗試於我。子峨函云言之不從，其虧辱不過與不言而棄之等，事理固較然矣。至小宋慮其求益反損，竊料言之固無大益，然亦不致大損。日本事事宗法泰西歐美各邦，遇有此等事件，斷無不舉公法以相糾責之理，即言之無成，不以兵戎而以玉帛，何至遽開兵釁，亦不至遽壞和局。子峨向鈞署所陳上中下三策，遣兵船責問及約球人以必救，似皆小題大做，轉涉張皇。惟言之不聽時復言之，日人自知理絀，或不敢遽廢藩制改郡縣，俾球人得保其土，亦不借寇以兵，此雖似下策，實爲今日一定辦法。至其末段有云徑告日本，願舉兩屬之琉球全歸日國，準西例易地償金，無論萬辦不到，中國亦無此體制也。上年臺灣之役，日本即借琉球屬人被害爲詞，其時鈞處及鴻章與柳原、大久保等辨論，均力争琉球原屬中國，而該使置若罔聞，居之不疑，是其處心積慮不使琉人内附，琉人近日更畏之如虎，即使從此不貢不封，亦無關於國家之輕重，原可以大度包之。惟中、東立約第一條，首以兩國所屬邦土不可稍有侵越，琉球地處偏隅，尚屬可有可無，設得步進步，援例而及朝鮮，我豈終能默爾耶？與其日後言之而毫無補救，似不若及今言之或稍止侵凌。該國執政大久保昨因變更朝政被刺，正岩倉等怵惕危厲之時，星使乘機進言，冀可略知顧忌。若言之不聽，再由子峨援公法商會各國公使，申明大義，各使雖未必助我以抑日本，而日人必慮各國生心，不至滅琉國而占其地，似較不言爲少愈耳。閩中既恐波及，擬請鈞處密致子峨，即據球使告述各節以相詰問，暫不必提明閩咨，亦不遽云出自貴署之意，庶幾能發能收。森有禮甫經回國，其於鈞處似有芥蒂，若一著迹，更難轉埸，是否可行，伏乞裁奪。專肅密復，祗叩中堂、王爺大人鈞祺。李鴻章謹上。直字一百八十九號。

再，奉五月初一日密函，謹聆一是。荒旱之餘，人心浮動，謡言自不能免。近畿連得大雨，流民多已歸耕，只老弱婦孺尚有寄食各處粥廠者，大致甚屬平静，諒不至有意外之警，可紓蓋廑。專泐密復，祗頌鈞祺。鴻章又上。

復總署　議請美國前總統調處琉球事光緒五年四月二十四日

敬密復者：四月十四、二十一日連奉四月十二、二十等五百二十一、二十四號鈞函抄件，敬悉琉球近事煞費藎籌，美前首領格蘭忒到京後，蒙王爺面屬調停，伊欣然允諾，具征德意感孚，曷任欽佩。先是格前首領到津，匆匆宴會，無暇論及公事，但於接見美副領事畢德格商及，欲請格君到東洋時調處球事。據畢德格云格君擬由京回津，再與細談。十七日，畢德格送格君至通州返棹來謁，云途中密詢首領願爲調處球事，且首領尚欲向敝處議商金山華工，如兩事議成，洵於大局有裨。當詰以金山華工如何辦法，畢謂美國外部與西公使皆堅請中國改約，我想改約恐辦不到，但能由中國設法暫令華人勿往金山，三五年後再看情形定奪。比告以且俟前首領回津再説。四月二十三日丑刻，許道接護格前首領至津，并賫有尊處寄交琉球志一册。鴻章即於是日巳時答拜格前首領，閑談半晌。該前首領訂於下午四點鐘來署，有要話密商，因屏人與論球事兩點鐘之久，末復詢及金山華工，答以此事應由鈞署主政。謹將問答節略鈔呈電覽。竊揣格前首領語意，其於球事甚相關切，尚無推諉，日本能否聽從，固未可知。想伊到東，必可從旁關説。畢德格謂，已請德領事隨去，有前首領與日本美加多及執政大臣議商，有德領事與平安公使向其外務省議商，誠如鈞諭，會逢其適，或一轉圜之機耶。頃適接何子峨四月初七日來信，擬有數條辦法，内有專請美國調處一條，正與鈞旨及鄙意相合，據云已上陳尊處，不另録呈。格前首領定於二十六日由津起程，乘兵船徑赴東洋，約七日可抵長崎。鴻章擬復子峨書，并密鈔此次與格前首領會議節略，交德領事帶去，期更妥速。格君允至東洋議有端緒，再復知敝處也。本日巳刻，畢德格復來署密談，以格君幫助球事意頗誠懇，惜金山華工一節，敝處未允變通辦法，似有觖望，且謂西華此來必欲改約，又私議前首領不必幫助球事。鴻章復屬其密告格君，如能將球事議妥，華工總好商量，將來或另立專條，仿照古巴、秘魯辦法，總署未必不允。球事關係較重，既欲外人盡力，似不妨略予通融，卓見以爲何如。赫德謂球事不允，日本就要有事臺灣，後患固在意中。臺防現稍有備，雨生奉旨後自當力疾籌畫。聞其脚腫未瘳，秋初甫能就道，亦尚未得其來信，合併附陳。專肅密布，敬頌中堂、王爺大人鈞祺。李鴻章謹上。直字二百零三號。

附　與美前總統晤談節略 光緒五年四月二十三日

四月二十三日下午四點鐘，美前首領格蘭忒帶同楊副將、斐參將、畢副領事來署。寒暄畢，格云在京師見恭親王二次，人極謙和，第二次晤談甚久，并談及日本琉球之事。答云我正想與貴前首領談此事，格云恭親王亦屬我過天津向李中堂細商，究竟琉球從何時起與中國相通。答云自前明洪武年間臣服中國，至今已五百餘年。格云現在廢琉球之事從何而起。答云日本於前數年派員至琉球那霸港駐紮，偵探琉事，阻其入貢中國。迨後琉王派官赴日本外務省，求仍進貢中國，日本未允。去歲琉官復至日本，訴其事於法、美等公使。美公使平安答以此事須知照本國國會議奪，平安旋即回美。日本主怒琉官多事，今春遂派兵四百名入中山，擄其世子、大臣至東京。琉王乞假八十日養疾，未行，日本遂改琉國爲冲繩縣，設立縣官，改琉王宮爲縣署。格云琉球未貢中國計有幾年。答以五年。格云中國是否意在争貢。答以貢之有無無足計較，惟琉王向來受封中國，今日本無故廢滅之，違背公法，實爲各國所無之事。總署大臣向宍户辯論，宍户云我係修好而來，不能預聞此事。中國何公使嚮日本外務省辨理，外務省云此係内務，外務省不問。格云琉球用中國文字否。答以能用中國字讀中國書，明初曾以閩人三十六姓賜之。格云琉王是三十六姓中人否。答以琉王尚姓，不在三十六姓之中。因又告以我有好幾層道理要奉告：第一層，琉球向來臣事中國，又與美國立有通商章程，今日本如此辦法，固於中國萬下不去，即美國亦不好看，譬如歐洲比利時、丹馬等小國與各國立有約章，無論何國斷不能舉而廢之。第二層，美國與中國通商，必須由太平洋過横濱至上海，今日本如此强横無理，難保不到失和地步，一經失和開兵，則横濱等口美商船隻斷難順行，是日本滅琉球，不但與中國啓釁，直將攪亂華、美通商大局。第三層，貴前首領聲名洋溢，中西各邦人人欽仰，此次游歷中、東，適遇此事，若能從旁妥協調處，免致開釁，不但中國感佩，天下萬國聞之，必皆稱道高義，否則或疑貴前首領意存觀望，未免聲名稍減。格云所言均是正理，我最怕各國失和動兵，如善言調停息事，大家皆有益處。答云我聞日本廢滅琉球大都出自薩摩島人主意，國主美加多頗爲所制。聞東京等處輿論亦頗有以廢琉球爲不然者，誠得貴首領至日本力持公論，則美加多倚重首領聲名，當可壓服薩摩島人。格云我甚願秉公持議，如日本國主爲薩人所制，我可爲伊漲膽子。又告以頃接中國駐日何公使函，云美國平安大臣已回日本，據稱美國國會謂，若中國邀請，美國理應幫助。此次貴前首領至日本，所以我切托相助，我一面即函致何公使，屬其俟貴前首領到時謁商。格云此事我總須到日本詢明平安，詳查案卷，再行置論。答云平安公使倘謂日已滅球，言之無益，貴前首領即置之不論乎。格云平安未必出此，且平安係我爲首領時選其出使，實一公正極有名之大臣，現爲駐日美使，琉事分所當問。設竟不然，我必自嚮日本美加多及大臣詢商。畢德格從旁云領事德呢同去，赴日本相助平安。當又告以中、美條約第一款，若他國有何不公輕藐之事，一經知照，必須相助，從中善爲調處等因。今琉球之事，日本實係輕藐不公否。格將洋文詳讀一過，楊副將從旁提解。格云實係輕藐不公，美國調處亦與約意相合。又指示中國、日本修好條規第一款，兩國所屬邦土各以禮相待，不可稍有侵越，俾獲安全等因。格又將洋文細讀，畢副領事云可惜立約時未將朝鮮、琉球等屬國提明。當告以邦者，屬國也；土者，內地也，即是此意。畢復譯洋言以告。格云琉球自爲一國，日本乃欲吞滅以自廣。中國所争者土地，不專爲朝貢，此甚有理，將來能另立專條才好。答云貴首領所見極大，拜托，拜托。格云琉事大端不過如此，可再談金山華工之事。問以華工事如何辦法。格云華工到金山，於美國開荒甚屬得力，惟有西洋各國外來之人，見華人工資甚賤又耐勞苦，於是工作漸爲華人所奪，致生妒忌，遂不相容，現在美國朝議亦不從外來人之言。答曰如此辦理甚好。格云從前華人往美國，多係自備資斧，好人尚多。現因金山之六大會館代出水脚，令華人前往，是以至者日多，皆極窮苦之人，以致土人視爲猪孜、黑奴一般，亦不甚願。答云金山六會館并未聞有代華人出水脚之事，凡願往者仍係自備資斧。格云西公使新從本國來，深悉情形，願將此事改章辦理。答云可與總理衙門妥商，我亦可先將尊意轉致。兩國和好只求於事有濟，諒無不可商量。格前首領因天色已晚，六點半鐘起去。

復何子峨 光緒五年四月二十五日

子峨仁弟館丈閣下：連接閏月間及四月初七日數次惠函，具聆一是。松田到球，一切舉動肆行無忌。外務復文竟稱我琉球藩、我内政，若與中國無干，非僅意存延宕，觀其事事不留餘地，將來鴟張狼顧，得步進步，自在意中。此次球事全係薩人主持，彼國上下多不謂然，必待我堅與相持，或其異議諸臣可出而定策，通商諸國可出而排解。宍户與總署議論，亦一味推卸，權力有限固係實情，然適有此事即奉使命，豈得謂毫無秉承。尊議所擬各條，如揀職分較崇之大臣專爲球案頒發國書，徑與其國主理論，較爲得勁。惟必須預定撤使罷市之一著，乃可以放手爲之，否則收手不易，大員中又鮮能當此任者，或恐未必能行。邀請美國互助一層，有約可援，自係題中正義。適美前首領格蘭忒過津，入都遊歷，聞其聲望爲歐美各洲所欽服，日人供張延請，十分敬重。與之接談數次，誠篤老練，似可從中調處，因即密致總署於會晤時殷殷屬托。格君出京時敝處又告以原委，諄請調停。格君與鄙人氣誼相投，意甚親厚，慨然應允。適彼因金山華人過多，欲求中國妥爲設法，復密許通融，以堅其志。兹格君前赴日本，又商令駐津美領事德呢隨往，會商平安大臣。格君并無推諉國會之意，蓋其在位八年，主持大計，回國後國人仍必推戴復任，若果能持公論，或不待行文美國國會。瀕行時以執事在東孤立無助，屬其推誠照應提挈，望即謁晤，密商一切；或將此案本末緣起摘要譯呈，并密屬在東京之琉球世子官員等乘間稟求，伊必召令進見。仍祈與平安公使加意聯絡，妥商辦理。惟格前首領雖雅意相助，究係局外之人，日本君臣能否聽從尚不可知，將來如何收場，想長才藎畫，操縱進止，必有權衡，總署亦必有裁示也。副島種臣出任師傅，素有肝膽，如能彌縫匡救，或亦轉圜之一助。副島素性剛明，雖勸駕促行，似尚未可輕動，盡力争執則不可少。附鈔致總署函稿一件，美前首領與敝處問答節略一件，總署與美前首領、宍户公使問答節略一件，希即察核。此函交德領事帶上較速。德君人甚篤厚，可爲穿針引綫，幸留意焉。專泐密復，敬頌勛祺。不具。館愚兄。

復總署　論商改俄約兼論球案光緒六年七月二十三日

敬密復者：連接七月初七、二十一日直字六百一、二號鈞函抄件，謹聆一是。赦崇出獄，劼剛接電報後商辦情形若何，實深懸念。昨有美國水師總兵蕭佛爾特派赴朝鮮議約者久泊長崎，因我理事官余瓓介紹來見。據稱在長崎常與俄水師提督會面，稔知俄國除原有東海水師外，調來兵船共十五隻，内鐵甲二隻、快船十三隻，均甚得力。已在長崎訂購煤，價五十萬元，運至琿春等處，實係豫備戰事。其新派前任海部尚書、水師提督名來沙弗斯基早經載途，目下可到。當告以崇罪已免，僅商改條約一事，似乎不致動兵。該總兵謂俄人之意以頭等公使議定之約不應更改，若專派人來京，勢將用兵要挾，否則如此預備已費巨款，俄必不肯中止；若不圖中華，恐遂吞併高麗等語。該總兵又由津回長崎矣。赫德二十日在鈞署所陳各節，與美總兵密告大略相同。竊慮劼剛商及改約，駁議太多，俄必艴然變計，另派專使來京，彼時更難了局。可否於電致劼剛時，將前議改約各條略參活筆，緣所奉寄諭廷議有未能一一遵從，與其事急而仍照原約，不若事先而稍與通融，俾得相機轉圜，免開兵釁，斯大局之幸也。探聞烟臺到有俄國兵船二隻，一大一小，大者名亞細亞，旋有開往大連灣之説。敝處前派許道等會同英弁往察各島形勢，曾於六月十五日函内陳明。因只蚊船四隻，力量太單，早經撤回大沽炮臺之旁。目前大連灣一帶并無隊伍駐紮，將來俄船大隊若赴北洋，難保不在大連灣駐泊，我既無可以出洋制勝之船，僅能扼守口岸，未遑阻擾洋面，定蒙鑒及。至禧在明所稱烟臺調兵八千人，周福陔來函，本擬調軍屯守，尚未到防，似無八千人之多，亦斷無自我開釁之事，當再緘屬福陔加意防範。日本宍使所遞球事節略，與竹添進一前議相符，誠如尊諭，只可相機酌辦。查竹添三月十一日函内詳言琉球北部諸島久經割隸日本，玆其所并者乃中、南二部，若議將南部宫古、八重山二島改屬中國，已居琉球全部之半。其書曾抄呈台覽，諒非杜撰。此事中國原非因以爲利，如準所請，似應由中國仍將南部交還球王駐守，借存宗祀，庶兩國體面稍得保全。至酌加條約，允俟來年修改時再議。倘能就此定論作小結束，或不於俄人外再樹一敵。是否有當，尚祈卓裁。再，迭閱日本新報及何子峨來信，長崎售俄船煤，價五十萬元。美總兵謂俄、日交情甚密，現中國尚未與俄人失和，原可彼此通商，將來俄若啓釁，日本應居局外，照公法約章不應接濟俄船煤、米。望與宍户談次，略示以意，俾免事後追咎，有傷睦誼。巴西議約，往復辨論將及兩月，大致業經就緒，除招工一節不提外，尚有酌照西國通例改定防弊之處，月初當可畫押，容再抄呈。專肅密復，敬叩中堂、王爺、大人鈞祺。李鴻章謹上。直字二百五十八號。

復總署　請球案緩結光緒六年九月十六日

敬密復者：昨奉九月十二日直字六百十二號鈞函，抄示初一日以後與劼剛來往電信五件，并照會俄使稿，謹已聆悉。宍户議論球案僅能歸我南島，仍許彼加約二條。詢以球王及子嗣，堅稱不能交出，乃謂球王宗族避尚姓爲向姓，向之人各處皆有云云，似明指在津之向德宏而言。此外未聞有向姓，亦無如德宏名位者，屬即設法詢問。查向德宏自去秋踵門求救，泣涕出血，以後鴻章即妥爲安置署西大王廟内，伊屢來乞援，愧無以應，令人勸其回球或赴他處，亦苦守不動。聞資斧告匱，日食不繼，量加濟助而未忍數數接見之也。其忠貞堅忍之操，視申包胥殆有過焉。頃屬津海關鄭道從旁以己意傳詢，一切筆談問答具載十四、十五日另摺，又自繪草圖一紙，恭呈鑒閲。向德宏確係球王族屬至戚，前爲紫巾官亦甚顯，明白事體，忠義有守，可謂賢矣；若圖另立，無逾此者。然所稱八重、宫古二島，土産貧瘠，無能自立；尤以割南島另立監國，斷斷不能遵行。竟又伏地大哭不起，仁賢可敬而孤忠亦可憫。尊處如尚未與宍户定議此事，似以宕緩爲宜。言者雖請速結球案，究未深悉其中曲摺。即使俄人開釁，似無須借助日本。而日本畏忌俄人最深，其隱衷亦難與合從。中國之力實不敵俄，寧可屈志於俄，亦何必計及日本之有無扛幫耶？若照現議，球王不復，無論另立某某，南島枯瘠，不足自存，不數年必仍歸日本耳。若由中國另行設官置防，徒增後累，而以内地通商均沾之實惠，易一甌脱無用之荒島，於義奚取，既承下問，敢貢其愚，伏惟裁擇。應否令向德宏赴京備詢之處，仍俟後命。專肅密復，敬叩中堂、王爺大人鈞祺。李鴻章謹上。直字二百六十八號。計抄摺二件，圖一紙。

總督銜原任福建巡撫丁公行狀

〔清〕李文田 撰

校點説明

《總督銜原任福建巡撫丁公行狀》，清李文田撰。

李文田（一八三四—一八九五），字仲約，號芍農，廣東順德人。咸豐九年（一八五九）進士，授編修，官至禮部左侍郎。著有《宗伯詩文集》等。

傳主丁日昌（一八二三—一八八二），字雨生，廣東豐順人。歷任常州知府、蘇松太道、江蘇布政使、江蘇巡撫。著有《撫吴公牘》等。此節録文中丁日昌晚年所上奏章語，對時政提出己見，其言越南事，以方失之琉球作譬，可見琉球被日所占於中國朝内外大臣震動之大。

文輯自上海古籍出版社影印《碑傳集三集》卷十四。

（李夢生）

總督銜原任福建巡撫丁公行狀

公當家居時，曾密陳日本不南犯臺灣，必北圖高麗，宜爲未雨綢繆。俄羅斯雄視東方，倘造成由西而東之輪路，則東三省有脣亡齒寒之患。法國常派地學者由緬至川，測量險要，其志可知。且越南迫近法人，宜代商自强事宜，並聯絡外交，以爲憑藉，若延至一二年後，誠恐爲琉球之續。

重纂福建通志

〔清〕陳壽祺等 纂

校點説明

《重纂福建通志》，二百七十八卷，陳壽祺於道光年間始纂，高澍然、魏敬中等增削，於同治七年（一八六八）付梓。陳壽祺（一七七一——一八三四），字恭甫，號左海，閩縣（今福州）人，嘉慶進士，官翰林院編修。

全書共分三十三門，資料翔實，考證精審。「雜録」門「外島」有琉球相關記載。「宋元外島」中「元」後按語中引《元史·外國列傳》，記載元代時福建平章政事赴琉球擒生口一事，且琉球不入貢。「明外島」中，簡要介紹琉球的地理方位、國王世系、歷史沿革以及明代中琉歷年册封與朝貢關係。「國朝外島」介紹貢道由福建的三國貢期、使團規模規定、接待流程，其中有琉球，按語引《大清會典》規定琉球貢期二年一貢。并在「琉球國」部分詳細叙述清代與琉球歷年的册封朝貢情況。每當國王嗣位，琉球遣使請命，由清朝派使臣前往册封。琉球派遣子弟入國子監學習，定期向清政府進貢，遇册封或欽賜匾額以及入監官生學成歸國，還進謝恩貢。清政府則對琉球國王、貢使、官伴員役進行賞賜。在這個過程中有個獨特的歷史現象：自雍正朝開始，堅持以琉球國的謝恩貢充抵下次正貢，而琉球國王仍如期進貢。清朝中琉交往過程中，這種現象循環往復。琉球頻繁來貢是對中國的誠意和恭順，其最主要原因是爲朝貢貿易，這從「琉球國」後所附的《琉球國奏買湖絲摺子》中也可看出。「琉球國」後還附有關於琉球社會方面的記載，包括形貌冠服、風俗民情、官制禮儀、賦法、建築、貨幣等，與《閩書》等記載相類。同時還記載康熙朝琉球建立大成廟祭祀孔子，建立明倫堂設學宫講解中國文化，可見儒家思想和中國文化在琉球的傳播。附後按語中還介紹了明清兩代福建所設接待琉球使臣的館驛之變遷。

本書輯録自鳳凰出版社等編《中國地方志集成》影印同治刊本卷二百六十九。

（秦　潔）

重纂福建通志

雜録・外島

元

至大元年太尉託克託奏泉州大商哈濟特濟格進異木沈檀可構宮室者，敕江浙行省驛致之。是月，泉州大商瑪哈丹達爾進珍異及寶帶，西域馬。按：《元史・外國列傳》：「至大二十九年，詔福建行省會江西、湖廣二省兵，由泉州進發征爪哇。三十年，得其國主降表以還。元貞三年，福建省平章政事高興遣省都鎮撫張浩、福州新軍萬户張進趨琉球國，擒生口以還。而二國俱未聞入貢。又三嶼國，近琉球，至元三十年命選人招誘之，亦不果。」

明

洪武初分遣使臣奉詔往諭諸番以平定四海之意，多隨使來朝貢者。永樂初數有事於西洋，遣中使以舟師三萬齎金帛諭賜之，隨使朝貢者十有六。今據《會典》，凡東南夷入貢道由福建者備載於篇。《八閩通志》：進貢廠在福州府城東南河口，洪武初建，凡番國貢獻方物皆貯於此，然後轉以上進。懷遠驛在進貢廠之南，亦洪武初建，爲使臣館寓之所。

琉球，在大海中，直福州正東，風利可七晝夜至。始名「流虬」，以其地在萬濤中，如浮虬然，故名。

《唐書・地理志》：「自泉州至東海，行二日至高華嶼，又一日至鼅鼊嶼，又一日至琉球國。」《元史》曰：瑠求，明永樂中改爲琉球。有三十六島，水程南北三千里，東西六百里。分爲三王：曰中山，曰山南，曰山北。中山爲中頭省，屬府十六；山南爲島窟省，屬府十二；山北爲國頭省，屬府九。府名「間切」，所屬皆稱「村頭」。國中有五嶽：辨嶽在中山，八頭嶽在山南，佳楚嶽、名護嶽、恩納嶽在山北。皆以尚爲姓，而中山最强。自古未通中國。《中山世鑑》云：「琉球始祖爲天孫氏。初有一男一女生於大荒，自成夫婦，曰阿摩、美久。生三男二女。長男天孫氏，爲國主始；二男爲諸侯始；三男爲百姓始。長女曰君君，二女曰祝祝，一爲國之天神，一爲海神。天孫氏傳二十五代，衆推舜天爲王，自舜天八傳至察度。」洪武五年，遣行人楊載齎詔至中山，中山王察度遣弟泰期入朝貢方物。十一年山南王承宗、十五年山北王怕尼芝相繼入貢。二十五年，中山貢使以其王從子及（塞）〔寨〕官子偕來，請肄業國學，從之。二十九年，中山遣使請賜冠帶，詔給賜。又嘉其修職勤，賜閩中舟工三十六户，以便貢使往來。張學禮《使録》云：「賜三十六姓以教化三十六島，後多讀書國學及充歷年貢使。今諸姓凋謝，僅存蔡、鄭、梁、金、林五姓。萬曆三十四年，續賜毛、阮二姓。皆住於久米村。」後山南、山北皆爲中山所併。自察度三傳至尚巴志，永樂二十年嗣位，二十一年遣使請封，賜詔慰諭。洪熙元年，册封中山巴志爲中山王。終明之世，歷十二傳，正統八年，封尚忠。十三年，封尚思達。景泰三年，封尚金福。七年，封尚泰久。天順七年，封尚德。成化八年，封尚圓。十五年，封尚真。嘉靖十二年，封尚清。四十年，封尚元。萬曆七年，封尚永。三十四年，封尚寧。崇禎六年，封尚豐。修貢不絶。後兩京繼没，唐王立於福建，猶遣使奉貢。貢物：馬、刀、金銀酒海、金銀粉匣、瑪瑙、象牙、螺殼、海巴、擢子扇、泥金扇、生紅銅錫、生熟夏布、牛皮、降香、木香、束香、丁香、檀香、黄熟香、蘇木、烏木、胡椒、硫黄、磨刀石。

國朝

外夷入貢，道由福建者，凡三國。謹按：《大清會典》：順治八年，議准琉球貢道由福建。康熙二十四年，覆准荷蘭貢道改由福建。雍正四年，議准蘇禄貢道由福建入。每届入貢之期，謹按：《大清會典》：順治十一年，定琉球貢期二年一次。康熙二十五年，覆准荷蘭國入貢原定貢期八年一次。乾隆五年，令蘇禄國仍遵雍正五年敕諭酌俟五年之外一修歲獻，今從該國王更請定期改爲五年一次。先由福建督撫代題，部議准後，知照該督撫，行知該國王，令其入貢。貢使所帶員役，皆有額限。琉球，正副使各一人，以其國王舅或耳目官及正議大夫、紫金大夫充。凡貢船至閩，該督撫分爲三等：應摘回者，先行歸國；應存留者，留閩以待；齎貢入京者，正副使以下都通事、使者、從人等，不得過二十人。蘇禄正副使各一人，通事一名，從人無定額。荷蘭貢使員役不得過百人，其來有正使副使或專以正使一員，其次爲彝目官、爲稟書記各一員，其下爲從人。凡入京者不得過二十名。既達閩境，由督撫填給勘合，於本省同知、通判委擇一員伴送入京。應用武弁者，添派守備一員，以資沿途彈壓。經過各省，俱豫派幹員護送趲行，按省更替。回國之日，仍由本省原伴送官護送，兵部换給勘合。經過各省，仍遴委幹員更替護送。各將貢使出境日期題明報部。留邊人役，地方官照例給以口糧。貢使回時，同送出境。

琉球國，明崇禎十四年，中山王尚豐卒，子尚賢嗣位，遣使臣金應元入貢，請襲封。道阻未歸，留閩中。恭遇本朝定鼎，順治三年歲丙戌，王師入閩，福州通事謝必振率應元至貝勒王軍前投誠，隨至江寧府投經略洪承疇，轉送入京。乃以通事謝必振爲琉球國招撫使，往諭。六年，中山王尚賢卒，弟尚質稱世子，遣本國通事周國盛齎表隨謝必振入朝請封。禮部言：「前明敕印未繳，不便授封。」十七年，世子遣王舅馬宗毅、正議大夫蔡祚隆等貢方物，隨繳前明敕印。朝命兵部愛惜喇庫哈番張學禮爲正使，行人司行人王垓副之，賜詔書一道、鍍金銀印一顆，令二年一貢，進貢人數不得過一百五十人。續因海氛未靖，張學禮等留閩，四載未行，復回京待命。至康熙二年，仍遣張學禮、王垓奉詔敕至其國，詔仍順治十一年所頒，敕則康熙元年也。詔曰：「帝王祇德應治，協於上下，靈承於天時，則薄海通道，罔不率俾爲藩屏臣。朕懋纘鴻緒，奄有中夏，聲教所綏，無間遐邇，雖炎方荒略，亦不忍遺。故遣使招徠，欲俾仁風暨於海澨。爾琉球國越在南徼，世子尚質達時識勢，祇奉明綸，即令王舅馬宗毅等稟正朔，獻方物，抒誠進表，上舊詔敕印，朕甚嘉之。故特遣正使兵部副理事官張學禮、行人司行人王垓齎奉詔印，封爾爲琉球國中山王，加賜文幣等物。爾國官僚及爾氓庶，尚輔乃王，飭乃侯度，攄乃忠藎，守乃真誠，慎乂厥職，以凝休祉，綿於奕世。故茲詔示，咸使聞知。」又賜王印一、緞幣三十、妃緞幣二十。五年，遣使入貢。奉旨：「琉球國所進瑪瑙、烏木、降香、木香、象牙、錫、束香、丁香、檀香、黄熟香等十件俱非本國土産，免其入貢。其硫黄，著留福建督撫收貯。其餘方物，令督撫差人解送。來使不必齎送來京，即給賞遣回。」七年，尚質卒，世子尚貞攝國事，按期入貢。十九年，奉旨：「琉球國進貢方物，以後止令貢硫黄、海螺殼、紅銅，其餘不必進貢。」二十年，遣使入貢。聖祖仁皇帝以貞恪恭藩職，耿精忠變亂之際，屢獻方物，恭順可嘉，賜敕褒諭，又賜綵緞五十，又於常貢内免其貢馬，著爲例。二十一年，世子遣耳目官毛見龍、正議大夫梁邦翰具通國臣民結狀上言請封。朝命翰林院檢討汪楫爲正使，内閣中書舍人林麟焻副之，奉詔敕封世子尚貞爲琉球國中山王，賜御書「中山世土」四大字，又諭祭故王尚質，賜卹銀一百兩、闊絹五十疋。册封詔曰：「朕躬膺天眷，統御萬邦。聲教覃敷，遐邇率俾。越在荒服，悉沛仁恩。奕葉承祧，並加寵錫。爾琉球國地居炎徼，職列藩封。中山王世子尚貞屢使來朝，貢獻不懈。當閩疆反側，海寇陸梁之際，篤守臣節，恭順彌昭，克殫忠誠，深可嘉尚。兹以序當纘服，奏請嗣封。朕惟繼世爲國家之常經，爵命乃朝廷之鉅典，特遣正使翰林院檢討汪楫、副使内閣中書舍人加一級林麟焻，齎詔往封爲琉球國中山王。爾國臣僚以及士庶，尚輔乃王，慎修德政，益勵悃誠，翼戴天家，慶延宗祀，實惟爾海邦無疆之休。故兹詔示，咸使聞知。」二十二年冬，王遣法司王舅毛國珍、紫金大夫王明佐等謝封。附奏遠人向化，請賜入監讀書，奉旨准令就學。二十五年，王遣官生梁成楫、蔡文溥、阮維新、鄭秉鈞四人附貢使舟來入太學，奉旨照都通事例，日給廩餼，春秋給裘葛、靴帽，從人皆有賜賚。又月給紙筆、墨、硃銀一兩五錢，特設教習一人，博士一員督課之。三十年，貢使耳目官温允傑等朝京，並請官生歸國，賜宴，各給賞雲緞、綢布等物。四十八年，尚貞薨，世子尚純先卒，世孫尚益嗣。未及請封，又卒。五十二年，世曾孫尚敬嗣。五十六年，尚敬遣耳目官夏執中、正議大夫蔡温入貢，且告曾祖尚貞與其父尚益之喪，疏請襲封。疏云：「琉球國中山王世曾孫尚敬謹奏，爲請封襲爵，以效愚忠，以昭盛典事。臣曾祖尚貞，於康熙四十八年七月十三日薨逝。臣祖尚純爲世子，時早已棄世。

臣父尚益未及請封，已於康熙五十一年七月十一日薨逝。念臣小子，曾孫承祧。然侯服有度，不敢僭稱，王業永存，循例請襲。俾臣拜綸音於海島，砥柱中流；膺誥命於波區，雄藩外甸。謹遣陪臣耳目官夏執中、正議大夫蔡温等虔齎奏請，伏望聖恩體循臣曾祖事例，乞差天使，襲封王爵。上光寵渥之盛典，下效忠順之微忱。庶藩業得以代代相傳，頂祝皇恩世世不朽矣。」五十七年六月，命翰林院檢討海寶、編修徐葆光充正副使，齎詔敕册封尚敬爲琉球國中山王。詔書與封尚貞同。敕云：「皇帝敕諭琉球國中山王世子曾孫尚敬：惟爾遠處海隅，虔修職貢。屬在冢嗣，序應承祧。以朝命未膺，罔敢專擅。恪遵典制，奉表請封。朕念爾世守臣節，忠順可嘉，特遣正使翰林院檢討海寶、副使翰林院編修徐葆光，齎敕封爾爲琉球國中山王，并賜爾及妃文幣等物。爾尚祗承寵眷，懋紹先猷。輯和臣民，慎固封守。用安宗社於苞桑，永作天家之屏翰。欽哉！毋替朕命。故諭。」五十九年二月，海寶自琉球還，國王附奏請官生入監讀書。是年冬，王遣王舅向龍翼、紫金大夫程順則入貢金鶴、盔甲、馬鞍等物，并謝封。雍正元年冬，王遣王舅翁國柱、正議大夫曾歷等齎表恭進聖祖仁皇帝御前香燭祭品，並慶賀皇上登極大慶。二年十二月初三日，奉特旨，令傳譯引禮通事謝道武帶領琉球王舅翁國柱召見乾清宮慰問，遂賜琉球國王御書「輯瑞球陽」四大字扁額，玉器、玻璃、法瑯、磁器、端硯、緞疋等物，加賜王舅翁國柱、傳譯通事謝道武鈔、緞有差。其附舟入監官生鄭秉哲、鄭謙、蔡宏訓等蔡宏訓在通州病故，奉旨給修理墳墓銀三百兩，營葬張家灣。奉旨，令國子監臣遴選學行優長者一人教習文字，月給廩餼、紙筆、墨、硃，按季給與袍褂等物，其從人各賜衣服布疋。四年，王遣紫巾官向得功、正議大夫鄭士絢等齎表入貢金鶴、嵌螺龍椀、嵌螺龍盤、蕉布、綵畫圍屏、圍屏紙、護壽紙、扇，恭謝天恩。奉旨：「琉球國王因朕頒賜御書扁額、玉器、綵緞等件，特遣使臣進表謝恩，貢獻禮儀。朕加惠遠藩，不欲收其貢物，但既航海遠來，不忍令其帶回本國。查歷來朝鮮國王進獻禮物，若不收受，有交送内務府存留，准作年貢之例。今琉球國王所進禮物，即照此例存留，准作二年一次正貢，以示朕體邺遠人之至意。」十一月初三日，奉旨召見琉球國紫巾官向得功於乾清宫，賜琉球國王尚敬内緞二十疋、玉方鼎一件、玉夔龍水注一件、漢玉方壺一件、玉五老壽杯一件、玉異獸花插一件、玉荷葉盤一件、玉龍鳳方盒一件、玉螭虎雙壽椀一件、玉雲喜巵一件、玉磬一件、藍白玻璃椀十件、磁器碗一百五十件、法瑯鑪瓶盒一副、緑端硯二方，又賜紫巾官向得功鈔、緞。又照雍正二年加賞之例，賜該國王錦緞、紗羅八十疋。又奉敕内閣撰文，付來使齎回。又奉旨：「琉球遠隔海洋，該國王收受賜物不必專遣使臣進表謝恩，著於正貢之年一同奏謝。將此諭該國王知之。」是時，向得功在京未歸。四年，貢使耳目官毛汝龍、正議大夫鄭廷極等已齎表文方物來閩。禮臣議以該國所進雍正四年正貢方物，准作六年正貢，其六年應進表文，俟八年正貢時一並恭進。是時，在監肄業官生鄭秉哲等投牒國子監請歸，監臣轉咨禮部具題請依康熙三十年，琉球國入監之官生梁成楫等歸國事例，每人另加賞内緞二疋、裏二疋，從人等加賞官緞各一疋。令隨貢使毛汝龍等返國。六年，國王遣耳目官毛鴻基、正議大夫鄭秉彝等按期入貢。福建巡撫劉世明奏言，外國誠敬，雖難固卻，但未合例，不敢冒昧遣送來京。奉旨：「琉球歷年恪守臣節，不失貢期，而地處重洋之外，使臣遠涉風濤，深可軫念，是以令其以四年進貢方物，准作六年進貢，其六年應進表文，俟八年正貢，一并恭進。所以寬其朝貢之期，與海邦休息之意也。今該國王以未接部文，仍按期遣使航海而來，實因未知朕之明旨，並非有違成例也。且其船隻已經進港，行李已安頓館驛，寧可以不合例而卻之，使遠島旅臣空往返於洪濤巨浪中者乎？著照例准其入貢，該督撫委員伴送來京，一應廩餼舟楫，從厚辦給，以示朕綏懷遠人之至意。」毛鴻基等至京，奉旨於太和殿召見，賜茶、賜坐，特恩加賞該國王內緞二十疋、玉方花觚一件、玉靈芝插一件、玉雙喜瓶一副、玉獅子壺一件、玉六角壺一件、玉喜壽杯一件、玉螭虎杯一件、玉碗一件、玉花澆一件、玉花插一件、玻璃碗八件、精式磁器一百四十二件、法瑯罏瓶盒一副、玉硯一方、緑端硯一方。又賞貢使毛鴻基鈔、緞。禮臣委員伴送至閩，遣發歸國。八年，國王尚敬復遣王舅向克濟、正議大夫蔡文河等恭進八年分貢典方物，另疏陳情具奏不敢不貢者五事，請仍按期納貢，以完臣節，兼爲官生鄭秉哲等返國，宣布聖朝教化，俾本國愚蒙大啓，法度昭明，踴躍皇恩，於常貢外，恭進嫩熟蕉布一百疋、圍屏紙五千張，順附貢使具疏陳謝。十年，貢使温思明、鄭儀等復齎捧貢物抵閩。巡撫趙國麟具疏請旨，部議：「該國王納貢輸誠，情詞懇切，應准其來使赴京進貢。將進到禮物遵旨存留，准作雍正十二年正貢。其應進表文，仍令照例遣使赴京恭進。」奉旨俞允。乾隆十六年正月，尚敬薨。次年，世子尚穆遣正議大夫馬國貞來告喪。十九年，服闋，請襲封。二十一年六月，命翰林院侍講全魁、中允周煌充正副使，齎詔敕册封尚穆爲琉球國中山王，並頒賜前十三年福建巡撫奏請改鑄琉球國王清篆印一顆，又賜王文幣三十、王妃文幣二十。二十二年，使臣全魁等還，王遣法司馬宣哲、正議大夫鄭秉哲恭進謝表，貢金鶴、銀鶴等物。二十三年冬，仍遣使來貢。先是正副使全魁等復命，奏稱國王尚穆懇准陪臣子弟入監讀書，經禮臣行知，至是官生梁允治、蔡世昌、鄭孝德、金型等四人附貢舶來閩，二十四年進京。二十七年，遣使來修壬午貢典，仍補進庚辰表文，乞請入監官生歸國。二十八年，遣官生蔡世昌、鄭孝德等歸。時官生梁允治、金型俱故，循例各給銀三百兩，令有司營葬，餘二百兩附歸恤其家。嘉慶初，尚穆薨，世孫尚温嗣。四年，遣耳目官向國垣、正議大夫曾模貢方物，兼請襲封。五年，命翰林院修撰趙文楷、内閣中書李鼎元充册封正副使，並諭祭故王尚穆。冬，尚温遣法司王舅毛國棟、紫金大夫鄭得功齎表謝封。表稱：「竊敝國彈丸小國，僻處海隅。荷沐皇上鴻慈，允臣嗣封。嘉慶五年，欽差正使翰林院修撰趙文楷、副使内閣中書李鼎元等持節齎捧詔敕、御書、幣帛，於本年五月十二日按臨敝國。臣温即率百官臣庶，於迎恩亭恭請皇上聖躬萬安，奉詔敕、御書安於天使館。擇吉於六月初八日，先蒙諭祭臣祖王臣尚穆；隨於七月二十五日，荷蒙宣讀詔敕，封臣温爲中山王，欽賜蟒緞等項，並賜妃綵緞等物。臣温率領百官拜舞叩頭謝恩外，隨請於天使懇留詔敕爲傳國之寶。蒙天使查驗前封卷軸，依聽許留，付臣一併珍藏。復蒙頒賜御書匾額『海表恭藩』，臣温恭設香案拜受。切惟聖朝加意撫柔，有同覆載，臣温曷勝感激。爲此特遣陪臣法司王舅毛國棟、紫金大夫鄭得功、使者向天禧、都通事鄭國鼎、通事魏崇仁、鄭朝選等齎捧表章，率領官伴、梢役，坐駕頭號船隻，裝載土儀金鶴形一對（鶴踏、銀巖座各全）、盔甲一領（護手、護膁各全）、金靶鞘腰刀二把、銀靶鞘腰刀二把、黑漆靶鞘鍍金銅結束腰刀二十把、黑漆靶鞘鍍金銅結束鎗一十把、黑漆靶鞘鍍金銅結束衮刀一十把、黑漆洒金馬鞍一座（轡、銜、絡頭、前後牽鞦、屧脊、障坭、鐙俱全）、金彩畫圍屏二對、精製雅扇五百把、土絲棉二百束、練蕉布三百疋、土苧布一百疋、白剛錫五百觔、紅銅五百觔，外緣蒙頒賜御書，特加金鶴形一對（鶴踏、銀巖座各全）前來，赴京叩謝天恩。」使臣趙文楷等循例代奏，准令該國陪臣子弟入學。七年，遣官生向循師等四人附貢船，在洋遭風，飄失。九年，再遣官生毛邦俊、向邦正、梁文翼、楊德昌等入監讀書。尚温薨，世子尚成權國事，未及請封而卒，世孫尚灝立。十一年，遣耳目官楊克敦、正議大夫梁邦弼等入貢、請襲。十三年，命翰林院編修齊鯤爲正使、工科給事中費錫章副之，奉詔敕册封尚灝爲中山王，誥命追封尚成王爵，諭祭故王尚温及尚成。是冬，使臣自琉球回京，王遣王舅毛光國、紫金大夫鄭章觀奉表陳謝，並奏准官生毛邦俊等歸國。尚灝薨，世子尚育立。道光十七年，遣耳目官向大烋等修貢，兼請襲。十八年，命翰林院修撰林鴻年、編修高人鑑充正副使，册封尚育爲中山王，諭祭故王尚灝，頒御書「弼服海隅」匾額。冬，王遣法司王舅翁寬、紫金大夫楊德昌齎表謝恩，修貢如例。十九年，使臣林鴻年等回京，奏該國王懇請准令陪臣子弟四人入監讀書。奉旨准於該國遣使入貢之年來京，送國子監肄業。附：琉球國奏買湖絲劄子：琉球國中山王尚穆奏稱：「臣地隔重洋，土瘠民貧，並無寸絲尺縷所出，上無以肅朝廟之威儀，下無以正庶民之體統。天朝順治十年間，臣元祖臣質具疏懇請貿易，歷奉欽遵在案。乾隆二十五年十月內，貢使鄭士綽等歸國，具陳在閩所聞，二十四年間，奉有諭旨，嚴禁絲絹販賣出洋，臣祗聆之下，敢不凛遵。伏思臣所轄三府三十六島，與隸版圖者無異。遞年所買絲綢定數，只以供臣工紳士品服綵章之用，一爲宗國之觀瞻，一爲朝廷之典禮，非貿易圖利者。比合情奏請恩准照舊採買，俾外海窮邦復得爲冠裳人物，則聖聖解推之仁永戴，天賜於萬禩矣。」奉旨：「該國爲海澨遠藩，織袵無資，不足以供章服。著加恩照暎咭唎國例准其歲買土絲五千斤、〔二〕蠶湖絲三千斤，用示加惠外洋至意，餘悉飭禁如舊。」琉球人深目多鬚，有職事者以金、銀簪爲差等，厮賤祇空髪束之。土人結髻於右，漢裔結髻於中，俱用色布纏之，紫黄爲貴，紅緑次之，以青爲下。衣則寬博廣袖，腰束大帶，亦以色布爲之，稍貴者纏文錦。凡屋地多鋪板簟，潔不容塵。無貴賤皆著草履，入室則脱，惟謁見使者始具冠履。君臣上下，皆有節級，王親雖尊，不敢與政。武職則有法司官、察度官，以司刑名；遏闥官、那霸港官，以司錢穀；耳目官，以司訪問。文職則設大夫、長史、都通事等官，以專朝貢之事。王并日視朝，自朝至於日中昃，凡三次。群臣以搓手膜拜爲敬。遇聖壽、長至、元旦，王統衆官，肅冕服呼嵩祝嘏，儀同内地。王宫建於山巔，國門榜曰歡會，府門榜曰漏刻，殿門榜曰奉神，門前石梯數百級。殿宇渾樸，不雕鏤爲奇巧。山則南有太平山，出禾、苧；西有古米山，出土絲，又有馬齒，地藪曠，饒樵牧；東北有硫磺、葉壁、灰堆、籙奴野剌、普吉佳、七島，雜出紫菜、魚鰲、海貝諸物。穀、蔬、果品，多同中國，而獨不宜茶茗。賦法略如井田，王臣民各分土爲食，有事暫取諸民，事竣即已。陶冶如鐵鍋、釜甑，王主其市易，有厲禁。然皆自閩往，非其有也。地産貝甚多，而獨用日本小錢，如宋季鵞眼、綖環，每十摺一。陪臣子弟與凡民之秀者，則請致仕大夫教之，以儲長史、通事，習華言入貢。不慧者，宗倭僧，學書番字而已。康熙十一年間，紫金大夫金正春始啓國王立大成廟，卜地久米村，春、秋二仲上丁行釋奠禮。五十六年，紫金大夫程順則啓王請祭至聖先師用太牢，啓聖公用少牢。其爵、帛、粢盛、豆籩之數，俱如中國。祭品本國所無者，以土産代之。五十八年，程順則復啓王建明倫堂。又於堂北分祠奉祀啓聖併四配神，主堂左右兩廡蓄經書。國王又命程順則刊刻《聖諭十六條演義》，月令講之。設學宫於啓聖祠内，以教通事、秀才之成業者，講解師督之。又設學於上天妃宫，以教國中七歲以上者，訓詁師督之。首里、那霸皆有塾學，以教子弟。至今國中彬彬文雅，詩書絃誦，皆有華風。我國家聲名文教之盛，無遠弗届矣。

按：琉球國，自前明，貢舟俱駐於泉州，特設市舶提舉一員專理，後移福州。本朝省併其事於福州海防同知。舊設柔遠驛一區，在水部門外河口進貢廠，以居貢使、官伴、水手人等。後有宫，樓上奉天后，傍爲耳目官、正議大夫住停，樓下有堂，堂外東西向，皆建樓屋，官伴分別居之。

藩屬表章票擬式樣

校點説明

《藩屬表章票擬式樣》，係光緒年間内閣大庫檔案，載《文獻叢編》一九三七年第六輯（總第四十二輯），故宫博物院圖書館掌故部編。原編者按稱：「原册前數頁殘闕，名稱已佚，前載辦理藩屬表章事例，後列票擬簽式，均舉實例，堪爲徵文考獻之助。案内閣滿票簽處票擬本章，編有『部本式樣』、『通本式樣』字，此册重在開列簽式備查，其編輯意義與前二者同，因襲其名，題爲『藩屬表章票擬式樣』。」

今録其中有關琉球票擬簽式部分。

（李夢生）

藩屬表章票擬式樣

查琉球國正貢謝恩正表例不進呈，其副表及奏本由内閣兼清擬簽、加説帖進呈，發下時副表、奏本出科，説帖交漢票簽，其正表連匣一併交廳貯庫。

各國表文由漢票簽送到時，即令本處紙匠量表之數目、尺寸，每國各做黄匣一個，無論表章奏本及禮單之多寡，一國共貯一匣。務於先期二三日辦理妥協，以備進呈。

已有旨了，該部知道。

琉球國王摺奏，陪臣温思明賫奉敕書、蟒緞回國，奉敕諭：琉球遠隔海洋，不必專遣使臣謝恩，著俟正貢之年一同奏謝。欽此。雍正十二年進。

道光十九年三月二十五日進呈琉球國册封謝恩表章，又奏書三道。一道係進貢方物。一道係餽送册封使臣宴金，四月二日奉旨：此次册封琉球使臣却還宴金，原屬仰體朕意，不欲滋擾外藩，今仍不必收受，令來使帶回。欽此。一道係送葬費銀五百兩，同日奉旨：此次册封琉球，帶兵遊擊周廷祥在該國病故，該國王送葬費銀五百兩不必收受，仍令來使帶回。欽此。

覽王奏謝，知道了，該部知道。

琉球國王謝準作正貢恩，乾隆二十年正月二十四日進。又謝難民歸國恩。乾隆二十五年正月二十六日進。

覽王奏進貢方物，具見悃忱，知道了，該部知道。

琉球國進正貢表。乾隆二十八年十月二十七日進。

覽王奏進貢方物，具見悃忱，知道了，該部知道。

琉球國進貢表文。乾隆五十九年正月二十四日進。

覽王奏謝進貢方物，具見悃忱，知道了，該部知道。

琉球國謝賞賚恩附進方物奏本一件。乾隆五十九年正月二十四日進。

覽王奏謝，知道了，該部知道。

琉球國王尚温謝恩表、謝恩奏本俱票此式。嘉慶元年正月二十五日進。

説帖

查琉球國王世孫尚温進貢表文一道、謝恩表一道、奏本一件，臣等俱照例擬簽進呈，理合聲明。謹奏。

覽王所奏，具見悃忱，知道了，該部知道。

華延年室題跋

〔清〕傅以禮　撰

校點説明

《華延年室題跋》三卷，清傅以禮撰。

傅以禮（一八二七—一八九八），字節子，號節庵學人，山陰（今浙江紹興）人。咸豐中捐資縣丞，分發福建，歷署福州府事，同治末官臺灣同知。傅以禮精鑒定，富藏書，除本書外尚著有《長恩閣書目》等。

本書録自上海古籍出版社二〇〇九年版卷中，介紹周煌《琉球國志略》之受重視。

（李夢生）

華延年室題跋

古《詩倫》二卷，國朝汪薇編……謹案：聚珍版諸書，惟兩宋撰著爲最夥，元祇《名臣事略》、《金淵集》、《牧庵集》三種，明祇《墨法集要》一種，本朝官書而外，私家記載僅《琉球國志略》、《畿輔初瀾志》並此而三耳。顧《琉球》、《畿輔》兩志，均經表進於朝，而薇以康熙間儒臣，身後遺書獲邀睿鑒，並蒙排印頒行，洵千載一時之遭際云。

琉球國碑文記

〔清〕佚名 編

校點説明

《琉球國碑文記》不分卷，不知作者，當爲琉球人編，今所見收鷺江出版社《傳世漢文琉球文獻輯稿》第二輯。

《琉球國碑文記》收録琉球境内宫觀、廟宇、苑囿、橋梁等存世碑文、匾額、對聯、掛牀、詩碑等文字，所輯均清人所作，最晚已至同治年，故知編成於清後期。碑文等作者大部爲琉球人，也有不少是中國出使琉球使臣所作。本次輯録，輯取中國人所作詩文而不見於其詩文集之作品，而凡對聯、匾額等文字則概不存録。

（賀聖遂）

目録

琉球國新建儒學碑記

徐葆光

中國無孔子廟，皆學也。自京師至於十四直省，府州縣無慮千百，靡不設學。學之中闢堂寢以釋奠於先師，歲再舉，著不忘其自，正所以爲學也。若徒廟祀孔子，與浮屠氏之宫何以異？且聖德侔天，戔戔牲豆，曷克報稱，而以廟爲？中山之祀孔子也四十餘年矣，其未知文學也，人之謂中山也云何？及廟既立，人之稱中山者又云何？賢王之世世嚮化，與賢公卿都人士之遵王路而道日新也，皆於是可覘已。余方奉使時，檢前使刻録，讀汪、林兩使臣《中山孔廟記》，知其興起也有端。及來是邦，封禮未行，先拜廟庭，楹廡秩如，堂序皇如，俛仰之間，又肅焉而生恪矣。大夫程君順則有碑記建廟顛末，寔成於康熙之十三年甲寅之歲，時尚未有所謂明倫堂也。今覩其廟之左方有室新建，堂構維傑。上室奉啓聖公洎四配神主，兩廡舍設學教授。歲立講解師、訓詁師二員，維其人豐廩餼，尊體貌，而以通事、秀才、若秀才等若而人，皆從業焉。月有講，歲有考，六經之文與上諭十六條等書，凡有裨於行誼者，皆箋刻而講明之，斌斌乎其日懋，則斯堂之爲之也。八月上丁釋奠之辰，公卿人士咸執帛爵，舉國欣欣，以就典禮，齊宿維三，鼎俎有實，品列上下，有度有文，遠人圜觀者皆翕然稱之。大夫又以啓聖公祠、明倫堂、儒學三大牓來乞余書，余矍然知中山之不浮屠我夫子也。《魯頌》之《閟宫》曰：「新廟奕奕，奚斯所作。孔曼且碩，萬民是若。」大夫啓請踵廟成學，以教其民，其自今日進於治歟。夫中國皆由學而有廟，今中山則由廟而有學。登闕里之堂而觀其車服禮器之維一，又何先而何後歟？海隅出日，罔不率俾，堂哉皇哉，殆不越乎學之一言而已矣。爰拜手而爲之銘曰：

水東流兮歸大荒，中有國兮鄰扶桑。虔職貢兮戴我皇，就日月兮聖道大光。廟貌兮有赫有奕，拜庭兮祝辭重譯。鼊魚爲醢兮羊爲脯，物從土兮禮則古。弦誦兮兩廡，顒顒海中央兮鄒魯。六學昌兮毋忘欽祖，士由世選兮爾藩爾輔。其永永獻琛於我壽考兮來賓旅。旅一本作於。

康熙五十八年歲次己亥冬十月之望，賜壬辰科探花及第、欽命册封琉球國王副使賜正一品翰林院編修加二級徐葆光譔并書。

琉球國新建至聖廟記

汪　楫

自州縣皆得建學，而吾孔子之廟祀始遍天下，然學以外無所謂廟也。郡州守邑令博士弟子奔走對越，以爲之禮，鐘鼓管絃、鞉磬柷敔以爲之樂，牛羊鹿豕、酒脯俎豆、爵帛以爲之獻享，不如是則與浮屠、道士之事佛、老者無以異。故孔子之祀行于廟而備于學，嗚呼，至矣！今天子重道崇儒，常以興教化、勤學校考吏之殿最，于是職方版圖莫不以修學新孔子廟爲務。而琉球國遠在海東萬里外，亦建至聖廟于國門之久米村。蓋創始于康熙之十二年，立國以來所未有也。夫琉球自隋唐以後國名始見于史書，又千餘年至明初始修職貢，通中國。皇清受命，首列藩封，歷三十年而祀聖人於今天子踐祚十年之後，謂非皇帝盛德大業，度越千古，有以漸被之而然歟？廟爲屋二重，其外臨水爲屏墻，翼以短栅，如櫺星門。中倣戟門之意，半樹塞以止行者。堂外爲露臺，東西拾級以登，皆與浮屠、道士家異制。堂内割後楹爲神座，塑王者像，垂旒搢圭，而署其主曰至聖先師孔子神位。座左右顔、曾、思、孟爲配享，未有設十哲諸賢之主，且其學校之制又未備也。雖然，君子之舉事也，始定其規模，繼必求其美善。今日者廟既成矣，因廟而擴之以爲學，則費不繁而制大備。吾聞琉球之取士也，舉秀才於童子之中，而不以文藝試于有司，此意最爲近古。然而當其始，董戒必稟於父師，而其人亦莫不自勵以待舉。迨其德業之消長，一聽其人之自便，吾不知果皆率勤而勿怠否也？夫秀才者將以儲異日長史大夫之用，則教之不可無專師，而試之不可無成法。誠因廟而擴之以爲學，擇國中敦行誼、工文章者爲之長，俾以時訓督其子弟，脩舉釋菜、釋奠之禮。國之中或難其選，則直疏其事而請於朝，乞如往昔教育故事，吾知其必有當也。行見經學日明，因所及而益廣其未備，聖天子聲教誕敷，方將登四海於文明之治，于以表率友邦，凡有志于聖人之學者，無不奉琉球爲指歸。嗚呼，豈不盛哉！豈不盛哉！

康熙二十二年歲次癸亥秋九月朔旦，欽命册封琉球國王正使賜蟒玉正一品翰林院檢討、纂脩《明史》官汪楫謹撰。

琉球國新建至聖廟記

林麟焻

康熙二十有二年夏六月，予同太史維揚汪君奉命封琉球，由广石揚帆，天風自南，不三日而抵其國。甫駐節，通事官循故事以謁孔子廟、天妃宫爲請。予思天妃司海道，歷著靈異，琉球祀之舊矣，若吾夫子之廟，稽諸往載，琉球未聞有祀者。於是進諸大夫而詢之，咸跪而言曰：聖廟之建，肇自康熙八年，陪臣入貢中國，見夫學宫巍峩，布滿天下，瞻慕感動，歸而陳諸王前，度材命工，厥廟斯興。予聞其言肅然起敬，爰潔齊祗謁。至則覩輪奂其美，丹雘黼黻，恍登堂而親申如夭如之容。繚以周垣，堅以甓甃，笥虡在列，如入室而聞金石絲竹之音。雖講經肄業之舍稍未有備，而規制弘闊，其與中國亦幾無以異焉。夫自吾夫子春秋後，中國崇祀聖人垂三千年，而外夷無聞。今琉球一旦先之，嗚呼，偉矣！謹按《星槎勝覽》諸書及前代群公使録所記，盛稱琉球雖僻處一隅，在瀛海中最爲守禮之邦，歲奉職貢，恭順謹畏，得尊君親上之義。官制巾服有别，鄉舉里選，由俊秀而升，試以文藝，然後服官。國中搓手膜拜，道遇尊者，輒伏地不敢仰視。風俗淳厚，路不拾遺。人重犯法，無剽掠争鬭之事。賦税則王及臣民分土以爲禄食，上下不交征，庶幾古井田遺法焉。獨惜其未有祀孔氏爲遺憾。今聖天子在上，重道右文，加意學校，以仁義禮樂懷柔萬方。中山賢王果能觀感淬礪，建立聖廟，儀型其國，此邦風俗之美，教化之行，豈不視昔有加哉！吾夫子嘗欲居九夷矣，或曰陋，子曰：「君子居之，何陋之有？」又其告子張也，言忠信，行篤敬，雖蠻貊之邦行。然則用夏變夷，非吾夫子之素志哉！聖廟既建，人知嚮學，争自濯磨，俾紩衣兜冒之俗，咸彬彬然有儒雅之風，是又忠信篤敬行於蠻貊之明驗也。毋寧兹九州之外，島嶼雜國，貫胸雕題，介于琉球者動以萬計，誠見聖道至大，極天際地靡不覆幬，吾知窮髮之鄉，日月出没之所，必有聞風而俎豆者矣。秉彝好德，人心攸同。中山賢王之率先倡化，與其諸大夫之導君以善，皆可書也。抑予更有進焉。廟之崇祀聖人，非徒設輪奂，具美丹雘黼黻已也。凡釋采、釋奠，合舞、合聲，以至鄉射、讀法諸大典，必一一倣中國而行之，庶幾不爲具文，王與諸大夫其勗之哉！予故樂紀其盛而爲之援筆以告。

皇清康熙二十二年昭陽大淵獻之歲仲秋望日，賜進士出身、内閣撰文中書舍人、加一級兼掌誥敕事、欽命册封琉球國王副使賜蟒玉、正一品林麟焻敬撰。

大清琉球國夫子廟碑

全魁

聖人之道在天下，如日月之經天也。日月所照之地，即聖人之教所可行之地。顧日月至明而不能不隨天之陰霽爲顯晦，聖道至大而不能不隨世之否泰爲汙隆。火於秦，黄、老於漢，聖人之遺經剩藉，亦幾若明若晦於荒巖窮谷間。哲王有作，文教聿興，而壞壁破冢之書，不崇朝斯遍天下。我朝聖聖相承，稽古右文，遠邁前代。自靈臺、頖宫以逮黨庠里塾，亦既家禮讓、户弦歌矣。獨是琉球遠隔東海之隅，言語不通，衣服殊制，雖前明納貢幾數百年，而國中以僧爲師，未聞崇祀孔氏。乃我朝太和翔洽，文治光昌，俾千萬里外重譯之國，禹貢所不紀，職方所不及，皆知遵六經，崇正學。今者聖廟巍然，釋奠、釋菜，至卿大夫子弟所謂秀才、若秀才者彬彬然周旋進反，鼓篋遜業於其中，於戲，盛矣！昔聖人憂道之不行，慨然有居夷浮海之歎，此不過一時之寓言耳，又烏知數千百年而後，聖天子在位，大明其道於天覆地載之中，□濡優游，洋溢中國，且東漸於大海之外也。魁之來此，循例謁至聖廟，見其廟貌雖不崇高，然頗修整，登明倫堂，諸弟子員肄業者几案羅列，書籍秩然。既喜其國之秉王化而隆聖學，益歎我皇上德澤之宏，教化之深且遠也。乃爲銘曰：

惟皇御宇，神聖踵武。治希軒羲，道契尼父。莪菁中陵，芹茂泮滸。瑞覲烏格，弦揮獸舞。海邦重譯，稽首稱臣。白環遥納，楛矢時陳。乃瞻化日，乃被陽春。執經師古，作廟維新。纚纚博帶，襜襜卉服。人習墳素，家親簡牘。籩豆有葅，馨香惟菽。歆我先師，介爾景福。

乾隆二十一年歲次丙子季秋既望，賜同進士出身、欽命册封正使賜一品麒麟蟒服、翰林院侍講長白全魁譔并書。

大清琉球國天后神廟碑

全　魁

大海一靈奥之區也，包乾端，括坤倪，汪洋荒怪，靡可名狀，則爲是神者，固宜通明變化，元應微妙，而非尋常臆見所能測。天后自元、明以來護海運，佑封舟，靈蹟疊著。我朝定彭湖，收臺灣，神助尤篤。爲閩人，曰天后，莆田湄洲嶼林氏女也。父愿宗，初官都巡檢。后生而神異，常與群女照井，井中有神出，捧銅符以授。後乘片席渡海，又瞑坐救其父兄之厄，没遂爲神。然古來神聖之人，往往由嶽降、應星精，生有自來，去有所爲，則天后之踪跡本末，常人豈易得而窮詰之。今者叠膺恩褒，永享禋祀，凡夫王命外宣，偏荒内告，下逮蕃艄旅舶、商賈之徒，罔不載主舟中，致誠致慤，誰敢有負穢臨深愆祈而虚誓者乎？夫神怪之事，儒者所不道。然魁之持節來中山也，泊姑米島，颶颱接踵而至，纜絶柁失，船爲礁石所破，而東風方勁，將漂没不知所届。呼籲之餘，忽得北風，引舟薄姑米之麓。舟雖毁，人賴以全。詰旦視其故處，離山僅數武耳，少遲俄頃，别舟中數百生靈，豈復可問。遇極救於絶險之餘，而數百人無一失者，神之靈良可知已。仰衆人方呼籲時，有神燈自雲霧中順桅而下，風遂北來，蓋舟中數百人皆見之云。魁聞聖王在位，斯百神效靈，魁之遘險而夷，克將成命者，皆我皇上威德所致，而又德后之能承王靈而廣爲援助也。乃作迎神之辭曰：

天風高兮海水秋，迎我后兮羅庶羞。后之來兮靈旗翩，赤鱗擁後兮白羽先。大海荒荒兮没月浴日，惟后之靈兮與爲無極。神火兮幾微，神之燈兮幾枝。援我衆兮海之渚，俾我衆兮不啼而嬉。戴皇仁兮拜神惠，華夷同稽首兮大一統而無外。

乾隆二十一年歲次丙子季秋下澣穀旦，賜同進士出身、欽命册封正使、賜一品麒麟蟒服、翰林院侍講長白全魁譔拜書。

題停雲樓〔一〕

周煌

前使徐澄齋先生題停雲樓詩，其序云：「康熙癸亥，莆田林舍人麟焻副汪檢討楫來居使院西偏小樓，題曰停雲，及今三紀。葆光以命來，亦居是樓，舊額無存，因重書之，且系以詩。」「身似孤雲復此停，樓頭舉目海天青。行人舊蹟今何在，鴻爪從來偶一經。」「停雲靄靄覺身孤，盡日流觀山海圖。一出隨風栖絶島，無心也憶故山無。」

雲去雲來自不停，開簾惟是有山青。莫言未帶孤根出，正到樓時葉滿庭。

未信無心是岫雲，見仁見智偶然分。海天秋老尋歸去，會送星軺上紫氛。

日日居閒獨倚樓，蕩胷生處一虚舟。海翁見慣鵬垂翼，時向風前看去留。

余既作《停雲樓三絶句》，將書之壁矣，忽得前輩澄齊先生詩，歎其重書舊額，不忘遺躅之意，自慚才不逮古人，而戀闕懷鄉，興感一致，因爲首録先生作，而附小詩於後，亦以志余之景仰前美云爾。

乾隆丙子九月既望，蜀涪陵周煌景垣氏跋。

【校】

〔一〕周煌《海東集》收第一、第三首，無前序、後跋。

鑑水山莊題跋〔一〕

趙文楷

中山環海，極宇宿之奇觀。王於宫南近村闢地數區，締構亭閣，以爲南苑。勤政之暇，遊息其間。閣前潴水爲池，清泠可鑑，獨得幽深之趣，爲顔之曰鑑水。夫鑑於止水者，以其静也。静則明，明則慮事周，而出政也審。然則中山之治，其有不亟然日上者乎？

嘉慶庚申秋仲，皖上趙文楷拜題。

【校】

〔一〕題爲今擬。

臨海寺之額

齊鯤

古寺柴門碧薜斑，避喧遥指白雲灣。人來匹馬斜陽外，境在天空海闊間。萬里波濤雙眼豁，三秋風景一身閒。頭顱依舊年華邁，慚對烟蘿馬齒山。

餘慶題跋〔一〕

高人鑑

《志略》載苑内舊有茶亭屋三楹，壁有箋云「麤茶淡飯飽即休」，先王命臣蔡某所書，今失去。余味此七字，深佩遺訓，恬然有安分知止之意，於以惜天地有餘之物力，貽子孫有餘之福祉，宜乎國祚綿長，永膺天慶。書此以奉中山賢王清鑒，蓋頌不忘規，期無悖於古人之旨爾。道光戊戌十月初吉，浙西高人鑑拜題并跋。

【校】

〔一〕題爲今擬。

題東苑〔一〕

林鴻年

慣我登臨願，崎山在眼中。望仙懷古蹟，觀海暢雄風。辨嶽遠莫遠，久高東更東。從游多賦手，聲韻定摩空。

道光戊戌小春，行有期矣，適有東苑之遊，惠承中山賢王索句，匆匆倚裝作此，草草殊甚，即粲正。閩中林鴻年。

【校】

〔一〕題爲今擬。

游東苑

高人鑑

崎山直上路盤旋，未到先知境已仙。韋曲高淩天尺五，梁園廣集客三千。滄波浴日涵光遠，老樹摇風蕩影圓。流覽超然塵世界，晚鴉催返尚流連。

游東苑題奉中山賢王大教，浙西高人鑑。

魚鳥親人題跋

高人鑑

梁簡文入華林園，顧謂左右曰：「翳然林木，便自有濠濮間想。覺鳥獸禽魚，自來親〔人〕。」中山賢王南苑亭榭數楹，腋山面水，潛鱗飛羽，相對忘機，因節其語顔之，以奉大教。時道光戊戌小春，浙西高人鑑拜題并跋。

游南苑〔一〕

林鴻年

離宫盤鬱枕平岡，此地如開緑野堂。秋盡軟莎猶疊翠，雨餘晚稻正分秧。池臺靈秀鍾佳氣，花草精神媚夕陽。自笑夜游來秉燭，匆匆難辨露葭蒼。

戊戌小春初吉游南苑題壁七律一首，奉中山賢王正句。閩中林鴻年。

【校】

〔一〕題據跋文、署款補擬。下均同。

重游南苑

林鴻年

識名翠色蕉雲根，萬木圍陰一逕昏。企石暗流泉作沼，當軒平剪樹爲門。葉聲急戰風聲碎，雨氣遥連海氣渾。催我詩心思典雅，玉臺清味此中論。

維纜還來策騎游，三生石上話名流。魚龍變化參奇態，花草精神入醉眸。蒼翠未妨衣上濕，煙雲盡向畫中收。好將笠屐驕坡老，雅集曾留東海題。

重游南苑遇雨奉柬并謝，即請中山賢王教正。閩中林鴻年留藁。

游南苑

高人鑑

晝日思窮未到山，一鞭遥指夕陽間。松扉聲扣泉幽咽，竹徑陰欹石瘦頑。緑上平橋連草色，青浮列岫染苔班。林亭小憩真幽絶，留戀翻遲莫鳥還。

游南苑題奉中山賢王教正。浙西高人鑑。

贈中山王

趙新

於是百姓滌瑕蕩穢而鏡至清，形神寂漠，耳目弗營。嗜欲之源滅，廉恥之心生。莫不優游而自得，玉潤而金聲。是以四海之内，學校如林。庠序盈門，獻酬交錯，俎豆莘莘。下舞上歌，蹈德詠仁。登隆飫宴之禮既畢，因相與嗟歎元德，讜言宏説。咸含和而吐氣，頌曰盛哉乎斯世。

同治丙寅孟冬中浣書奉中山王鑒正。福州趙新。

玉峰巔民樂知豐歲時清紀舜天奇材餘福木瑞德沛霧泉好問敵龐偌歸陳黼座前

于光甲

憶自登樓日，群山遠送青。望雲指北斗，邀月過南扉。刀贈環同解，箏催酒不停。却憐離别意，今古一長亭。

俚言書奉中山王教正。滄江于光甲。

贈中山王

于光甲

澄神定慮，端己正容。秉筆思生，臨池志逸。虛拳實腕，指齊掌空。意在筆先，文向思後。分間布白，無令偏側。墨濃失神，采過瘦露。時相點畫調勻，上下均平，遞相顧揖。勿使頭輕尾重，不可左短右長。上稱下載，東映西帶。省此微言，書法進矣。

右奉中山王鑒政。滄江于光甲。

弢園文録外編

〔清〕王韜 撰

校點説明

《弢園文録外編》十二卷，清王韜撰。

王韜（一八二八—一八九七），初名利賓，後改名瀚，終改名韜，字仲弢，自號弢園老民、天南遯叟等，江蘇長洲人。先後在上海編報，後流亡中國香港、歐洲，晚年定居上海。著有《弢園尺牘》、《瀛壖雜志》、《蘅華館詩録》等四十餘書。

《弢園文録外編》所收絶大部分是王韜旅居香港所寫的宣傳變法自强的論文及時評，視野廣闊，語言犀利；其論中外關係，見解獨到，深受李鴻章、郭嵩燾、何如璋等人重視。本書從中選輯有關琉球的文章四篇，也正是王韜於外交立場的體現。《琉球朝貢考》對琉球向中國朝貢始末作考證，以奠定琉球向爲中國屬國之事實基礎。《琉球向歸日本辨》則對日本人提出的琉球向歸日本説作了針鋒相對的反駁。《駁日人言取琉球有十證》，乃以日人大規文彦作《琉球新志》，妄論日人取琉球爲正當，舉十事以證之；王韜此駁欲擒故縱，梳理其十證，而以其文之大破綻，一語以駁之，勢如摧枯拉朽。《琉事不足辨》則旨在斥西人於琉球事無理偏袒日本，其癥結在於弱國受欺，因而呼吁「奮發有爲，亟圖自强計」，「一洗頽靡之習」，可謂治膏肓之良藥，至今讀之，仍覺生氣勃然紙上。

此次輯録，以中州古籍出版社一九九八年陳恒等評注本爲底本，參校以遼寧出版社一九九四年標點本。

（李夢生）

目録

弢園文録外編

琉球朝貢考

琉球一國在東瀛海中，幾若黑子彈丸。其開國之始，并無甲子可稽。國朝定鼎燕京，琉球率先歸附，不敢自王，敦請襲封。嗣後貢職恪共，世守藩屬，憑藉寵靈，鎮撫荒徼，享祚綿遠，長作東南屏蔽。以迄於今，尚稱貢獻之邦，而預共球之列。則謂琉球非本朝屬國者，非也。

第考琉球之所由來，其世次亦多茫昧，其間禪革互乘，匪特《隋書》歡斯之稱，杳無可據，即如洪、永初封，亦非姓尚。今詳爲核審，上自天孫，遞至今日嗣位之王，其統緒約略可言也。

琉球始祖，其初有一男一女，生於大荒，自成夫婦，曰阿摩美久，生三男二女。長男即天孫氏，開國始主也，次男爲諸侯始，三男爲百姓始。長女曰君君，次女曰祝祝，爲國守護神，一爲天神，一爲海神。今寺院有三首六臂女神，手執日月，名曰天海大自在天神，蓋即此也，此亦荒誕不經之尤者也。傳二十五代，姓氏俱無考。起洪荒乙丑至宋淳熙十三年丙午，逆臣利勇鴆而弑之，篡位自立。浦添按司舜天討之，利勇死，諸按司群奉爲王，天孫氏遂亡。舜天爲日本人皇後裔，三傳而外禪於英祖。自英祖至西威凡五傳，察度氏興，賢德素著，人心悦服，遂代其國。二傳而爲山南王思紹所併，以後則世爲尚氏，至今弗替。

明初太祖遣使慰諭，始稱臣入貢，世爲屬國。景泰元年，國王思達遣百佳尼入貢，二年遣察祈等入貢，已又遣亞間美等入貢。頻年以來，軺車在道，贐（深）〔琛〕獻異，包匭筐篚，絡繹來廷，史不絶書，未嘗與明絶也。

惟考日本史，明萬曆三十七年，義久取琉球，其後書琉球入貢者十：日本寬文十一年，當中國康熙七年；天和二年，當康熙五十三年；享保三年，當康熙五十七年；寬延二年，當乾隆十四年；寬政二年，當乾隆二十九年；明和元年，當乾隆五十五年；又八年，當嘉慶元年；文化三年，當嘉慶十一年；天保三年，當道光十二年；天保十三年，當道光二十二年。然其時琉球雖入貢於日本，而亦内屬我朝，其貢舶之來，使臣之至，固彰彰可考也。況其朝貢日本之時，久已臣服中朝，永備屏翰，事在盟府，薄海咸知。如是日本安得私琉球爲己有也哉？

兹者其國民船遭風飄泊，我朝本當加以撫恤，何容日本爲之置詞。即其遇臺灣野番之難，其人外於王化，雖居中國之版籍，非屬中國之民人，如英、美諸國航海者無不遇之，未聞其與我中國相齟齬也。日本藉端生釁，遠遣使臣，以相詰難，其謂我中國無人耶？琉球之爲我藩屬，日本非不知之，乃必以此爲辭，其志在翦滅琉球可知矣，豈真愛惜琉球也哉！吾不可不考之史册，以與之辨。

琉球向歸日本辨

琉球，東瀛小國也。在日本薩峒馬島之南，島嶼紆蟠，皆海中拳石，周環三十六島，如虬龍流動之形，故稱爲流虬，後乃改爲琉球。貧弱特甚，世受役於日本，自古未通中國，隋時有海船望見之，始知有其地。唐、宋以後，漸通中土。明初入貢，太祖賜以閩人善操舟者三十六姓，修職貢甚謹。我朝煦育寰瀛，體恤尤至，其貢舟三年一至，許其販鬻中土之貨，免其關稅，舉國賴此爲生。資本皆貸於日本，販回各貨運日本者十之八九，其國人貧甚，不能買也。國分三路：曰首里，曰久米，曰那霸。王居首里，而商賈萃集爲大都會者，則推那霸。土磽瘠，産米絶少，非官與耆老不能得食，民間惟以地瓜爲糧。地無麻絮，以蕉爲布，有類織蒲。其民性惰，耕作貿易皆以婦女爲之。男子則携茶具，挈孺子，相聚於樹林之下，緑陰掩映，細語喁喁，不啻羲皇以上人也。日本雖雄視東瀛，要不能使之隸入版圖，則以累世效職貢，受正朔，籍中朝之威靈，作東海之藩服，以迄於今。

自日本用兵臺灣，意爲琉球問罪生番，明目張膽，遂以琉球爲内屬，通國之人皆謂琉球向已臣服日本，列於屏藩，而其入貢於中國也，則不過二百餘年間耳。此言也，未知其所自來，如謂出自日本史册，則實有大謬不然者。彼謂唐開元二十三年，日本聖武天皇天平七年，琉球已納税貢於日本，日人測量琉球海面淺深，建立石碑。今按此言實由杜撰。考《大日本史》，文德天皇仁壽三年秋，僧圓珍附唐商欽良暉舶赴唐，路遭颶風，漂至琉球，遥見數十人執戈矛立岸上。良暉哀號曰：我等將爲琉球所噬，若何？圓珍祈佛，忽得東南風，獲免。按其時爲唐宣宗大中七年，相距彼言納貢之時一百十八年，日本人應與之久相稔熟，何以祈佛求免，一若從未相通者耶？此其可疑者一也。測量海道，志其淺深，此泰西諸國立約通商之後，航海舟師方傳此法，在唐千餘年前，何得有此？蓋僞造之言，一時流露於不自覺。

此其可疑者二也。

彼謂明正統六年，日本後花園天皇嘉吉元年，薩峒摩將軍統兵征討高麗，借糧於琉球；又謂萬曆三十七年，日本後陽成天皇慶長十四年，以琉球國土封薩峒摩將軍，征其地税，歲貢米千石，定律十有五條。此説亦殊荒謬，而事非無因。考《大日本史》：薩摩人河邊通綱，乖賴朝旨（日本關白），亡匿鬼界島中（琉球別名），後鳥羽天皇文治四年，即宋淳熙十三年，遣兵擊鬼界島降之。此爲琉球始通日本之證。至日本曾取琉球，亦見於史。慶長十四年，義久（或作島津家久）取琉球，然十六年即書琉球入貢，則其立即釋歸可知矣。若其要立條約，亦事之所有，要不能如是之苛細也。考《大日本史》云：及足利氏執兵權，琉球遣使貢方物，自後以時來貢，薩摩島津氏世掌接伴云。此即彼所謂日本王將琉球封薩峒摩將軍者也（將軍當作藩侯，譯誤）。不知世掌接伴，不過職貢之年，使臣入境中，彼爲之接伴耳。日史紀載甚明，豈得妄云以國土界之也哉？納米千石，蓋即入貢禮物，琉球地瘠民貧，別無所産也。定律十五條，如彼所云，殊不足據。

又嘗考之日本別史，琉球一名阿兒奈波島，居海島之中，東西狹，南北長，距薩摩南二百里許，其俗以抄掠爲事，世以爲啖人之國。相傳其始爲天孫氏，當日本孝謙天皇天平勝寶五年，即唐元宗天寶十二年，使臣藤原自中國回，漂流琉球，候風十餘日，得南風而發，是則日本之通於琉球實後於我國矣。日史又云：長寛承安間，即中國宋孝宗時，十二島中，内屬者五，不屬者七，嗣有叛人逃匿島中，乃率師討之，以慴服島人，掠一人而還，於是歲納絹百匹。足利氏立，始貢方物。考足利爲上將軍，蓋在元季明初，其時琉球久爲我國貢獻之邦矣。然則琉球之在日本，地雖相接，而會朝聘問反在中國之後。今據其史册稽之，斑斑具在，夫豈能與我争哉？

且其可辨者，殊不止於是也。自明以來，琉球臣服中朝，極爲恭順，入貢有定期，立王有敕封。豈三百餘年來，日本如瞶如聾，毫無聞知耶？其可笑一也。

日本未與泰西諸國通商之先，琉球已與西人往來。英國牧師波白於道光末年至彼傳教，賃居數年。是時日人方深惡外教，琉球既爲其内屬諸侯，何不即往責問，而乃任其如是？其可笑二也。

當美國以兵艦至日本，强請通商，日本始不肯從，美國水師戴當泊舟於琉球境上，購置食物，與之交際往來，互通使問。琉人告之曰：國事一切由王自主，不歸日本統轄。當時未聞日人讓詰琉球一言。其可笑三也。

美國公使柏利既至日本立約，復往琉球。一千八百五十四年七月十七日立約於琉球之那霸，當時未聞日本謂其内屬諸侯，毋庸立約也，則琉球爲自主之國明矣。其可笑四也。

前時美國公使柏利、副使衛廉與日本議和定約，其往來文牘云：琉球先王與日本有親戚之誼，姻婭之歡。然即揆諸所云，亦不得以爲臣屬也。即如英國長王子娶於嗹，二王子娶於俄，試問俄、嗹二國當爲英所屬乎？其可笑五也。

日本諸藩納還版籍，在明治元年，琉球既爲内藩，何以至十二年始以兵威脅之？考日本内國史略：明治五年九月，琉球使尚建等參朝，獻方物，乃册琉球王尚泰爲藩王，列於華族，賜賚優厚，則知前此琉球未嘗爲内藩矣。且内藩從未聞有稱王者，炳據昭然，何容掩飾！其可笑六也。

一千三百七十二年，中國征服琉球，歲時貢獻，史不絶書，迄至今日，未有或貳，是則琉球之臣服我朝，遐邇無不聞知。如《中山傳信録》、《琉球國志》、《使琉球記》、《琉球入學見聞録》，日本國中久已刊行，儒士引用，據爲掌故，幾於家喻而户曉，詎有不知？乃曰琉球（按：下當有缺文。），安有一國事兩主？此不但欲掩天下之耳目，并欲塞一國中民人之見聞。其可笑七也。

至討罪臺灣，尤昧於理。其始托言劫掠小田縣民，繼乃及琉球漂民，我朝大度包容，勉徇英國公使之請，而成和議，其所定條款兩端，未嘗一字及琉球，載在盟府，人所共見。乃遂欲以此指琉球爲日本屬地，掩耳盗鈴。其可笑八也。

向時日人曾著論刊之日報曰：我國以琉球航海之人，遭風被戕，爲臺灣生番所害，遂興師旅往征臺灣。究未知琉球或屬日本，或屬中國，未有明文。據琉球人云：事中朝如父，日本如母。或則云：琉球所屬豈有一定，惟强可以庇民者是從耳。考之日本史籍，琉球於上世即屬日本，但近代以來不過入貢土物耳，非臣服也。而其在中朝則列於屏藩，世受册封，稱爲貢獻之邦，共球之國。然則東瀛日報出諸日人之口，所云尚如此，何况其他？遠征之前事既如彼，近證之人言又如此，琉球之屬於中國也，明矣。

要之，據理而言，琉球自可爲兩屬之國，既附本朝，又貢日本。今考日本國史，於琉球入貢年月，厘然可考，然要不過與渤海、三韓、新羅、百濟同列於外諸侯而已，又烏得藉口於奉藩納土，比於内諸侯一例，而遽滅其國、俘其王，兼併其地，夷而爲縣也哉！日本史官所紀載，在明治紀元以前皆信而可征。源光《大日本史》成於我朝康熙九年，即日本後西天皇寬文十年，其時相距慶長十四年已六十二載，乃猶列琉球於外國列傳，則可知琉球爲自立之國矣。

蓋琉球之於日本，要不過盟聘往還，貢獻不絶而已。即使蕞爾彈丸，弱小不能自强，亦當相與共保之，俾得守其千餘年來自立之國，斯乃所以聯唇齒而固屏藩之義；今反翦滅而傾覆之，狡詐彌縫，囁嚅掩飾，以便其私，將以此欺天下乎？而天下不任受其欺也。將以此誑鄰國乎？而鄰國不任受其誑也。嗚呼？彼作僞者曷不即將其國史而一考之也哉？

附：琉球入貢日本考

明景泰二年，日本後花園天皇寶德三年，耶穌一千四百五十一年，琉球遣使來。

明萬曆十一年，日本正親町天皇天正十一年，耶穌一千五百八十三年，琉球入貢。

明萬曆三十九年，日本後陽成天皇慶長十六年，耶穌一千六百十一年，琉球入貢我朝。

順治六年，日本後光明天皇慶安二年，耶穌一千六百四十九年，琉球入貢我朝。

順治十年，日本後光明天皇承應二年，耶穌一千六百五十三年，琉球入貢我朝。

康熙十年，日本靈元天皇寬文十一年，耶穌一千六百七十一年，琉球入貢我朝。

康熙二十一年，日本靈元天皇天和二年，耶穌一千六百八十二年，琉球入貢我朝。

康熙五十三年，日本中御門天皇正德四年，耶穌一千七百十四年，琉球入貢我朝。
康熙五十七年，日本中御門天皇享保三年，耶穌一千七百十八年，琉球入貢我朝。
乾隆十三年，日本桃園天皇寬延元年，耶穌一千七百四十八年，琉球入貢我朝。
乾隆十七年，日本桃園天皇寶曆二年，耶穌一千七百五十二年，琉球入貢我朝。
乾隆二十九年，日本後櫻町天皇明和元年，耶穌一千七百六十四年，琉球入貢我朝。
乾隆五十五年，日本光格天皇寬政二年，耶穌一千七百九十年，琉球入貢我朝。
嘉慶元年，日本光格天皇寬政八年，耶穌一千七百九十六年，琉球入貢我朝。
嘉慶十一年，日本光格天皇文化三年，耶穌一千八百六年，琉球入貢我朝。
道光十二年，日本仁孝天皇天保三年，耶穌一千八百三十二年，琉球入貢我朝。
道光二十二年，日本仁孝天皇天保十三年，耶穌一千八百四十二年，琉球入貢。

（以上卷五）

駁日人言取琉球有十證

嗚呼！海外萬國，星羅棋布，各謀其私，大制小，强凌弱，奪人之國，戕人之君，無處無之，雖有公法，徒爲具文。日本之翦滅琉球，夷而爲縣，泰西諸邦通商於其國中者，無一仗義執言，秉公論斷於其際，而反從中袒庇，隨聲附和，助其流而揚其波。日人亦復亟自辨論，喋喋嘵嘵，幾於唇焦舌敝。此無他，理不足則言有餘也。夫兼弱攻昧，武之善經也；取亂侮亡，國之至計也。琉球弱小而密邇於日，日人以其不能自立，從而滅之，以恢廓我疆土，開拓我版圖，誰曰不宜。即使異日者，史官秉筆而書之曰，日人滅琉球，日人亦毋容辭也。不有廢滅，其何以興；不有併兼，其何能大。往者，東南洋諸島國孰非爲中朝之藩屬，登王會之圖，而預共球之列者哉。歐洲諸國東來，蠶食鯨吞，靡或有遺，中朝未聞其遣一介行人而往問之也。誠以天下事，何常之有，强則惟我所欲爲而已。今日取琉球，明日取朝鮮，後日取越南，復至於暹羅、緬甸，次第翦除，亦視我之兵力何如耳。不然者，新羅、百濟、三韓孰非國耶，而今何在？臥榻之側，豈容他人鼾睡，此日人之所以滅琉球也。恐他日日人之所滅，不止於一琉球，亦未可知也。我甚惜日人之不能以此爲對也，乃必强辨之曰：琉球爲我屬國。即此一言，已不能自解於中國矣。琉球屬日本，獨不屬中國乎？日人可以屬國之故而取琉球，中國獨不可取之乎？日本取之，而中國欲復之，日本則俘其王，毀其國，分裂其土宇，中國則欲復其君，反其地，撫輯其民人。此二者，孰是孰非，孰曲孰直，孰仁孰暴，世必有能辨之者。

日人大規文彦，字曰復軒，創始經營琉球者也。其作《琉球新志》，自序云：琉球渺乎南洋一島國耳，雖并具大小數十嶼而爲一域，要不足以爲獨立國，固久爲我國之附庸矣。朱明以還，修聘於漢土，受其册封，稱中山王。蓋其聘於中國，則奉中國正朔；朝於日本，則用日本年號。一邦兩屬，未知其爲誰屏藩也。是以名分稱呼之際，有疑其當否者焉。余請舉十證以辨之。夫琉球之爲國也，論其地勢，則自日本九州山脈之起伏綿亘而迸走於南海，一覽地圖瞭然可辨，其證一。論其開闢，則上古天祖神孫鬮西南諸島者，既已深入其區域。考古史而可知也，其證二。論其種類，則邦人與中國及（并）無來由，所異者在鬚髯之濃美，與鼻之高，頰之匾，而琉人骨格容貌，婉然與我同種，其證三。論其言語，則每音單呼，無復平上去入，而平時所説，反與我古方言之存者相合，其證四。論其文字，則雖一二長吏用漢文，至民間應酬，率皆用我國字；且觀其善和歌，可知其性情與我相同，其證五。其政體，則所立官號，雖效中華，然親云上、親方等名稱呼，皆同日本，而立制亦用我世禄之法，其證六。論保衛，則每值其國治亂，我朝必饋金穀，遣兵卒以濟之；若中國則越人肥瘠，殊不相顧，其證七。論歸化，則在推古天皇朝，南海諸島早已服我皇威；而中國則隋攻之不屈，元侵之不從，直至朱明之時，始奉正朔，是其服從自有先後，其證八。論征伐，則永萬中源爲朝取之，慶長中島津家久服之；中國則徒以一封書爲之招諭焉耳，其證九。至論王統，則所謂舜天即我鎮西八郎之裔，而奕世綿綿，以至今日，其證十。此十證者，彼自以爲確然可信者矣，抑知皆一人之私論而已。其言又曰：又況日本既敕爲藩國華族，授以一等官，則名稱位號確然一定，無復容疑。嗚呼！即此一言，可破十證之謬。蓋至是始爲内藩，始稱華族，則前此爲兩屬之國無疑矣，是則日人安得辭滅國之咎哉！正可返而自思矣。

琉事不足辨

自日本兼并琉球，西人論是事者，輒多偏袒。蓋日本自步武西法以來，自以爲漸著富强之效，而駸駸然馳域外之觀。西人每重視日本而輕視中朝，遇事輒任意抑揚，隨聲附和。琉球向時入貢於薩峒摩島，不過與新羅、百濟、高麗、渤海同爲藩屬焉耳，載之日本國史斑斑可考。而遽欲視之内諸侯一例，此一人之私言也。

西國不察其實，信以爲然。群謂日本之於琉球，土疆接境，支派一源，性情風俗相同，文字語言無異，其地應爲日人之所有。三百餘年前薩摩人曾取其國而俘其王，繼釋之歸，以與之約，視同屬土，此前事之證也。十餘年前，美國以兵艦至日，强請通商，繼而有欲取琉球以爲外府者，日人居間以請，賄之以貨幣乃免，此近事之可征者也。以此兩端，遂以琉球屬日本。其實不然，其辨見余前説中。

或又謂琉球介於日、俄兩大之間，而弱小不能自立，設使日人不取，則他日必爲俄人所取。今既歸日人之版圖，則日人得以施其保護，俄人可以絶其覬覦。此亦未免一偏之論。夫琉球爲千餘年來自立之國，雖蕞爾彈丸，弱小不能自强，而既託日本之宇下，又入貢於中朝，久爲藩服，矢慎矢恭，何不可約中朝相與共保之，以聯輔車脣齒之誼，俾爲中、日之維屏維翰。琉球土瘠民貧，物産鮮少，泰西諸國無與通商者，其得之，猶石田也，而反取大不韙，以失鄰國之和；俄雖崛强，必不以此而取怨於中、日可知也。西人爲此説者，其明袒日本無疑也；或其説多爲日人所指授，亦未可知。

顧西人之左袒日人，要非無故。我朝所有屬國凡五，越南也，暹羅也，緬甸也，高麗也，琉球也，皆登王會之圖，而預共球之列。今自琉球、高麗外，越南則據於法矣，暹羅、緬甸則據於英矣，蠶食鯨吞，方且日事侵削，安知其後不爲琉球故轍乎，故以琉事摺衷於西人，計之左也。

至日人之與我中朝齟齬者，要亦有因。彼且謂法之於越南，英之於暹羅、緬甸，中朝何不一問之，而獨於日本之於琉球，移文詰難，是畏歐洲而欺日本也。不知日人果以此爲言，則我有詞矣。彼不自知日於琉球，入其國，擒其王，并其土地，而英、法則未若是之甚也。越南、暹羅、緬甸之王，仍得有其疆土，君其國，子其民，發號出令，稱王以治。將來之事，不過出之逆料，豈得借爲口實哉！日本似亦如此，必欲掩其傾覆翦滅之迹，而指琉球爲内屬，是尚思據理而言，爲掩耳盜鈴計也。然明者於此，轉笑日人之徒勞妄作矣。何則？天下之公論不可掩，而故府之事實不能假也。

嗚呼！今日之事，非可以口舌争，亦豈能以筆墨戰。我中國亦惟有内求諸己而已矣。夫中國非小弱也。乃至今日，狡焉逞者，何國蔑有，時挾其所長以凌侮我，而恫喝我，跋扈飛揚，已非一日。我中朝率以豁達大度，一切包容之，此時事之所以每變而益亟也。有志者於此，蒿目時艱，睠懷大局，未嘗不痛哭流涕長太息，而卧薪嘗膽之不暇；是惟有奮發有爲，亟圖自强計。稽古在昔，國以無難弱，亦以多難强，惟在一洗頹靡之習而已。整頓海防，製造軍艦，演練水師，此治於外者也。延攬人才，簡選牧令，登崇俊良，此治於内者也。外治則兵力强，内治則民心固。二者既盡其在我，何向而不濟，復何國之不畏，雖使製梃可撻堅甲利兵矣。

（以上卷六）

張之洞奏議

校點説明

張之洞（一八三七—一九〇九），字孝達，號香濤。與曾國藩、李鴻章、左宗棠并稱晚清「四大名臣」。早年是清流派首領，後成爲洋務派的主要代表人物，有《張文襄公全集》。日本侵佔琉球期間，同時沙俄侵佔中國西北，張之洞提出的外交觀是「聯日抗俄」。本書選張之洞有關琉球奏議三篇，在《日本商務可允球案宜緩摺》中，張之洞的核心觀點是「聯日本以伐交」、使其「不助俄勢」，中日商務談判與琉球主權争論分離；在琉球問題上，提出「姑懸球案」。在《臺防重要敬舉人才片》中認識到日本侵佔琉球乃是垂涎臺灣，在《集重臣籌議急務摺》中强調自球案後海防不可懈。這些奏議，均體現了張之洞對時局的深思熟慮。

本書録自河北人民出版社一九九八年《張之洞全集》卷三《奏議》三。

（秦　潔）

張之洞奏議

日本商務可允球案宜緩摺 光緒六年十月初一日

竊惟日本擅滅琉球，中國屢行責問，彼遂賂我兩島，而因以推廣商務，改立新約爲請。近聞其使臣屢催總署，迫我速結。臣以爲此不可不審也。七月初十日臣爲俄事所上邊防一疏，曾有聯日本以伐交，商務可允者允之，使彼中立，不助俄勢等語。所云聯日本者，專指商務。且必可允者方允，與球事無涉也。既允商務，則必與之立約。中俄有釁，彼不得助俄爲寇濟餉屯兵，非無故而曲徇其請也。蓋商務所争在利，方今泰西諸族麕集，中華加一貧小之日本，亦復何傷？夫中國不過分西洋諸國之餘瀝，以沾丐東洋，而借此可以聯唇齒之歡，孤俄人之黨。此所謂不費之惠，因時之宜，臣所以敢爲朝廷請者也。若球案率結，寥寥荒島，即復封尚氏，終難自存。我不能庇累朝臣僕之琉球，復不敢抗蕞爾暴興之日本，從此海環萬國，接踵傚尤，法踞越南，英襲緬廓，俄呑朝鮮，數年之後，屏藩盡失。他國猶緩也，朝鮮一爲俄有，則奉、吉兩省患在肘腋之間，登萊一道，永無解甲之日矣。竊念俄事擾擾，將及一年，廟堂無欲戰之心，將相無决戰之策，將來結局，大略可知。夫撫俄猶可言也，畏倭不可言也。情見勢絀，四裔交侵，其能堪乎？此則臣所不能不爲國家深憂之者也。從古來諸國角立之世，大率須審鄰國之治亂强弱，於我之遠近緩急，分别應之。固無一律用武之道，亦無一概示弱之理，經傳所謂度德量力，史策所謂遠交近攻。故與俄戰，則不得不與倭和；與俄和，則不妨與倭戰，此謀國不易之策也。臣愚以爲此時宜酌允商務，以餌貪求，姑懸球案，以觀事變，并與立不得助俄之約。俄事既定，然後與之理論，感之以推廣商務之仁，摺之以興滅繼絶之義，斷不敢輕與我絶，設必不復球，則撤回使臣，閉關絶市。日本甚貧，華市一絶，商賈立窘，嚴修海防静以待之，中國之兵力財力，縱不能勝俄，何至不能御倭哉？相持一年，日本窮矣。臣聞近日外間文武將吏，語及日本，皆謂可討，臺灣生番一案，志士扼腕太息，以爲失計。比者自俄警以來，征兵選將，沿海森然。今日移防俄者以防日本，即借懾日本者以懾外洋各國，計孰有便於此者。倘此舉再誤，則中國安有振作之日哉？若夫出師跨海，擣横濱，奪長崎，掃神户，臣雅不欲爲此等大言。至於修防以拒之，絶市以困之，此亦平實而甚易行者矣。臣所争者，非琉球之存亡，所計者，乃國家之利害。仰懇廟謨裁斷，將商務擇無弊者允行，球案抽出緩辦。如聖意不決，即望飭李鴻章、左宗棠速議具奏，庶免倉卒定約，日後追悔。即或總署諸臣難於峻拒，但使封疆重臣執奏不允，即可據以爲辭。昔宋真宗欲徇遼人所請，而寇凖以爲不可，卒改前議，此等大計亦不可不令疆臣與議也。竊恐朝廷不察臣七月初十日上疏之本意，而又蹈生番一案之故轍，不得不縷析懇切言之。

臺防重要敬舉人才片光緒六年十月初一日

再，日本若有違言，南、北海防，他無足慮。北洋兵力尚厚，不能攻也。上海洋商所萃，彼不能包各國之利息，不敢擾也。所防者，惟臺灣爲急。夫議臺防者已五六年矣，而毫無成效者，不得人故也。閩省兵既不練，將材又少。竊聞甘肅軍營差委候補道劉璈，曩在左宗棠軍中，才識雄毅，兼有權略，前官浙西，治行第一，曾隨沈葆楨渡臺辦理倭案，聞其平居私議，自謂惡寒喜熱，若有事臺灣，慨然願以身任。又廣東潮州鎮總兵方耀，智勇沉深，身經百戰，聲威赫然。臺灣距潮甚近，其地商務半係潮人，若令帶所部潮勇數營前往，風土尤爲相習。竊思若得此文武兩人，責以臺務，畀以重權，必能左提右挈，辟土阜財，撫番捍敵，爲八閩之藩衛。蓋臺灣瘴熱，任此者不惟擇其才，又必服習水土，不致疾病者。該兩員尤爲相宜，兩人材器，敢請詢之浙、粵兩省官吏士民，决無異詞。朝廷如以爲可用，即當其所急，不得任聽督撫扣留。夫日本滅球，乃垂涎臺灣之漸，爲保臺灣計，爲保閩省計，此亦不可緩者也。惟望宸斷，早爲決計施行。

集重臣籌議急務摺 光緒七年三月二十九日

奏爲急務不可再緩，宜速集重臣籌議，恭摺仰祈聖鑒事。目前新遭國恤，皇上宸衷哀慕，典禮殷繁。皇太后聖體違和，尚需頤養，尋常政務，理宜從容措置，惟敵國邊防關係緊要，機不可失，約有二端：

一曰禦侮豫防事宜。日本自球案梗議，使臣遽歸，目前相持未定，雖聞其餉絀船敝，人心驚惶，然彼已成騎虎難下之勢，設或鋌而走險，何以待之，故海防斷不可懈。除北洋較緩外，南洋以江防爲最重，福建以臺灣爲最冲。南洋大臣是否勝任？北洋將吏是否得人？似宜布置嚴密，以備緩急。江防情形，請旨敕下彭玉麟確查詳籌復奏。山東防務，應請敕令李鴻章節制兼顧。此急務之一也。

一曰禦俄持久事宜。俄事粗完而後患方長，除西路現有重兵宿將，三姓、琿春從此不能罷戍。近聞俄船窺伺朝鮮，欲與生事，則吉林之防重。自哈克圖至張家口，漸成俄商熟路，自宜開屯置鎮，永固藩籬，則庫倫、張家口之防亦重。此急務之二也。

以上二條，應請諭令軍機大臣迅速詳議方略以聞，及早籌辦，免貽後悔。大學士李鴻章於北洋軍情素稱諳習，現值來京，應請命其一律并與議，以期廣益。邊防本屬急務，又以李鴻章行將還鎮，是以急切上陳，不勝惶悚屏營之至，伏祈皇太后、皇上聖鑒。

庸盦文别集

〔清〕薛福成　撰

校點説明

《庸盦文別集》六卷，清薛福成撰，其子薛瑩中輯。

薛福成（一八三八——一八九四），字叔耘，號庸盦，江蘇無錫人。曾先後入曾國藩、李鴻章幕，歷官浙江寧紹台道、湖南按察使，光緒十六年（一八九〇）起歷任出使英、法、意、比四國大臣和駐外使節。《庸盦文別集》所收爲未收入《庸盦全集》的文稿，主要爲在幕府時代擬的書牘，薛福成認爲「亦可藉以考覈時事，表裏史學」。而其在曾幕諸作，大半散佚，所存以在李幕爲多。薛福成入李幕在同治十二年（一八七三），而光緒四年（一八七八）至光緒七年正是日本阻貢、廢球，中國與之交涉、立草約，拖延議結之時，故兹從中輯出薛福成在光緒四年至七年代李鴻章所作有關琉球事復何如璋、劉坤一等人信函十一封，以見當時時事。書雖出自薛手，實爲李鴻章之思想，可與本書所收李鴻章若干書信互參。

本書輯録自上海古籍出版社一九八五年施宣圓、郭志坤標點本。

（賀詩菁）

目録

代李伯相復出使日本大臣何侍講書戊寅

子峨仁弟館丈閣下：

四月十三日泐復一函，具論俄、日、朝三國交涉之事，諒達台覽。頃接十二日惠書，承示日本阻貢一案，琉球使臣屢次哀籲，冀中國力加保護，藉支危局，情殊可憫。

琉球自明初臣服中國，五百年來，無代不受封，無期不朝貢，舊章具在，班班可考。較之萬曆年間，爲薩摩藩屬者，其年代先後，已自不同。一旦恃强陵弱，欲舉附庸者而郡縣之，阻貢不已，旋改年號，改年不已，復欲鎖港，無理已極。琉人喁喁内嚮，思欲託庇宇下，沐我厚往薄來之利，兼收扶危定傾之功。我中國自應善爲護持，俾海東片壤，稍延宗社，乃足昭字小之誼。且前時副島種臣，既許中、東兩屬之請，是彼未嘗不畏我牽制。中國若隱忍緘默，彼且疑我怯弱，或將由琉球而及朝鮮，由朝鮮而及沿海各島。不如早遏其萌，使無覬覦。是今日日本阻貢之舉，中國之不能不與力争者，理也，情也。

然邇年以來，曾未認真議及者，蓋亦有故。琉球以黑子彈丸之地，孤懸海外，遠於中國，而邇於日本。昔春秋時，衛人滅邢，莒人滅鄫，以齊、晉之强大，不能過問，蓋雖欲恤鄰救患，而地勢足以阻之。中國受琉球朝貢，本無大利，若受其貢而不能保其國，固爲諸國所輕。若專恃筆舌與之理論，而近今日本舉動，誠如來書所謂無賴之横，瘈狗之狂，恐未必就我範圍。若再以威力相角，争小國區區之貢，務虚名而勤遠略，非惟不暇，亦且無謂。鄙意以爲中國與之淡漠相遭，殆即古人不服藥爲中醫之説。至謂言之即恐開邊釁，則未必然。日本餉項之絀，國債之繁，舊族廢藩之思亂，前此聞之稔矣。西鄉隆盛已伏其辜，彼君臣鑒不戢自焚之禍，或者漸思守分。所購鐵甲船，聞甲有四寸，似非鐵皮五六分厚者可比。然核其軍額，頗屬單弱。中國兵力，固自應之有餘，諒彼決不因一言不合，遽起波瀾，惟言之不聽，恐無大益耳。

然琉球既祈懇不已，或不妨相機妥爲開導，仍候總署核示辦理。前晤森使有禮，亦曾詢及阻貢之事，彼乃佯爲不知，似由情理内屈，但使少有顧忌。俾蕞爾孱邦，不遭吞噬，所獲已多，將來儻有辯論之時，自應援引修好條規第一、第二兩款，與相駁難，并密請總署轉咨禮部，將琉球數百年朝貢成案，鈔備崖略，可以應答不窮。

往年日本於臺灣、朝鮮之役，始以巧言餂我，繼以虚聲疑我，其堅韌狡獪情狀，令人莫測其端。執事果於任事，與倭人交涉稍久，必能詗彼情實，與爲推移，先事則審慎周詳，臨事則識力堅定，見可知難，隨時進退，諒必曲中機宜也。順頌勛祺，不具。

代李伯相復何星使書 戊寅

子峨仁弟館丈閣下：

頃接六月初五日惠書，具聆壹是。琉球一案，五月間接總署來函，詢以如何辦法，敝處函覆大旨，與答尊處相同。刻下計已發端辯論，是否略有端緒？執事才識精敏，明知事無把握，而不憚以口舌從事，殊堪企佩。

邇來總署閱事日深，遇有外洋紛争之端，頗以清靜無爲爲宗旨。即如前歲日本使臣森有禮銜命來華，告以將伐朝鮮。總署之意，謂我之兵力，既不能制服日本，保護朝鮮，又不能使朝鮮聽我之言，行成於日本，只可諉之不問，聽其爲鷸蚌之争。鄙意則謂朝鮮久屬中國，設有挫失，後患實多。且日本既遣使來告，中情尚有顧忌，因與森使往復辯難，摺以條約，諭以情理，告以朝鮮之貧瘠，無甚可欲，諷以强鄰之窺伺，俾圖自固，森使始俯首奪氣而去。厥後與朝鮮議和較速，未始不由於此。

蓋總署專務持重，意在息事而弭釁，所謂不服藥爲中醫也。鄙人非不知時事之艱，然勢有相迫，往往欲罷不能，所謂矢在弦上，不得不發也。二者義各有當，在擇而用之而已。朝鮮執政，敝處久欲與書，苦無郵便，其貢使入都，須在冬間，届時當作函暢論形勢，切實開導也。復頌勛祺，不具。

代李伯相復何侍講書戊寅

子峨仁弟館丈閣下：

十一月中旬裁復寸函，諒達台覽。頃接冬月初八日惠書，具聆壹是。朝鮮拯救英船，不分畛域，其濟州官長復優待賫函前往之英官，或者風氣稍開，漸悟閉關獨治之非計，思結外交以張國勢耶？日本在東萊府互市，每歲進口貨價僅值三萬，想見地瘠民貧，貿易不旺，雖多開口岸，無甚利益。然兩國結約之後，猜嫌未能盡釋，日人貪利無恥，虛憍喜事，無以見信於鄰邦。此次因關税加征，遽發兵艦前往，意在恫喝，能否不至滋生事端？

承示球案摘要一册，琉球君臣於日本阻貢之後，前後上書十四次，哀籲之情，極爲迫切。日人自知理屈，竟不能略置一詞，雖疊加批答，但以不得允准四字了之，其恃强逞蠻，已可概見。覆文雖未敢決絶，而所以阻貢之由，並無一字提及，徒以我政府未曾詰責，以刺探爲脅制。蓋森有禮駐京兩年，於總署一切措注，意存輕藐。甲戌臺灣生番之役，丙子朝鮮之役，總署皆辭以非所預聞。彼料總署不願多事，謂畏其啓釁，必且知難而退耳。然揆諸時勢，與日本君相之本謀，斷斷不敢出此。就令出此，中國亦尚有以應之，其事理與西洋諸國大有徑庭。開釁一説，當可無慮，惟事非倉猝可了，難保總署毫無疑慮也。執事擬俟總署行文後再與理論，一面聯絡各使，以便從旁調處，較有收場，辦理甚爲妥協。

副島種臣識略雄深，頗負夙望，前歲布衣來訪，與鄙人再見傾談，其意似欲中、東兩國，推誠相與，同禦俄患。彼前爲外務卿，曾許琉球以中、東兩屬，一切照舊。尊意待其出山，徐議此事，或可重申前説，即辦到前函所籌第二、三層，亦有結局。刻下從長計議，海外小邦，區區朝貢，本無益於國計，亦無關於國體，所尤兢兢者，欲昭字小之誼，免爲鄰國所輕視耳。然琉球往來中國逾五百年，意尚戀戀不舍。且中國厚往薄來，彼朝貢不無沾潤，事定之後，琉球必籲請及之，殆無俟中國之措意矣。專泐，復頌勛祺，不具。

（以上卷三）

代李伯相復何侍講書己卯

子峨仁弟館丈閣下：

接二月十二日至三月十五日五次來函，及三月十六日電報，具聆壹是。祇以山陵大差，諸務匆遽，致稽裁答。琉球一案，日本於三四年前，自將琉球改屬内務省，業已勢成騎虎，一旦中國出與理論，彼自覺進退兩難。推原其故，實由前使森有禮自造一説，布之新聞，謂見中國某大僚議及琉球，直謂中國不理此事，遂肆然無所顧忌。東人居心狡獪，往往以巧言餂我，輒用爲生事之據。前此臺灣之役、朝鮮之役，皆其明鑒，不知偶爾閒談，本難執爲把柄。森使輕躁喜事，貽誤匪淺，無怪彼國當事皆不謂然。今中國必與力争，亦使倭人知森使之言不盡可聽，或漸改絃易轍。

惟琉球距彼最近，覬覦已久。彼所争不在朝貢，而特以阻貢爲發端；中國所重亦不在朝貢，而特以貢事爲牽制。彼既疑理論各節，出於使者一人之意，又疑琉球陰祈各國使臣，或以公論相庇護，故遂迫不及待，始則撥遣巡捕，劫以兵威，欲得琉球專屬日本之證據，以爲廢滅張本，繼且出示國中，遽廢琉球爲縣。其無情無理，不守條約，不顧公法，實爲地球各國所未有，殊堪痛恨。

聞其所遣之宍户公使，以三月初四日出口，而廢改琉球，則十三日出示國中。揣彼之意，如中國竟不與校，彼即決然廢滅琉球。萬一我有責言，彼或猶以遣使在先，爲轉圜之説。至其欲在中國議結之故，蓋欲分薩人主持之權，避國人浮議之口，離西人縱横之勢，或又料總署慎守和局，不願啓釁，因欲祖森使故智，肆其恫喝，可以惟所欲爲。

惟聞日本帑項告罄，盡用紙幣，一旦有事，軍火既無可購，餉需復無所徵，加以舊族廢藩，乘間思逞，而舉國之民，莫不欲傾覆政府，此其惴惴而不敢與我開釁者，顯然易明。即令啓釁，以吾兵力、餉力，制彼餉竭兵單之國，似亦綽有餘裕。就理勢而論，或侮彼貧弱，振吾國威，以作榜樣；或乘此可爲之時，力争體統，以維大局，俱是一定辦法。

鄙人前月入都，與總署當事晤商一切，論及不得不争之故，意見亦頗相同。惟總署以聖主尚在沖齡，此等大事，未敢主持。琉球蕞爾小邦，遠中國而邇日本，既難跨海遠征，永爲保護，又慮操之過蹙，轉無收場，不得不俟該使到京，專憑情理二字相駁詰。宍户公使於前月下旬入都，議論尚無消息，將來此事結局，終須别立專條。倭人性情，異常頑固，不知議到何時耳。專泐密復，順頌勛祺，不具。

代李伯相復沈廉訪書己卯

品蓮仁弟親家大人閣下：

六月間泐復寸函。頃接七月十八日惠書，就諗榮莅樟垣，接篆視事，新猷益懋，至爲企頌。日本地狹民貧，邇來宗尚西法，國債纍纍，妄自謂富强之術勝於中國，恒思逞其狡謀以償所費。故數年之間，一入臺灣，再議朝鮮，三廢琉球。琉球彈丸小島，得其地不足以富强，彼特以嘗試中國。此時中國若操之過蹙，固啓兵端，若竟置之不理，彼謂中國畏之已甚，必且得步進步，縱兵四出，無所顧忌。

鄙人前與總署熟商，不必與之啓釁，亦不可過於示弱，略去朝貢之虚名，而惟以繼絶存亡之大義，先爲理論。日本集群臣密議，咸謂彼國四面受敵，中國自勦平髮捻，武備較精。若我數道並進，而彼國廢藩叛黨應之於内，勢恐不支，乃務爲虚詞延宕之法。適美前總統格蘭忒過此，東遊日本，鄙人復託其妥爲調停，現似稍有端緒。無論此事能否了結，中國宜力圖自强，以杜後此之釁端。至東人求以球易臺一説，係屬外間傳聞之誤。中山自唐世已通中國一説，亦係日本之飾辭，羌無實據。總之，日本狡焉思逞，已非一日。中國因應之道，剛柔貴得其中，戰守尤宜有備，雖有巴酋爲之謀主，亦無所施其技耳。

俄人允還伊犁，償款不過二百八十餘萬兩，尚屬近情，惟崇星使原議，將伊犂城西南兩面割去數百里，勢成孤注。又允由漢中、西安兩路通商，總署以界務、商務均覺吃虧，欲再駁辯，已無及矣。此間雨水過多，窪區不免偏災，高阜秋禾尚稱豐稔。西省穡事有秋，良以爲慰。肅泐，復頌勛祺，不具。

代李伯相復何星使書己卯

子峨仁弟館丈閣下：

十月初三日泐復寸函。頃接九月十九日惠書，具聆壹是。使署公事概從慎密，不使傳播，固屬要義，即籌商未定之事，亦不宜輕於措詞。倭人貪利棄信，詐僞無恥，有西人所不屑爲者。執事莅東之始，亟欲聯絡亞洲大局，倚爲合縱，又見其應酬款洽，不覺推誠相待。此固聖人忠信篤敬、蠻貊可行之意，無如我以誠往，而彼不以誠來，則惟有審度情勢，隨宜措注。我之所爲，始終一轍，事事脚踏實地，既不失其爲誠，然明足料事，則不爲所欺，智足應變，則不爲所詘，此中機括，惟閱歷深，用心專，斯精進不已也。

外務省照覆之文，已到總署，其意堅執如前，其詞閃鑠無定。其派員一層，總署與宍户使會議一次，仍以虛言推諉，毫無成説。細揣倭人用意，似故作延宕，妄希次第布置，俾球人漸漸馴服，中國之氣漸平，則彼得終遂其併吞之志。楊越翰刊布新聞，俱係當時實情。美前統領原不過泛論大勢，勸導日人。彼或始信其言，而中變於後；或佯諾妥議，而别具詭謀；或雖意存了結，而得尺得寸，惟利是視，不肯遽露圭角，三者皆未可知。

總之，東人狡獪異常，能否派員來華，固難逆料。至割島分隸之説，總署與南洋皆不謂然。中國非利其土地，即得其地，可仍以封球，揆時度勢，不如此恐無了局。然其説當出自日人，或出自美人之口，若中國自爲此説，恐併此不可得，或彼别有要求，其將何以應之也。肅泐，復頌勛祺，不具。

代李伯相復李星使書己卯

丹崖尊兄大人閣下：

接五月二十六日惠書，具聆壹是。日本廢滅琉球，顯干公法，中國不易應付。尊慮六難之説，洞晰情勢，熟知彼己，藎籌深識，均係確論。惟謂仍留琉球爵號，由日本代爲修貢一節，日本蓄謀吞併，已非一日，虛名尤不肯稍讓，豈能代修職貢？中國若僅爲争貢起見，轉示天下以不廣，且授日本以口實，殊非長計。至總署與駐京公使商論幾次，彼惟用推諉延宕之法。

近聞日廷集諸臣密議，主戰者不過數人，其餘咸謂中國地廣人衆，自平粵捻，武備較進，勢恐不支。此時宜設詞延緩，勿激我怒，以開兵釁，一年之後，我志漸衰，即可坐據琉球云云。蓋日本債多餉匱，而西鄉餘黨，廢藩舊屬，又將伺間思逞，岌岌之勢，更甚於中國。諺所謂人防虎虎亦防人者，殆非虛語。夏間美前首領格蘭忒來華，鄙人與總署熟商，託其妥爲排解。兹聞格君苦勸日本，漸有轉圜之意，將來須由兩國派大臣會議。格君人甚誠篤，非若各公使之惟利是視。彼既從旁評斷，中國若措置得宜，或不至過於吃虧。

至整頓防務，無論球事了否，係今日不容緩之圖。南洋轄境太廣，分設三洋以練水陸各軍，雨帥曾建此議。前次臺灣有事，各省條議可行者頗多，及事平而視爲贅論，自强一説，竟成畫餅，此次斷不可復蹈前轍。就中國情形而論，非無自强之良策，特患有此策而不能盡用，或彼此意見不合，拘攣牽制，僅能辦到一二，此所以受制於外人也。

赫德在總署陳請添購蚊子船八隻、碰船二隻，合前船爲南北兩隊，分駐大連灣及浙閩交界之南關，延請西人訓練，自謂可制鐵甲，由總署與南北洋檄派赫德爲大礮輪船總海防司。鄙人以總署徑已定議，未便堅阻，僅爲商訂章程，略與限制，若果照行，未知將來能著成效否。鐵甲船爲海戰所必需，而赫德力言徒費無益。鄙人前爲總署略剖其利病，似尚疑信參半。

德國告假千總西鐸所擬赴華教營章程，統觀大局，暢述源流，語多中肯。其續議則兼教兼練，體用具備，如能到華，當有裨益。惟其本國恐停恩俸，既須私訂，又須常局，彼乃合算，其薪俸歲需若干，約以幾年爲期，便中望爲詢明，如有定議，再由營官轉訂。留嬴廠水雷船屢經金登幹催驗，現據柏專敬面稱接六月二十八日電信，雷艇已經裝船起程，諒不至誤。肅泐，復頌勛祺，不具。

代李伯相復何星使書己卯

子峨仁弟館丈閣下：

頃接惠書，具聆壹是。美使平安接到國會行文，以彼國與中國立約，有不公輕藐，從中調處之條，不得不出而排解。此文在格統領歸國之後，實已曲盡心力。美使既素蓄此意，今又接國會之文，自必力勸日本，與中國妥結。否則兩國同請美國評斷，亦有收場。

前月總署與宍户公使兩次晤談，先以派員會商與撤銷照會之事，往復辯論，始則虚言相抵，繼稍開誠相與。宍户言外之意，謂依格統領來函，宜有辦法，總署亦因丁雨帥持議，以撤銷照會爲是，遂具一稿照覆日本外務省，但言願照美統領函意辦理，用筆頗爲虚靈渾括。原稿想已咨達冰案，且看日本如何答覆。若稍就範圍，此事或易了結，若一味狡執，其意亦可概見，不得不速籌戰守之具。中國自臺灣退師以後，議論海防，中外意見不合，築室道謀，徒成畫餅，以致日本伺隙思逞。今即琉案議結，若不圖自强，則一波既平，難保不一波復起。是海軍期在必辦，不能因球事爲作輟也。美人素親日本，而廢滅人國，則西俗必不謂然，或能始終出力調停，固未可知。

楊越翰刊布之報，此間未得譯人，尚難翻譯。日本加進口税免出口税一事，上下合謀，經營已久，美約既許其照行，英、德二國似未必始終堅持。惟其全神所注，尤在奪中國之利。加抽糖税，倍於西貨之羽呢，商人難以牟利，勢必裹足不前，每歲華貨少銷三百萬元，久之必爲所朘削，日就貧困。此於中國利害所關，實較争地爲尤大。彼不咨商中國，意謂西人得允，不難强我以必行，用心亦殊可惡。然英、德二國，苟許分别酌改，中國亦礙難堅拒，將來相抵之法，惟有查倭貨之入華最多者，加抽進口税以償所損。彼斷不能自加其税而禁我以不增，應請執事就近考究，詳陳總署，以便豫爲籌度，届時因應得宜。刻下姑聽英、德與之相持，勿庸辯論。如彼驟欲開辦，不妨以彼先未照會，暫與枝梧，再行相機措注可也。

絲、茶二宗，論中國之長計，亦必減税而後可以暢銷，毋使日本、印度、意大里奪我之利，他日須因勢而利導之。方今各國協以謀我，其伺間蹈瑕者，如水銀瀉地，無孔不入，真令人應接不暇，可慮亦可悶也。肅泐，復頌勛祺，不具。

代李伯相復何星使書庚辰

子峨仁弟館丈閣下：

十月十三日泐復寸函。頃接十月初八日惠書，具聆壹是。總署與日本議結球案，其中改約均霑一節，雖作彼此兩面之詞，然中國地寬而富，日本地狹而貧，相校已多不值；且近聞華商運貨東洋，頗難獲利，商船往者寥寥，恐未必能霑其益。倭人貪利無恥，一入内地，雖由各關道嚴禁包攬華税及設店零售，此弊恐難終絶，凡事待官爲稽察，已落第二義矣。

從前中國與英、法兩國立約，被其脅制，兼受朦蔽，西洋諸小國又無端得均霑之益，中國吃虧已甚，且適使之協以謀我。昔年日本遣使初來立約，曾文正公始建議删去均霑一條，鄙人與該使伊達宗城往復商訂，强而後可，自是秘魯、巴西立約，亦稍異於前。此則訂約之初，原爲漸次挽回各國條約張本，用意不爲不深，今若允與西人一律優待，則於舊約廢棄已多。

至南島畸零荒瘠，無可立足，球人竟不肯受。中國派兵設官，徒多耗費，而經營亦甚不易，刻下既無其餉，又無其人，雖於中國國體無虧，然球王不釋，實乖中國繼絶存亡之意，而又多添一累，殆非計也。

聞總署雖與宍户定議，並未畫押蓋印，敝處前此遵旨密陳一疏，擬俟俄事了結後，決計翻改前説，廟謨頗以爲然。現復交南洋及蘇、浙、閩、粤等省籌議，蓋因宍户屢次催問，而此三數月中又不能不設法宕緩，故藉此爲支展之圖也。執事如晤彼外務卿，亦只以渾含答之，勿露端倪爲要。專泐密復，敬頌勛祺，不具。

代李伯相復劉制軍書庚辰

峴莊仁兄大公祖大人閣下：

頃奉惠書，敬聆壹是。執事會同雪琴宫保查勘沿江礮臺礮隄，往返千餘里，想見蓋勞彌篤，成竹在胸。暗臺不如明臺之佳，此中竅要，非執事躬親閱歷，考覈精詳，無由得其崖略。敝處大沽北塘各海口，亦以明礮臺爲最得力。各省競築暗臺，糜費多而未能合用。創辦之初，每難得法，以後當知變計矣。雪帥奏添兵輪十號之多，未稔擬添何式？今日外洋戰守之具，論聲威雄壯，莫如鐵甲船；鋒棱精鋭，莫如碰快船；扼守港口，莫如蚊子船；伺間襲擊，莫如水雷船。若止尋常木輪，僅可爲通音信、運糧械之用耳。

俄事展限兩月，察其舉動，意似不在開釁。即使漸有成議，所索償費盧布十二兆，合之地山所許，已在九百萬以外，日後籌款大費周摺。東三省各軍，宋祝三營口一旅人數過單，難當大敵；吉林新募萬人，甫經開練，尚無把握。尊議謂中俄逼處，不可輕言戰，不可專恃和，内則發憤自强，外則委蛇求濟，雖諸葛復生，無以易此，洵係破的之論。左相奉召入都，諒必别有嘉謨，聞會議諸公，將待之以主持全局。

鄙人與朝鮮使臣筆談各節，不過相機開導，化其成見，儻該國君臣幡然改圖，未始不可增中國藩籬之固。日本公使宍户璣在總署催結球案，牽涉改約，明係乘俄事未定，圖佔便宜。總署惑於議者聯日拒俄之説，遂與日使議定，僅割琉球南島，而更改舊約，許以利益均霑及内地運貨各事，喫虧較鉅。且日本仍不肯釋放球王，南島又畸零荒瘠，無可立足，是既乖中國繼絶存亡之意，而又多添一累。况日人之詭譎，斷不肯助我拒俄。適廷旨交鄙人籌議，不得不據實密陳，意在俟俄約定後，決計翻改前説，廟謨頗以爲然。聞復交尊處及閩、粤、浙各省籌議，大約因日使屢次催問，此兩三月内不得不設法宕緩，故借外間一議以搪塞之耳。昨密鈔疏稿，補咨台覽，未知有當否？肅泐，復頌勛祺，不具。

（以上卷四）

代李伯相復張觀察書辛巳

西園尊兄年大人閣下：

頃接二月十四日惠函，以球案未結，倭使東旋，欲乘俄約既成，定謀選帥，剋期大舉，仗義執言，以爲鋤强扶弱之舉，研究情勢，無異不搜，卓識遠謨，非於中外大局確有體會者，未由窺其涯涘，曷勝欣佩。此事自去年俄事初起之時，倭人乘我釁端未定，欲來議結球案，兼圖改約，以享西人均霑之利，經鄙人駁斥以去。而倭使宍户機復與總署商議，志在必成。適值都中議者皆持聯倭拒俄之説，總署既憂外患，又迫衆論，遂許日本以改約，僅分琉球不毛之南島，而球案亦將擬結。不知倭人畏俄如虎，詭譎嗜利，斷不能助我以拒俄。

至利益均霑一條，向來日本每藉西人之勢以恫喝中國，猶幸條約稍有異同，尚未合而爲一，今使與西人同霑此利，是爲日本樹黨也。就使日本盡復琉球，始許改約，在中國已覺不值，而況球王仍被羈囚，未能釋回，南島荒瘠僻隘，無以立國，既失中國存球本意，若使自守此土，恐蹈義始利終之嫌，徒爲倭人分謗，且滋勞費而貽後患，此其必不可行者也。朝廷既交敝處籌議，輒即據實直陳，幸總署亦尚未畫押，遂姑置之，不與議結，以俟俄事之定。

倭使出都返國，初意本在要挾，旋聞中俄修好，即已奪氣，未敢顯啓釁端。聞其意在暫擱球案，就目下情形而論，强弱之勢，曲直之理，貧富衆寡之形，皆在我而不在彼。設令彼敢藐視中國，如甲戌年故事，或以孤軍窺我臺灣，或圖犯南洋諸島，我即不妨用孫子伐魏救韓之策，撤防俄之勁旅，分軍三道，載以輪舶，直趨長崎、横濱、神户三口，彼備多力分，四面受敵，國中所用紙幣，未能多購西洋軍械，廢藩叛黨聞風響應，斯時制其死命，或封琉球，或重議約章，皆惟我所欲爲矣。若彼尚徘徊審顧，懼爲戎首，我當蓄鋭揚威，待時而動，一面整理水師，購辦船械，聲威既壯，敵膽自寒。即使琉案懸宕稍久，猶愈於去冬僅分南島，徑以利益均霑一條予之，大受虧損也。前聞南洋各省籌議球案，意見頗歧，未能畫一，自不能不待政府主持。邇者左相所論，亦與鄙見無甚懸殊。總之，剛柔和戰之機，其權皆在廟謨而已。專復，敬頌勛祺，不具。

（以上卷五）

何如璋信函

校點説明

何如璋（一八三八—一八九一），字子峨，廣東大埔人。同治七年（一八六八）進士，光緒初以侍讀出使日本。累官少詹事，督福建船政。馬江之役，法軍毁船廠，坐奪職。

光緒四年（一八七八），何如璋任駐日公使，奉命了解日本情况。兹從《茶陽三家文鈔》二《何少詹文鈔》卷中選録何如璋致總理各國事務衙門信函五通，以見當時形勢及何如璋的見解。

五函以前二函最重要，影響也最大。第一函，何如璋介紹了日本國力、兵力、人心等情况，提出應對琉球事之三策。第二函，何如璋分析國際形勢，英、美等國立場，贊成飭修邊備，布告鄰國，撤回使臣，向日施壓。此建議亦未被采納。此後清政府與日定草約，又拖延不簽，何如璋另外數封信也就再無激烈建議了。

有關此段史實，本叢書另已輯録《清光緒朝中日交涉史料》及李鴻章等人信函，可合并參看。

（李夢生）

目録

何如璋信函

與總署總辦論球事書

上月二十九日寄函具陳高麗與俄日情形，本月初一日捧讀堂憲密諭及大咨問答節略琉球稟稿，又閩省咨函并致總署抄函各件，具徵藎慮周詳，遇事不厭推求之至意，感佩無已。夫阻貢大事也，阻貢而涉日本，鄰封密邇，稍有不慎，邊釁易開，是事大且有關於安危利害也。如璋雖至愚，曷敢以輕心嘗試？唯細揆日本近情，參以閩函所言，有未盡得其要者，請爲台端縷細陳之。

論國事者，百聞不如一見。閩中向時所傳東耗，皆出自商賈無識，及日報誇大之辭，多非其實。如璋來東數月，旁觀目擊，漸悉情僞，前寄呈使東述略，已大概言之。竊以阻貢一案，雖未必盡有把握，東人之不敢遽爲邊患，可揣而知也。閩函所疑各節，查日本疆域不逾兩粤，財賦遠遜三吴，民細而質柔，惟薩摩長門人稍稱才武，中土即云困敝，大小懸殊，故彼國執政知時局艱危，深維唇齒，欲倚我爲援，而又虞未可深恃，不得已改從西制，冀借以牽制强鄰，非有他也。其不敢遽開邊釁者一。

日人自廢藩後，改革紛紜，債逾一億，去歲薩亂，以民心不靖，復議減租，國用因之愈絀。頃下令擬借公債一千餘萬，以繼度支，聞民間未有應者，其窮急可知。邇年賴以敷衍者紙幣耳。若興兵構怨，則軍火船械，購自外國者必須現金，故去歲有向我借槍子之事。東人雖巧，恐不能作無米之炊。其不敢遽開邊釁者二。

該國近更軍制，寓兵於農，常備額陸軍三萬二千人，海軍不及四千人，兵輪十五號，多朽敗不堪駛者。大礮數十尊，不盡新製。定購英廠兵輪三號，以費絀僅一號始抵横濱，名爲鐵甲，實鐵皮耳。每船價值僅三十餘萬金，非鉅製也。其駕駛兵法亦未精，尚非我軍敵。全國口岸紛錯，自防不暇，何暇謀人？其不敢遽開邊釁者三。

廢舊藩時，收田土償以家禄，限十五年爲期，近將屆滿，失職者日就貧困，怨望益深，故十年來禍亂迭起。若復傾國遠争，内變將作。且常額不敷徵調，勢必役及番休，無故興師，徒滋衆怨。彼謀國者皆非輕躁之人，此種情形諒籌之已熟。其不敢遽開邊釁者四。

日之貧且弱，人人所知，無可掩飾。邇來極力張大，外强中乾，以云示强則有之，示羸固非其情。至其發兵保護，詢之琉人巡捕數十名，合商賈祇百餘人，豈欲以此抵禦乎？若疑球人求救日本，何以不言查球人鈔給日本之咨，但敘阻貢之由，所云告急諭倭復貢等字，則皆隱約其辭，與原文異。中山王密咨日人當未見。四年以來，日人不遽肆惡於球者，慮我與之争，或開邊釁，是以徘徊未發。自知理屈，有何可言？若來館謁見者，則爲駐東之球使，日人未嘗禁之，故出入自便，覲所吐情，實非受逼而來。即曰日人陰縱之，亦以此覘我不與争，彼可下手耳，非别存詭詐，欲以此挑釁也。或又以前明倭寇及近年臺灣之役爲疑。不知倭寇舉屬亂民，當時乘土船隨風縱掠，以致沿海騷動。若以今兵艦搏之，立見齏粉。此今昔情形不同也。就令敗約尋仇，空國來争，試思彼兵船幾何，海軍幾何，能令我沿海防不勝防乎？若台之役，則西鄉隆盛實主之，非執政本謀，長崎臨發，追之不及，因將錯就錯，使大久保來中議結。大久保歸，國人交慶。是役東人甚諱言之，大臣皆絶不道，士大夫偶言之，則直認罪過。月前日人捐助晉賑，報中直言台役之後，中人視東人爲非人類，此事亦可少補過云云。鄭書記來總署公然言之，彼蓋揣我之怯，借此以要挾耳，情甚可惡，堂憲斥之，宜矣。西鄉後復議攻朝鮮，執政痛抑之，遂去官稱亂，自滅其身。即此一端，可知東人之不敢輕易生釁。若以爲日人無理如瘈狗焉，時思吞噬，果爾，則中東之好終不可恃。阻貢不已，必滅琉球，琉球已滅，次及朝鮮。否則以我所難行，日事要求，聽之乎，何以爲國？拒之乎，是讓一琉球，邊釁究不能免。欲尋嫌隙，不患無端。日人即横，奚必拘拘借此乎？

且先發制人，後發爲人所制，凡事皆然，防敵尤急。今日本國勢未定，兵力未强，與日争衡，猶可克也，隱忍容之，養虎坐大，勢將不可復制。况琉球迫近臺灣，若專爲日屬，改郡縣，練民兵，資以船礮，擾我邊陲，台澎之間，將求一夕之安而不可得。即爲臺灣計，今日争之，其患猶紆，今日棄之，其患更亟也。不特此也，球人再三哀籲，我不援手，球人將怨於我而甘心從敵，於此事尤爲失算。統籌大局，深帷始終，即因此生釁，有不能不争之者，况揆之時勢未必然乎？且通商以來，各國虚實情僞，無可隱瞞，求貢一事，東人西人固已知之，奉旨籌辦，球人既知，即恐東人、西人亦皆知之。今與言而從固善，即不從，其虧辱不過與不言而棄之等。或者言雖不從，日人有所顧忌，球人藉以苟延，所獲多矣。否則，歲月之間，日必廢之。不言則日人以我爲怯，適啓戎心，將來交涉事件，要挾無厭，辦理已形棘手，邊患亦且日深。言之則日人事已施行，難於挽回，真恐變羞成怒。始終之際，緩急之間，其得失固有較然明白者。

爲今之計，一面辨論，一面遣兵船責問琉球，徵其貢使，陰示日本以必争，則東人氣懾，其事易成，此上策也。據理與争，止之不聽，約球人以必救，使抗東人。日若攻球，我出偏師應之，内外夾攻，破日必矣。東人受創，和議自成，此中策也。言之不聽，時復言之，或援公法邀各使評之，日人自知理屈，球人僥倖圖存，此下策也。坐視不救，聽日滅之，棄好崇仇，開門揖盗，是爲無策。查琉球雖小，近三萬户，課丁抽練不止萬人，棄以資敵，並堅其事敵之心，日人練之爲兵，驅之爲寇，習勞苦，慣風濤，不出數年，閩海先受其禍，非特無策，又將失計。一日縱敵，數世之患，非所宜也。

如璋明知今日中國與諸國結約，决非用兵之時，况值晉、豫旱飢，尤難措手。第揆之日本近情，其不能用兵更甚於我，故先籌上、中二策，或操勝算。若徒恃口舌與争，則日本亦深悉我情實，決不因彈丸之地，張撻伐之威，往反辯論，經旬累月，必求如舊日之兩屬，誠無了期。然等而下之，籌一結局，則或貢不封，謂聽其自來，託于荒服羈縻無絶之義；或封而不貢，謂憐其弱小，託于天朝不寶遠物之名，猶之可也。不然即全予之，邀各國公使與之約曰：琉球世爲日本外藩，不得如内地之廢藩制改郡縣。則球祀不斬，日人不能驅球人爲吾敵，球人已得保其土，吾亦不藉寇以兵，猶之可也。又不然，或徑告日本，以兩國和好，今願舉兩屬之琉球全歸日本，悉聽其治，則準泰西例，許易地，或償金幣，近援俄日互易樺大洲事爲詞，以日之弱當俄之强，樺大洲歸於俄，尚能易其群島，日人敢向索之，俄人不力取之。日可施之於俄，我施之於日，斷不能因此開釁。今日泰西各國之用兵，皆熟計利害，謀定後動，斷無因一言一事遽行開釁者，即此亦可知也。俟其理屈辭窮，而後示以中朝曠蕩之恩，不索所償，亦於體制較爲好看，他日有事交涉，亦多一口實，猶或可也。凡此皆無可奈何之辦法，然較之今日隱忍不言，失體敗事，猶爲彼善於此。

竊謂各國縱横之局，必先審勢而後可以言理。琉球一島，遠不如高麗之拱衛神京，屏藩海外，若俄人垂涎于彼，保護頗難，非先事預籌，弭之于未形不可。若阻貢之事，中土雖弱，猶勝日本。彼雖狂惑，尚未敢妄開邊釁。琉球苟滅，後患滋深，是不争正所以萌邊患。謂今不言，度勢審理，均非甚便，如璋雖愚，豈不知今日不言，國家亦諒其無能而不加深責，緘默之自爲計，固甚得也。第念一介書生，來自田間，總署不以不材而薦，過蒙聖恩，假之使節，臨大事而不克謹慎，冒昧輕試，貽誤疆域，其責固無可逭。若知其利害曲摺，輒意存趨避，置大局而不顧，其責尤無可逃，故敢一一盡言之。如以爲可與言，謹當妥籌辦理，隨時函請，推其極不過棄琉球，斷不至于挑日本。即萬一非意所料，吾發一言，彼即尋隙，亦可斥使臣一人以謝之，尚易轉圜，終不至再擾臺灣。苟推至於斥使臣不足以謝，是日本時欲侵陵，亦無俟專借阻貢一事矣。如以爲不可與言，亦希教示作何辦法。誠恐識闇智昏，不足以料事，矧兹重大，一不得當，則貽誤事機。言之之盡所以求教之者之反復開導，務歸於善也。敢懇一一代回堂憲，察核訓示，飛函示覆，庶幾有所遵循，無虞隕越。臨楮悚惶。

復總署總辦論争球事書

捧密諭及寄李伯相書，謂必須到相持不下，各使始肯出而轉圜。又彼若一味蠻悍，應將駐倭公使及領事各員一概撤回，并布告鄰國，作彎弓不下之勢等因。敬仰明見萬里之外，智周數十年之間，如璋等反覆抽繹，竊嘆言之至當不易也。辦天下之事，不過情、理、勢三字。今情理兼盡，復爲勢所迫，不得不行，所謂箭在弦上，不得不發，今日之謂矣。日本自立約以來，一於臺灣，二於朝鮮，三於琉球，其他約中所有之事，次年即議更改，一則曰勿設領事，再則曰内地置買土貨，三則曰出口免稅，貪心無厭，事事多所要求。自今以後，朝鮮之事，後患更無窮矣。論亞細亞大勢，誠宜開心吐誠，聯爲脣齒。如璋到此，百計周旋理事，交涉之事，皆飭令勿步西人過圖利益，即琉球一案，不欲遽將其無禮無義宣告鄰國，原思留其餘地，以全大局。乃彼竟悍然不顧，徑行滅球，不少留中國餘地，則他日鴟張狼顧，肆意妄爲，不待智者而決矣。蓋事至今日，欲保全兩國和局，必明示以不嫌失和，和始可保。此次琉事係薩人主持，而全國上下皆不直之。然使我不理，則薩勢益張，他人益斂手，我之邊患亦日深。若堅持之，一薩摩之勢，終不敵其全國之人心，兵事將興，參議皆得起而持之。大藏卿大限重信，長崎人，前次臺灣之役，本奉命與西鄉從道偕往，後因各國公使異議，大限遂還。近者大藏書記官與如璋熟，頗言及球事，彼謂非兵端將開，大藏卿不能置喙云云。又泰西諸國有利則趨，有害則避，通商以來，必謂推誠相與，事固難言。然美利堅自修好以來，終始無違言，其熱心爲我，勝於他國。英、俄兩國争雄海上，亞細亞大局全視我之親疎以爲輕重，故皆有結好中國之心。至日本無利可圖，皆有鄙夷不屑之意。琉球一案，日本滅人之國，絶人之祀，美爲民主，尤所惡聞，我苟援互助之條邀之，彼自當仗義執言，挺然相助。兵端將起，則於通商有礙，即英、德各國亦將隨聲附和，出而調停。是我決計持之，球祀可存，和局可保。近以戢薩人輕躁之志，遠且摺彼族狡啓之謀。如璋等反覆抽繹而知堂憲所謂飭修邊備，布告鄰國，撤回使臣，真至計也。

論中國今日之勢，必謂長駕遠馭，直攻日本，往戍琉球，非惟不必，亦且不能。故去歲擬請遣兵船徵貢之外，語不及他。即此次日人廢球，亦不願匆卒下旗，遽開兵端。唯日人如此妄舉，勢不可不與力争。無論其不敢尋釁也，就令薩人輕躁，不計利害而來，亦不如乘此圖之，尚操勝算。中土自大難削平，人尚知兵，士皆任戰，遠攻雖云未逮，近守固自有餘。查日本所有兵船僅足自守，其兵官尚不足用，火器兵械之不足，更無論已。加以國勢紛紜，人心乖隔，帑藏空虛，尤不能與我構釁。彼若不計利害而爲之，第使吾沿海口岸擇要修防，堅守不戰，持之數月，彼亂將作。又況彼曲我直，仗興滅繼絶之義以臨之，左提高麗，右挈琉球，爲三方并舉之謀，使彼備多力分，首尾不能相應，則情見勢絀，久將摺而從我，庶薩人之燄日衰，中東之交可固。若虞其尋隙，復隱忍從之，則彼將益肆要求，明日高麗，後日换約，侵凌攘奪，邊患亦不出十年。且養虎坐大，彼之内治漸修，國帑漸裕，兵力漸精，又所要求於我者各國皆存霑利之心，將我之勢日孤，彼之勢日横，而操縱皆無從措手。是以統籌前後計，不如趁此機會，尚可自操勝算也。今日時勢縱横，安内攘外之方，舍實力整頓海陸軍外，别無奇策。必敢言兵而後可用兵，是嚴修邊備一著，即與東人無事，亦須認真汰練，以備不虞。

如璋才識愚拙，國家大事本不敢妄言，且身爲使臣，職應脩好，而所言乃若失和者，誠以再思熟思，欲保和局，勢不能出於此，惟堂憲斷而行之，大局幸甚。

與總署論球事書

琉球一案，宍户公使既奉其國命商辦，查其來文稱於六月二十九日奉上諭辦理云云，即我五月廿二日如璋前與井上馨議論之明日也。彼於此案忽欲結局，未始非乘我有事，圖佔便宜。然此次來商，不復牽涉改約，且自稱中國從前來往照會，語均不錯。既認球爲兩屬，詞氣較爲公平，惟我志繼絶，彼欲裂土，誠難湊泊。然南島歸我，既出彼口，則以給還球人，自彼所願。又我五月十五日彼大政官布告將冲繩縣廳移設那霸港，或彼更欲將首里讓還球王。此間有日本人來告云：有人上書求即以琉球王爲冲繩縣令，政府未允。或彼政府即有此意，亦未可知也。

如璋密查日本近情，百姓請開國會，朝野既爲不和，而當道諸公薩長兩黨傾軋愈甚，新聞言其近日會議，竟致毆擊。紙幣價格愈低，初行紙幣，與洋銀相抵，今年春間至每洋銀百换紙幣一百五十餘。新任大藏卿佐野常民將大藏存銀發出補救，減至百三十，近又百六十矣。民益浮動，政府更欲募外債數百萬以圖挽回，其内債尚存三億五千一百萬有奇，外債尚存一千一百萬有奇，原額一千六百五十九萬，還五百萬矣。今勢出無奈，更以加增，貧困如此，若更騷擾，内亂將作。此種情狀，凡在日本者皆能知之，乘隙思逞，實無可慮。惟日懼俄殊深，萬一有事，高島炭坑之煤，不知能力守局外之例，嚴杜俄人强買否耳。若助俄助我，揣彼近狀，皆力有所未能也。

復總署論球案暫緩辦理書

此間近日別無動静，惟有新刻名「自由新聞」者，内稱球案久無所聞。頃友人傳説，近有海陸軍將官某上書政府，謂可以一戰，而大臣岩倉具視及參議大隈重信、伊藤博文皆以府庫空虚，堅持主戰不利之説，駁斥不聽云云，未審果有此事否也。

本月初一日，奉到堂憲賜諭，并抄單二十件，敬謹讀悉。外有文書二函，承命一交宍户公使，一交外務省。查鈞署前次照覆宍使之文内云：一俟奉有諭旨，如何辦理，自當即行照會。現已欽奉上諭，恭録知照，原係正辦。惟宍户既離北京，即非公使，彼自回國覆命後，不復到外務辦事，眷屬近亦東歸。頃者外間傳聞將改任東京府知事，是宍户使職經既解任，田邊大一所云宍户不能再辦事，亦屬實情。所奉大文既不能接收，自可無庸交去。至轉達外務之文，日本外務之事係卿一人專政，現在外務井卿上馨病假赴東海道，一時亦尚未交。如璋伏查各國通行常例，鄰交諸事原歸外務，然至於争地争城，事關軍國，則必須樞府之平章，議院之公議，不必專於外務交涉也。琉球一案，彼國辦法由内閣指揮，故宍户商辦此案，有大政書記官從中主持。自去年六月宍户奉命以來，彼此商議，皆專屬使臣，不關外務，今行文外務，恐其以不與此事藉口推辭。以狡賴無恥之人，承要盟不遂之後，設竟却而不受，抑或受而不答，恐於事體殊不好看。又查地球諸國交鄰通義，凡所商未經畫押蓋印，即不爲定約。宍户之將歸也，多方催迫，謂我欺誑，不過趁中俄事急，乘機要盟，借此鼓弄耳。及至悻悻而去，我不挽留，彼族詳敘始末，作爲論説，終不敢以廢約爲言。即東西新聞議論此事，亦並無一人以棄盟見責，良以未經畫押蓋印故也。當時鈞署照會宍使，有俟奉諭旨即行知照之文，乃彼於旬日之間，迫不能待，言辭悖慢，無禮已甚，是棄好敗盟，曲固在彼，而我猶含容善待，所以寬假之者至矣。今又復俯就與商，將慮長其狂傲之心、囂凌之氣，非惟無益，且懼有損。要之，彼國自宍户辭歸，宫本罷遣，内情驚懼，外論紛紜。政府諸人尚無定議，即彼欲彌縫妥結，急切亦礙難轉圜。現在彼國公議，有責井上毅以躁妄者，亦責宍户璣以冒昧者，並有謂彼國無禮，應遣員以謝中國者。此論上海字林報曾經譯録，二月二十一日申報新聞備載之。揆其近情，自不如稍假以時，徐觀其後。如彼竟續遣行人，復申前議，則吾得乘機以利導，借勢而轉圜，操縱在吾，事極穩便。若執迷不悟，則交此文書亦復無補於事實。此所以展轉尋思，未敢遽交也。

爲今之計，可否暫留此間，徐徐探察，俟與彼國當事從容言及，告以鈞署主意實在和好，諷以彼使舉動未免輕浮，復將預籌辦法略露梗概。如彼此確有可商，而後行文外務，屬其遣使設法議結。似乎不觸不背，較合事機。如彼此實無可商，則一面固守封疆，益脩兵事，持之稍久，彼以逼近之鄰，不能不備，而以貧瘠之極，勢難久支。此時專命使臣與之辨論，不允則以撤使、罷市相持，彼内怵禍亂，外懼兵釁，自當俯首帖耳，就我範圍。如或不然，則暫將此案置之勿提，彼於内地通商深所注意，我既肯與通融，俟其來商脩約之時，出而抵制，以此易彼，球案不結，商約終不議行，彼亦終當自求轉圜，就商妥結。日本與俄人交换樺大洲一事，歷十餘載而後成盟，外交情形，往往有此。既已今日事處至難，似不如持堅忍之志，待可乘之機，而籌萬全之策也。

如璋又念自此案初起，既歷三年，始則我問于彼之外務，繼則彼商于我之總署，交涉常情，各有是非，即不免各有駁詰，兹之所奉，乃爲上諭，恭繹旨意，自係己國預定辦法，然若遽宣示彼國外務，是執不可移易之鐵案，以商未可必得之事情，國體極尊，天語至重，斯又不能不慎重而三思也。如璋才識本淺，更事未多，熟念此事，旁皇累日。顧以一日身在局中，苟有所疑而不言，是爲廢職，謹將此間近日情狀，覼縷瀆陳，伏冀察度熟籌，詳爲措注。外交之事不厭求詳，愚慮所及恐未必當，務求堂憲訓示遵行。除宍户一函可毋庸再交外，其外務一文現外務卿井上馨告假出京，須四月中方能歸京，如應即交，一俟奉到鈞諭，再行辦理未爲遲晚。肅此敬乞代回堂憲察核爲禱。

復總署總辦論爲球王立後書

十五日奉到來電，遵即譯明讀悉。承命詳訪球王後嗣。查此間所知者，球王有中城王子、宜野灣王子，去歲隨王東來，其餘均未能悉。因即書具密函，陰投隨王之法司官馬兼才，詳問一切。接到覆函，稱王長子尚典年十七歲，次子尚寅年十五歲，均在東京；四子尚順年八歲，王叔尚健年六十三歲，王弟尚弼年三十四歲，其他尚有從兄弟親族，均仍在球。惟稱與球王商議，於南部宫古、八重立小王子，王意不欲。初意以爲南部雖小，終勝於無，分支承嗣，終勝於滅，然繼思其言，亦不無情理。查宫古雖合九島爲稱，宫古島外，一平良峰，一來問，一大神島，一地間島，一水納島，一惠良部島，一下地島，一多良間島，總稱曰宫古島。而周迴不及二百里；八重雖合十島爲稱，一石垣島，一小濱島，一武富島，一波照間島，一入島，一鳩開島，一黑島，一上離島，一下離島，一與那國島，總稱曰八重山島。而周迴不及百里。且各島零星，地瘠産微，向隸中山，衹供貢獻，所派之官，不過在番、官名。筆者官名。數人，餘皆選土人爲之，政令多由自主。僅此區區之土，欲立一君，固難供億，使之奉一少主，慮島民亦未必服從。球王自來東後，日本照其本國廢藩之例，核王所有，給以十之一。去歲由大藏省予以十四萬金，獲土恐須還金，在球王固自不願，分一少子，不能成國，非其所欲，亦猶人情。然中國所以出争，原欲興滅斷絶，苟得三分分屬，仍舉南部予球，事固可了，而中部諸島，日人終不願交還。及今而有南部歸我之議，我欲舉以畀球，而球人反不敢受，是我之意志俱隱，而辦法亦因之而窮。如璋反覆尋思，曾無善策。

復念冲繩縣署日人既移那霸，我五月十九日大政官布告，二十二日傳命宍户公使辦理，同在數日事也。是既將（守）〔首〕里城讓出，若令球王還國，仍保此地，守其宗廟，於此次立專條中聲明一條曰「自今中部諸島均歸日本管理，惟首里一城仍還舊王尚泰，令其還國，世守宗廟墳墓，日本待尚泰一家務須優厚」云云，則球祀亦可不斬，而球王得歸故土，重完骨肉，盡釋拘束，亦尚應感戴天恩。查日本舊日廢藩，所有各藩主或居京，或居本土，均聽自便，即琉球舊日附屬之薩摩藩舊王島津久光，今在薩摩。而稱爲華族，仍世守其家，不絶其祀，則將此一節，與彼使議論，彼亦無辭可拒也。此説若行，則於絶祀一節，尚可保一綫之延。惟南部宫古、八重諸島割以隸華，在美前總統格蘭脱謂此爲大平洋來往要道，中國應自管理；在中國則謂義始利終，得球人之土，反慮分日人之謗，中國不便管理。惟今日之議既議割以隸華，此彈丸黑子畀之球王，球王又不受，聽其自治則片土不足自保，萬一爲他人竊據，是地逼處臺、澎，恐貽卧榻鼾睡之憂。引爲自管，俾與内地相同，既嫌得土，又須鞭長不及之患。再四尋思，又難措辦。似應請將此南部諸島聲明内屬，以絶歐西諸國占地之意，然後再覓球王親族，使之治理，與從前雲貴等處之土司一體，則我無貪其土地之名，彼球王亦可分衍其支派，而此刻不必設官，亦尚無難辦也。是否有當，敬求代回堂憲察核，酌度辦理。

郎潛紀聞

〔清〕陳康祺 撰

校點説明

《郎潛紀聞》初筆、二筆、三筆各十四卷，總計四十二卷，清陳康祺撰。陳康祺（一八四〇—？），字均堂，浙江鄞縣人。同治六年（一八六七）舉人，十年成進士，官刑部員外郎，改昭文知縣。

《郎潛紀聞》專記清事，内容以士林、官場、典章制度爲主，收羅繁富，間以考證、品評，頗多真知灼見。二筆又名《燕下鄉脞録》，三筆又名《壬癸藏札記》。

本書録自中華書局一九八四年晉石點校本二筆卷十三、三筆卷十一，分記琉球朝貢事及梁山舟（同書）書法在琉球受重視事。

（李夢生）

郎潛紀聞

琉球臣服本朝之恭順

故事：琉球國間歲一貢，道光十九年，詔改每四年遣使朝貢。是歲中山國王尚育咨達閩撫，謂「琉球地濱海，最患多風，惟朝貢以時，則風雨和順，每遇貢年，歲必大熟。又貢船出入閩疆，歲須時憲書，得以因時趨事，庶務合宜。又琉球不産藥材，賴貢船載回應用。至航海鍼法，全賴隨時學習，番休更替。若四年一朝，則豐歉不齊，人時莫授，藥品缺乏，鍼盤荒疏，請奏復舊制。」時撫閩使者爲吴文節公文鎔，疏聞，手敕報曰：「據奏情辭真摯，如所請行，並允令陪臣子弟隨同貢使入監讀書。」按：琉球臣服大朝，最稱恭順，在我國家八荒亭毒，原望其承庥衍緒，永爲瀛海維屏也。

梁山舟書名播於日本琉球

梁山舟學士書名滿天下，求書者紙日數束。嘗言古善書皆有代者，我獨無，蓋不欲以僞欺人也。其誠篤如此。時日本國有王子好書，以其書介舶商求公評定。琉球生自太學歸國，踵公門乞一見。公以無相見儀却之。其人太息曰：「來時國王命必一見公而歸，今不得見奈何。」因丐公書一紙，曰：「持是以復國王耳。」其名盛又如此。

清光緒朝中日交涉史料

校點説明

《清光緒朝中日交涉史料》，故宫博物院編。編者乃選録光緒一朝與日本交涉之有關奏章、上諭等彙編而成，兹從中輯出自光緒三年（一八七七）至光緒八年（一八八二）有關琉球事，以見中琉事始終原委。

自鴉片戰争後，中國畏西方列國之强，夷人之艦，視扣直沽、逼京城爲兒戲，動則以兵威脅，朝野談夷色變。而於近在咫尺之日本，則沿襲舊見，視爲蕞爾小國，兵少國貧，如奮起蹙之，大可滅此而朝食，遂坐養其强，以緻甲午一戰，一敗塗地。

（李夢生）

目録

清光緒朝中日交涉史料

光緒三年

閩浙總督何璟等奏據情陳奏琉球職貢日本梗阻摺五月十四日

閩浙總督兼署福州將軍臣何璟、福建巡撫臣丁日昌跪奏，爲琉球國因日本阻貢，密遣陪臣赴閩吁請，據情陳奏，恭摺仰祈聖鑒事。

竊臣等於四月初四日據福建布政司詳：據福防同知轉報，琉球國土小船一隻，内配官伴、水梢三十九員來閩陳情，護送進口，委查船内并無土産方物。據琉球通事林世功同陪臣紫巾官向德宏、都通事蔡大鼎等奉國王命遣陳國情，去年十月二十五日放洋，因風色不順，本年二月二十九日始抵福州。隨據該陪臣等赴司賫投該國王密咨一件，并稟請吁懇詳咨給憑赴部瀝情等語。除飭照例安插供膳外，合將該陪臣等原稟、該國王密咨照録，詳情核遵等情前來。臣等會核咨稟，備悉日本阻貢情事。

伏念我朝撫綏萬方，不寶遠物；即或深航濡滯，從無詰責之文，所以懷柔遠人者至優且渥。至外藩如有事故申陳，例得由督、撫臣據情代奏。查琉球世列外藩，夷修職貢，較諸國最爲恭順。兹以倭人中梗，方物稽期，該國王昕夕憂危，力難抗拒。深恐失修朝貢事，上負累朝覆載之恩，且慮日本聞知構釁，因飾爲遭風漂泊到閩，冀得剖露直誠，用心良苦。該陪臣等銜命遠涉，欲詣闕陳情，以紓該國之難，其情亦可矜憫；若不代爲陳請，何以宣朝廷綏遠之恩、慰藩服瞻依之願。

臣等伏查前代所隸外藩，或因其山川險阻，足以拱衛藩籬；或因其物産富饒，足以供給賦稅。是以招携懷遠，不惜煩兵力而擴版圖。今琉球地瘠民貧，孤懸一島，本非邊塞扼要之地；無捍禦邊陲之益，有鄰邦釀釁之憂。徒以其恭順二百餘年，不忍棄諸化外。且此次委曲陳情，頗昭忠悃，若拒之過甚，轉恐泰西各國謂我不能庇護屬邦，益啓群島以携貳之漸。合無仰吁天恩，飭知出使東洋侍講何如璋等於前往日本之便，將琉球向隸藩屬、該國不應阻貢與之剴切理論；并邀集泰西駐倭諸使，按照萬國公法與評曲直。趁該國内亂，有求於我之時，因勢利導，庶幾轉圜輕易。如竟意存叵測，則在使臣臨時斟酌，總期於無隙可尋。是否有當，伏候聖裁。

呈現在該國使臣應否給憑準其入都及取道水陸，抑飭令該陪臣先行回國，暫留通事等官數人在閩恭候諭旨遵行，臣等未敢擅便。除將該國王密咨及該陪臣原稟照抄咨總理各國事務衙門備查外，所有琉球國内日本阻貢、密遣陪臣赴閩陳情緣由，理合據情，會同密陳，伏乞皇太后、皇上聖鑒，訓示施行。謹奏。

軍機處寄閩浙總督何璟等上諭五月十四日

軍機大臣字寄兼署福州將軍閩浙總督何、福建巡撫丁、督辦船政事宜候補三品京堂吴：

光緒三年五月十四日奉上諭：「何璟、丁日昌奏日本阻梗琉球貢物請旨辦理，吴贊誠奏遵旨赴臺并布置船政事宜各一摺。琉球此次所貢方物爲日本所阻，該國王遣陪臣等前赴福州投遞密咨，懇給憑赴部瀝陳。琉球世守藩服，歲修職貢，日本何以無故梗阻？是否藉端生事，抑係另有别情？着總理各國事務衙門即傳知出使日本大臣何如璋等，俟到日本後，相機妥籌辦理。至琉球使臣暨通事人等，即着何璟、丁日昌飭令統行回國，毋容在粤等候。吴贊誠現在前赴臺灣，該處一切事宜經丁日昌實力經營，粗有頭緒，應如何籌畫布置，着吴贊誠隨時咨商何璟、丁日昌次第施行，毋稍松勁。丁日昌假期將滿，一俟病體稍痊，仍着馳赴臺灣，以副委任。吴贊誠渡臺後，省中船政事宜，即着責成道員吴仲翔妥爲籌劃。至購辦船隻爲目前要務，經費支絀，措手爲難；閩海關欠解款項甚多，亟應速行籌解。着何璟於該關應解之款按月照數撥解；并將新舊欠款陸續解清，以濟要工而維大局。將此由四百里各諭令知之。」欽此。遵旨寄信前來。

光緒四年

總理各國事務衙門奏日本梗阻琉球入貢現與出使商辦情形摺六月初五日

臣奕等跪奏，爲日本梗阻琉球入貢，現與出使大臣相機籌辦情形，恭摺密陳，仰祈聖鑒事。

竊臣等於光緒三年五月十四日欽奉上諭：何璟、丁日昌奏日本梗阻琉球貢物，請旨辦理一摺等因，欽此；并由軍機處鈔交何璟等原摺一件到臣衙門。臣等公同查閲，原奏稱：琉球密遣陪臣賫咨來閩，有托言海船遭風情事，其畏懼日本可知。當經臣等告知何如璋等，如據其密咨與日本辯論，恐日本責問琉球，適啓釁隙；不若由閩省以琉球貢使久延未至、風聞日本有阻撓情事爲由，逕咨出使大臣就近查詢，則日本無從尋釁琉球，而發端自外，亦復較易措詞。當經行知何璟等在案。嗣何如璋等行抵日本，函稱：「琉球陪臣耳目官向篤忠迭次在東求見，面陳危迫情形，鈔呈該國近與日本來往文書。反復詳閲，緣琉球於明萬曆時役屬日本之薩摩島，數年前始改隸東京。該國王曾聲請中、東兩屬，日本許之。近以日本廢置諸藩，乃迫令改朔易制，其意直欲并舉琉球而郡縣之。以其臣事我朝，牽掣顧忌，未敢遽發，故百計撓之，欲琉球之携貳於我，而後可逞其志。此阻貢之所由來也。揆勢度情，自不能默爾而息；端待閩咨，以憑核辦」云云。

又經臣等函催何璟去後。旋據何璟等將咨文寄來，并另函聲稱「遲遲未發之故，實以日本舉動叵測，難保不籍琉球爲挑釁之端。臺灣一郡密邇鄰封，懲及前事，未免躊躇。且恐琉球或有首鼠兩端之計，不可不防」等語。臣等因復函屬何如璋等詳細察度情形，再行核辦。現據密復，縷述日本國勢困敝，自改從西制以來，所費不貲，餉無所出，又甫經内亂，必不敢遽開邊釁。琉球危急可憫，不能不爲援手各情。因籌擬三策：一爲先遣兵船責問琉球，征其入貢，示日本以必争；一爲據理與言，明約琉球令其夾攻，示日本以必救；一爲反復辯論，徐爲開導，若不聽命，或援萬國公法以相糾責，或約各國使臣與之評理，要於必從而止。臣等核其所陳，似尚不爲無見。伏查琉球孤懸海島，地瘠民貧，二百餘年，恪守藩服。今以逼近日本，爲所追脅，國勢瀕危，若竟棄之而不爲覆庇，勢必爲日本所併，誠不足以宣聖朝綏遠之恩，而慰荒服瞻依之願。惟是先遣兵船責問及明約琉球夾攻，實嫌過於張皇，非不動聲色辦法。又，日本自臺灣事結後，尚無别項釁端，似不宜遽思用武。再四思維，自以據理詰問爲正辦。因復與北洋大臣李鴻章往返函商，意見亦復相同。現擬由出使大臣徑據琉球陪臣所述情事先爲發端，使日本不致遷怒尋仇，别生枝節。

除由臣等函告何如璋等相機審辦外，理合將先後與出使大臣籌辦日本阻撓琉球入貢緣由，恭摺密陳，伏乞皇太后、皇上聖鑒。謹奏。

光緒五年

軍機大臣寄兩江總督等上諭三月二十八日

軍機大臣密寄兩江總督沈、署兩江總督江蘇巡撫吴：

光緒五年三月二十八日，奉上諭：「沈葆楨奏：接出使日本大臣來信，該國廢琉球爲縣等語。琉球外屬中國，日本竟敢阻其入貢，夷爲郡縣，狡焉思啓，情殊叵測。亟應妥爲備豫，力圖自强，以固藩籬。着沈葆楨、吴元柄將南洋防守事宜悉心區畫，實力籌辦；固不可稍涉張皇，亦不得稍存大意。并着隨時探明該國情形，密速具奏。將此由五百里各密諭知之。」欽此。遵旨寄信前來。

總理各國事務衙門奏日本梗阻琉球入貢情形摺閏三月初五日

臣奕等跪奏：爲接據出使日本大臣電報，現在日本梗阻琉球入貢情形，恭摺密陳，仰祈聖鑒事。

竊臣衙門前於上月十九日將出使日本大臣何如璋等迭次與日本辦詰阻梗琉球入貢一案大概情形，密摺具奏，奉旨：「依議。」欽此。當即密咨該大臣并南、北洋大臣遵照在案。嗣於上月二十七日據何如璋等電報内開：「東松田至球，舉動未詳。十三日，大政官示：廢球爲縣。此事如何因應？請示遵！余俟緘呈」等語。臣等查何如璋等前屢函述日本派其内務大丞松田往球，欲廢藩爲郡縣，何如璋見其内務卿，據稱必無他事。又見其外務卿阻之，據稱既經派出，非所能阻，兩國議妥，即可撤回。何如璋等告以事無可商，即將告歸。又開派出駐華使臣宍户璣，此案結局必在中國等因。其時雖有廢球之説，尚未有廢球明文。今據何如璋電報，是派往琉球之人既去，而其國又以廢球之事公然宣示，其不顧情理，殊屬已甚！何如璋見此情形，恐以事無可商，祇可回華。所稱如何因應者，欲取决臣衙門以定行止也。臣等再四揣度：琉球與日本偪處，國小而弱，日本久已覬覦，其所以歷久圖存者，未嘗不賴中國維持之力。現在中國局勢未能長駕遠馭，日本豈不知之；乃廢球一事，一面宣示國中、一面仍派使臣來華，是其國亦尚有顧忌中國之意。從前臺灣一案，日本兵駐番社，即遣使臣大久保利通來京辯論。此次舉動，大略相同，或者如臺案故智辦理，亦未可知。其所派使臣宍户璣，據其署使臣鄭永寧函報，現已抵津，日内計將到京。前據何如璋等函稱，此案結局必在中國。臣等擬俟日本使臣到後，即據理與條約向其辯論，相機辦理。其國既派使臣來華，是注意亦在與臣衙門商辦，何如璋等正可趁此機會，與臣衙門一氣相生，仍向其内、外務等衙門極力與争，并約駐日之西洋各使相助爲理，俾知公論所在，情理難容，或尚可以就範。此時何如璋等若竟廢然而返，不但於事無益，且一露决裂痕迹，恐日後愈難轉圜。應請飭下該大臣仍在日本，將此案妥爲隨時商辦，勿遽回華，以顧大局，是爲至要。

除由臣衙門密行電寄何如璋等遵照外，理合恭摺密陳，伏乞皇太后、皇上聖鑒，訓示遵行。謹奏。

光緒五年閏三月初五日，軍機大臣奉旨：「依議。」欽此。

總理各國事務衙門奏美統領調處琉球事摺七月二十一日

臣奕等跪奏，爲接據出使日本大臣函報美國前統領在日本調處琉球事擬有辦法，謹將大概情形先行恭摺密陳，仰祈聖鑒事。

竊臣衙門前準出使大臣何如璋等電報稱：日本政府示廢琉球爲縣、遣兵赴球，該大臣與之詰問，又日國改遣使臣來華等情，於閏三月初五日具奏在案。嗣有美國前統領格蘭忒游歷來都，亦經臣等於四月二十八日奏明在案。

臣等以格蘭忒係美國前任統領，用兵定亂，威望著聞；美國又爲日本所畏服，知其即有日本之行，球事或可從中爲力。因於接晤之際，述及此事，格蘭忒亦謂日本無理。臣等即將此事始末，詳細告之。

并言琉球久屬中國，日本無故廢之，滅人國、絶人祀，殊出情理之外，托伊到彼代評此理，以持公道。格蘭忒允爲設法調處。迨由津赴東，又經直隸督臣李鴻章與之面商，渠亦應允不辭。近由李鴻章抄寄格蘭忒在日本來函，内有「所托之事，仍當妥商辦法，不敢預定」等語。玆臣等接何如璋等函稱：見美國駐日使臣平安，據稱「事必須了，且必須兩國有光，已與前統領商一辦法。查琉球各島，本分三部，今欲將中部歸球，立君復國，中、東兩國各設領事保護之。其南部近臺灣，爲中國要地，割隸中國；其北部近薩摩，爲日本要地，割據日本。未知貴國允否」？當答以「本國意在存球，惟期球祀不絶而已」。美使欣然等因。臣等查日本廢球爲縣，經何如璋等與其外務争辯，臣等與其使臣宍户璣詰責，往復辯論已歷數月，彼惟一味强詞奪理，并謂琉球爲彼舊屬，始終無一毫悔悟之機。其貪狡爲心，固有非情理所能動者。格蘭忒所擬辦法日本尚未答復，惟能否就範，正不可知。然竊以日人狡詭卑鄙，諂事西人，其於美國尤爲心悦誠服，今以格蘭忒一言，或可幡然改計。至中國在球設立領事，揆諸「字小」之義，尚無不合。惟將琉球南部割隸中國，中國豈可因以爲利，且非朝廷撫綏藩服之體，臣等擬俟定議後，另籌辦法。緣現在若由何如璋將此意宣示，則日本必借口於中國未允，以便其不甘輸服之私，届時格蘭忒勢處兩難，轉不免於鬆勁也。又據何如璋等聲稱：格蘭忒之意，必欲得當以報；且有欲將大局説定，然後歸國。并事可照行，須立專條，擬請美國一同畫押各等語。是日人即不遽從，亦必别有辦法。此事似已漸有端倪，謹將大略情形先行奏聞，上慰宸廑。

所有臣等接到出使日本大臣何如璋函報美國前統領調處球案辦法緣由，理合據實密陳，伏乞皇太后、皇上聖鑒。謹奏。

光緒五年七月二十一日，軍機大臣奉旨：「知道了。」欽此。

總理各國事務衙門奏美統領格蘭忒在日本商辦琉球事情摺八月初五日

臣奕等跪奏，爲接據直隸督臣李鴻章函報，接準美前統領格蘭忒函稱在日本商辦球事情形，恭摺密陳，仰祈聖鑒事。

竊臣衙門前接出使日本大臣何如璋等函報：見美國駐日使臣平安，據稱已與前統領商一辦法：查琉球各島，本分三部，今欲將中部歸球，立君復國，中、東兩國各設領事保護。其南部近臺灣，爲中國要地，割隸中國；北部近薩摩島，爲日本要地，割隸日本等語。臣等當以格蘭忒所擬辦法，日本能否就範正不可知，并擬俟定議後，另籌辦法等因，於本年七月二十一日奏聞在案。

兹據李鴻章函稱：近由美國領事德呢、副領事畢德賫到美國前統領格蘭忒致臣奕訢函及致該督臣函各一件，譯其來函，語意須將何如璋前給日本外務省照會撤銷，由兩國另派大員會商辦法，始有結局。又稱：美國副將楊越翰同日致該督臣函内云，格前統領寄臣奕訢之函繕畢後，已交日君美加多閲看，毫無異詞。美國領事德呢謂其前統領受臣等面托球事，既與日本君臣議定，此信即算是公文，擬請摘録原信要語，由臣衙門照會日本外務省，請其另派大員會商等語，并譯録格蘭忒原函二件前來。臣等查此次李鴻章函稱各節，與前何如璋函報情形不同。惟格蘭忒前游歷來都時，臣等將球事詳細告知，囑其到日本後持平辯析，格蘭忒允爲設法調處； 迨出都過津，又經李鴻章與之面商，伊亦應允不辭。 茲閲其致臣奕訢函内有稱「但若中國肯寬諒日人，日本亦願退讓中國，足見其本心不願與中國失和」等語，詞意渾涵，未審其所謂寬讓、退讓者果何所指？其致李鴻章函云：「何如璋前有一文書，日本深怪彼此不常見面，公事亦不能商量，不妨將前項文書撤回，另派大員與日本議辯，當可設法了結」。美領事德呢并稱： 球事既經格蘭忒與日本君臣議定，此信即算公文各等語，則球事尚無把握。 無論前者何如璋來函所述辦法，格蘭忒未必與日本議明； 即使日本允此辦法而未由格蘭忒一手經理，另由中、日兩國派員會商，日本狡譎已甚，恐仍未易歸宿。 然就現在情形而論，似只可照李鴻章函内所稱摘録格蘭忒原信要語，由臣衙門照會日本外務省，請其另派大員來華會商，一俟接其照覆如何，臣等再行具奏請旨定奪。

所有臣等接到李鴻章函送格蘭忒原函商辦球案緣由，謹鈔呈原函二件，伏乞皇太后、皇上聖鑒，訓示施行。

再，美國使臣西華七月二十四日來署，臣等詢及格蘭忒行踪，據云已於數日前自日本起程回國，合并陳明。 謹奏。

光緒五年八月初五日，軍機大臣奉旨： 「依議。」 欽此。

（以上卷一）

光緒六年

總理各國事務衙門奏請派員商辦琉球案摺六月二十四日

奴才奕訢等跪奏，爲奏聞請旨事。

竊查日本廢置琉球一案，臣衙門與出使大臣何如璋等先後照會其使臣并外務卿反復辯論及面與爭執各情，迭經奏報在案。上年四月間，美國前統領格蘭忒游歷來京，欲前往日本，臣等及李鴻章先後與之談及此案，格蘭忒允爲設法調處去後。臣等接何如璋報「晤美國駐日使臣平安稱：格蘭忒擬一辦法：球地本分三島，議將北島歸日本、中島還琉球、南島歸中國，似此事可了，亦兩國有光。又稱：格蘭忒將大局説定，然後回國」云云。臣等方謂事有可商，於上年七月二十一日奏聞。旋接李鴻章寄到格蘭忒致臣奕訢及該督各一函，譯出詳閲，大意謂應將何如璋前給日本照會撤銷，由兩國另派大員商辦，始有結局；并有中國肯寬讓日本、日本亦願退讓中國，其本心不願與中國失和等語。臣等以其與何如璋所報不符，知事又一變，疑所擬三分之説，或日本不願遵照也。且格蘭忒手書，聲明曾給日君美加多閲看，毫無異詞，似以只能照函中語意辦理。當於上年八月初五日具陳一切，奉旨「依議」。欽此。臣衙門即遵旨照會日本外務卿，請其派員會商。九月間，接其照復稱「球事係其釐革内政，屑屑問難，非鄰好之美。若派員會商，果係銷嫌尋好，固所願也」等語，仍係躲閃之詞。臣衙門又辦給照會，謂「既經美前統領解勸，從前辯論暫置弗提，願照美前統領信内所稱次第辦理；如貴國亦願照辦，即希見覆」云云。嗣宍户璣來臣衙門晤談，再四辯難，始明有要中國先撤何如璋所給照會，臣等答以「此格蘭忒原議。但原議内中國所應辦者只此一事，其餘皆貴國應辦之事，須待派員會商可以辦到如何分際，定議之後，中國先撤照會，方是正理」。宍户璣無詞而退。本年二月十九日，接外務照覆，則稱「從前辯論置而弗論，深以爲愜；美前統領勸解之意務保和好，亦所同願」云云，仍是空有搪塞。其時適李鴻章函報該國外務密遣竹添進一赴津謁見，述其執政之意，願將南島歸於中國，而欲更改約章，增内地通商各款。并稱此來只是私相探問，不算公事，如中國可以俯允，再遣使來議等語。臣等思南島歸我，是格蘭忒原議，而抹去中島復球一層，與中國欲延球祀之命意不符。且無端議改從前屢請未許之條款，均屬事不可行。與李鴻章往返函商，意見相同，李鴻章遂嚴詞拒之而去。乃外務卿照復及宍户璣均不提一字，可謂狡獪之極！臣衙門於三月十一日又經照會彼外務，詢以意見相同，現派何員前來，先行知照等語。六月二十日，接其照復，内稱「先撤行文及派員二事，貴國既不喜；敝國以保全和好爲旨，必不要求貴國所不喜。今將商辦事宜，任之宍户璣，希秉公由恕與之商議，使兩情浹洽」等語。又準宍户璣照會稱「議球事件，現歸辦理。請問貴國派何員、於何地方」等因前來。臣等查琉球一案，議論已越年餘，迄無端緒。日本輒指爲彼之屬國，而以廢置爲其内政；經格蘭忒從中調處後，彼外務卿易井上馨與何如璋會晤詞氣較爲和平。此次照復各語，與格蘭忒原議尚無不合。惟彼族心懷叵測，此事有無可商，實未可知。應否特派大員同該使臣商辦，抑或即派臣衙門堂官會同辦理之處，臣等未敢擅便，伏候聖裁。

所有擬請派員商辦球案緣由，恭摺密陳，伏乞皇太后、皇上聖鑒，訓示遵行。謹奏請旨。

軍機處傳知總理各國事務衙門辦理琉球事件上諭片六月二十四日

交總理各國事務衙門：

本日軍機大臣面奉諭旨：「總理各國事務衙門奏『請派員商辦琉球事件』一摺，着派該衙門王大臣會同日本使臣妥商辦理。」欽此。相應傳知貴衙門欽遵可也。此交。

總理各國事務衙門奏與日本使臣議結琉球案摺九月二十五日

臣奕訢等跪奏，爲日本廢球一案，臣衙門現與日本使臣宍户璣商議辦結，恭摺奏祈聖鑒事。

竊臣衙門前奉上諭：「詹事府右庶子張之洞奏『俄人恃日本爲後路，宜速聯絡日本，所議商務可允者早允；但得彼國兩不相助，俄勢自阻』等語。着總理各國事務王大臣酌度辦理」等因，欽此。當經臣等於七月十九日具奏「現在正與日本使臣宍户璣會商，隨時察度情形，奏明請旨」在案。

嗣宍户璣來臣衙門面遞節略，大意欲照各國「一體均沾」之例酌加條約，而割琉球南部宫古、八重山二島以屬中國云云。臣等查日本廢球一事，臣衙門與出使大臣何如璋等先後照會其使臣并外務卿反復爭論，迄無端緒。本年六月，始據其外務照覆臣衙門，將商辦事宜任之宍户璣等語。今宍户璣請以二島屬中國，南洋大臣劉坤一謂「以南兩島重立琉球，俾延一綫之祀，庶不負『存亡繼絶』初心，且可留爲後圖」；北洋大臣李鴻章謂「南部兩島交還，已割琉球之半。此事中國原非因以爲利，應還球王駐守。就此定論，或不至於俄人外再樹一敵。若球王不復，南島枯瘠不足自存；中國設官置防，徒增後累」各等語。持論各有所見，而皆以「存球祀爲重」，與臣衙門争論此事本意相同。雖兩島地方荒瘠，要可借爲存球根本；况揆諸現在事勢，中國若拒日本太甚，日本必結俄益深。此舉既以存球，并以防俄，未始非計。臣等因與宍户璣議定專條。載明分界以後，彼此永遠不相干預；庶以中國如何設法存球，日本無從置喙。并與宍户璣議明：以光緒七年正月交割此地及彼此派員如何會辦，開列專條之後。至宍户璣請加「一體均沾」之條，臣等查各國約内，俱有此項明文，當時李鴻章與日本訂立「修好條規」，力持此條未允辦理，頗費苦心。其後日本使臣屢以爲言，臣衙門均經照約駁覆。轉瞬修約届期，必來嘵瀆。今因琉球一案，遂舉其蓄意多年者請爲加約。緣各國皆準在中國内地通商，日本條款第十四、第十五兩款載明「兩國商民不準出入内地」，日本商民不如各國得沾中國利益之多，故願照各國例，加入「一體均沾」之條，以抽换十四、十五兩款。臣等揣其情形，若仍照前堅執不允，球案必無從辦結。惟日本條規，逐條皆從兩面立論；今雖稍予通融，仍應預防流弊。且既一體沾受其益，必須一體遵守其章，將來辦理，庶歸一律。至此條特爲了結球案，允準應俟二島定期交割以後開辦。以上各節，皆爲最要關鍵。臣等與宍户璣往返辯論，始定爲加約第一、第二兩款。宍户璣初議：以該國現與西洋各國商議增加關税、管轄商民兩事，美國已經應允，請一并加入條約。臣衙門前據出使大臣何如璋等函述，大略相同。日本既與各國商議，中國豈能獨不與聞。因與宍户璣議明，另立憑單聲明：俟日本與各國訂定後，再行彼此酌議，無庸并入加約。以上均係有關商務之事，臣等分别緩急，如「一體均沾」一條，其勢不能不允者則允之；如加關税、管商民兩事，其勢尚可從緩者則緩之。凡此，皆爲顧全大局、聯絡日本起見。

謹將所擬球案專條一件、加約條款一件、憑單一件，一并照録，恭呈御覽。所有議結琉球一案緣由，是否有當，伏乞皇太后、皇上聖鑒訓示。謹奏請旨。

光緒六年九月二十五日，臣奕訢、臣寶鋆。

謹將球案條約擬底，恭呈御覽。

大清國、大日本國以專重和好，故將琉球一案所有從前議論置而不提。大清國、大日本國公同商議：除冲繩島以北屬大日本國管理外，其宫古、八重山二島屬大清國管轄，以清兩國疆界；各聽自治，彼此永遠不相干預。

大清國、大日本國現議酌加兩國條約，以表真誠和好之意。兹大清國總理各國事務王大臣、大日本國欽差全權大臣勛二等宍户璣，各憑所奉上諭便宜辦理，定立專條，畫押鈐印爲據。

現今所立專條，應由兩國御筆批準，於三個月限内在大清國都中互换。光緒七年正月交割兩國後之次月，開辦加約事宜。

謹將加約擬底，恭呈御覽。

大清國、大日本國辛未年所訂條約，允宜永遠信守；惟以其内條款有須一二變通，是以大清國欽命總理各國事務王大臣、大日本國欽差全權大臣勛二等宍户各遵所奉諭旨公同會議，酌加條款。所有議定各條，開列於左：

第一款：兩國所有與各通商國已定條約内載予通商人民便益各事，兩國人民亦莫不同獲其美。嗣後兩國與各國加有别項利益之處，兩國人民亦均沾其惠，不得較各國有彼厚此薄之偏。但此國與他國立有如何施行專章，彼國若欲援他國之益使其人民同沾，亦應於所議專章一體遵守。其係另有相酬條款纔與特優者，兩國如欲均沾，當遵守其相酬約條。

第二款：辛未年兩國所定修好條規及通商章程各條款與此次增加條項有相礙者，當照此次增加條項施行。

現今所立加約，應由兩國御筆批準，于三個月限内在大清國都中互换。

光緒六年九月二十五日。

謹將憑單擬底，恭呈御覽。

兩國通商事宜有與他通商各國隨時變通之處，彼此預爲言明：嗣後此國有將與他各國現行條約内管理商民、查辦犯案各款暨海關税則更行酌改，俟與他各國訂定後再行彼此酌議。因此，預立憑單，畫押爲據。

總理各國事務衙門申明議結球案情形片九月二十五日

再，臣衙門現與日本商辦球案并擬議加約各情形，業經另摺奏明在案。查琉球共計三島，北島久爲日本占去；至中島，係琉球國王所居之島，現亦專歸日本。南島土産，據北洋大臣李鴻章函稱：「詢諸琉球國臣向德宏云：每歲出穀不過二萬石。并云琉球自屬日本以來，所産各物，日人肆行取納，或隨人口增税。與日人言，皆舉大約之數」等因。是不獨北島久爲日本所踞，即中島、南島亦均歸日本收税，琉球之隸中國其名而屬日本其實；此事若不與定議，亦無策以善其後。兼之俄國兵輪現均停泊東洋海島，球事不定，恐俄人要結日本，又將另樹一敵。臣等再四籌商，雖以南島存球一綫之祀，地小而瘠，將來亦不易辦，而名義所在，與辯論初衷尚無不合。臣等愚見如斯，是否有當，恭候聖裁。伏乞聖鑒訓示。謹奏。

右庶子陳寶琛奏倭案不宜遽結摺九月二十六日

日講起居注官、右春坊右庶子臣陳寶琛跪奏，爲俄事垂定，倭案不宜遽結，倭約不宜輕許，勿墮狡謀而開流弊，恭摺瀝陳，仰祈聖鑒事。

臣聞日本使臣近因俄約未定，乘間請結琉球一案，陷我以南島而不許存中山之祀，復欲改約二條。總署惑於聯倭防俄之説，辦理已有成議，臣聞之，且疑且愕。以爲分琉球，一誤也；因分琉球而改舊約，又一誤也。分島之誤，近於「商於六里」之誑；因分島而改約之誤，近於「從井救人」之愚。中國受其實害，而琉球并不能有其虛名。五尺童子，猶不肯墮其術中，堂堂大朝，奈何出此！竊謂俄、倭沓至，總署當持以鎮定，朝廷當示以權衡。俄，強國也；倭，弱國也。馭俄人宜剛柔互用，而倭則可剛不可柔；處俄事已不能過緩，而倭則宜緩不宜急。敢抉其利弊，權其情勢，爲我皇太后、皇上縷析陳之。

日本既與我立約通商，無故擅滅琉球，虜其王、縣其地，中國屢與講論，則創爲兩屬之説，横相抵制。彼即以上腴歸我，而中國意在「興滅繼絶」，尚未可義始而利終；況所割南島皆不毛之地，置爲甌脱，則歸如不歸。若用以分封尚氏苗裔，則貧不能存，險無可守，他日必仍爲倭奴所吞併：此分割琉球之説斷不可從者也。琉球中、北諸島，日本既全據之，若爲持平之論，日本應聞我繹有利於中、無損於東之事加入約内以相償抵。而今所改之約，則大不然。道路傳聞，謂止改約兩條：一曰利益均沾；一曰舊約與加約有礙，照加約行。其居心叵測，無非欲與歐洲諸國深入内地，蠅聚蝺蚋以竭中國脂膏。況此外又有管轄商民、酌加税則，俟與他國定議後再與中國定議等語。則是二條之外，又增二條，且故爲簡括含混之詞，留一了而不了之局，以爲他日刁難地步：此酌改條約之説斷不可從者也。

論者謂速結琉球之案，即可聯倭以拒俄；臣愚，殊不謂然。夫中國所慮於日本者，接濟俄船煤米耳，以長崎借俄屯兵耳；然倭人畏俄如虎，中國之力終不能禁。日本之通俄，日本之親我與否，亦視我之强弱而已。中國而强於俄，則日本不招而自來；中國而弱於俄，雖甘言厚賂與立「互相保護」之約，一旦中、俄有釁，日本之勢必摺而入於俄者，氣有所先懾也。萬一中國爲俄所挫，倭人見有隙可乘，必背盟而趨利便者，又勢有所必至也。夫利害所關，形勢所迫，雖信義之國不能保其必守盟約，而况貪狡齷齪如日本者乎！使日本而能守約，則昔歲無臺灣之師，近年無琉球之役矣。何也？此二事，皆顯背條約者也。然則琉球一案，與日本之和不和何涉！日本之和不和，又與俄事之輕重利害何涉！而目論之士，動謂結琉球案，即以聯倭交；聯倭交，即以分俄勢。亦可謂懵於事理者矣！况其流弊，琉球案結則禍延於朝鮮，日本約改則勢蔓於巴西諸國。何以言之？俄人遣海部派師船麇集於長崎，蟻屯於海參崴，成師而出，必不虛歸；若我爲弦高阻秦之舉，則俄必爲孟明滅滑之謀。朝鮮之永興灣，久爲俄人所垂涎；猶冀中、俄盟成，朝鮮爲我屬國，彼時可令與各國立約通商，藉以解紛排難；而俄亦鑒於中國力庇琉球，貪謀或戢。昔布以宗人王羅馬，首敗巴黎斯約，各國置若罔聞，於是俄始問津黑海，英人責之，俄反詰英「何以恕布仇俄」？英人語塞。今我若輕詰琉球之案，則俄人有例可援，中國無辭可措。以俄兵取高麗如湯沃雪，而其勢與關東日逼，非徒唇齒之患，實爲心腹之憂，禍延於朝鮮而中國之邊事更亟矣！

自道、咸以來，中國爲西人所侮，屢爲城下之盟，所定條約，挾制欺凌，大都出地球公法之外。惟日本、巴西等國定約在無事之時，亦值中國稍明外事，曾國藩主之於前，李鴻章争之於後，始將「均沾」一條駁去。既藉此以爲嚆矢，未嘗不思乘機伺便，由弱國以及强國，潛移默轉於無形也。今日本首決藩籬，巴西諸國必且圜視而起，中國將何應之？勢蔓於巴西諸國，而中國之財力更竭矣！

就日本近況而論，政府薩、長二黨不和，民黨又倡國會之議，以與政府相抗，廣張匿名揭帖，欲伺外釁而動。其君臣惴惴，朝不謀夕，内事之亂如此。通國經制之兵纔數萬人，分布六鎮，數益單薄，以之彈壓亂萌，尚且不足，兵力之絀如此。比年借民債三千餘萬圓，借英債二千餘萬圓，近又以關税、鐵路抵借洋債三百萬圓不能驟得，財力之匱又如此。結之，不足以助我御俄；絶之，亦不足以助俄攻我。若我中國大勢，内政清明，將相輯睦，與倭霄壤，固不待言。即論兵力、財力，以之拒俄，或當全力支拄；以之拒倭，實爲恢恢有餘。現因俄事籌防，南、北洋征軍調將所費不貲。既欲與俄乘便轉圜，即可留以爲防倭之用，是我失諸俄而猶得諸倭也。雖目下鐵艦冲船尚未購齊，水師未成，沙綫未習，猶未能張皇六師以規復琉球，爲取威定霸之舉；而我不能往，寇亦不敢來，莫如暫用羈縻推宕之法待。去年以此法待我矣，今我不急與議，彼又何辭！而我則專意俄事，俟定約後，擁未撤之防兵，將待成之戰艦，先聲後實，與倭相持。如倭人度德量力，願復琉球，守舊約，是不戰而屈人也；如其不應，則閉關絶市以困之。倭商以海鮮爲大宗，專售中國，歲食其利，若中國禁其互市，勢必坐困。華商在東亦停貿易，則彼榷税頓絀，紙鈔不銷，且慮華商蜂聚煽變，内顧不暇，必急求成。如此猶不應，則仗義進討以創之。三五年後，我兵益精，我器益備，以恢復琉球爲名宣示中外，沿海各鎮分路并進，抵隙攻瑕，師數出而倭必舉，此中國自强之權輿，而洋務轉捩之關鍵也。不然，案一結，則琉球之宗社斬矣；約一改，則中國之堤防潰矣！俄以一伊犁餌吾改約，日本又以一荒島餌吾改約，是我結倭驩以防俄而重受其紿，倭乘俄釁挾我而坐享其利也。一月之内，既辱於北，復蹙於東，國勢何以支，國威何以振！臣所由拊膺扼腕而不能不痛切上陳者也。伏乞一面飭下總理衙門與日本使臣暫緩定議，一面將臣疏密寄李鴻章、左宗棠等詳議以聞。是否有當，伏乞皇太后、皇上聖鑒。謹奏。

光緒六年九月二十六日。

軍機處寄直隸總督李鴻章上諭十月初四日

軍機大臣密寄大學士直隸總督一等肅毅伯李：

光緒六年十月初四日奉上諭：「前據總理各國事務衙門奏『議結琉球』一案，又據右庶子陳寶琛奏『球案不宜遽結，舊約不宜輕改』，當經惇親王等酌議，宜照總理各國事務衙門所奏辦理，業經允準。旋據左庶子張之洞奏『日本商務可允，球案宜緩』，復經惇親王等議以『日本與俄深相邀結，又與福建、江、浙最近，今若更動已成之局，未必甘心。且恐各國從而構煽，卒至仍歸前説，或并二島而棄之，益爲所輕』等語。所議自爲揆時度勢，聯絡邦交起見。惟事關中外交涉，不可不慎之又慎。李鴻章係原議條約之人，於日本情事素所深悉。着該督統籌全局，將此事應否照總理各國事務衙門原奏辦理，并此外有無善全之策，切實指陳，迅速具奏。總理各國事務衙門摺片各一件、單三件，陳寶琛、張之洞摺各一件，均着抄給閲看。劉銘傳前經賞假兩個月，本日已有旨令裕禄傳知該提督不必拘定假期，迅速來京矣。將此由五百里密諭知之。」欽此。遵旨寄信前來。

直隸總督李鴻章覆奏球案宜緩允摺十月初九日

欽差大臣大學士、直隸總督一等伯臣李鴻章跪奏，爲日本議結球案牽涉改約，暫宜緩允，遵旨切實妥籌，恭摺仰祈聖鑒事。

竊臣承準軍機大臣密寄，十月初四日奉上諭：「前據總理各國事務衙門奏『議結琉球』一案，又據右庶子陳寶琛奏『球案不宜遽結，舊約不宜輕改』，當經惇親王等酌議宜照總理衙門所奏辦理，業經允準。旋據左庶子張之洞奏『日本商務可允，球案宜緩』，復經惇親王等議以『日本與俄深相邀結，又與福建、江、浙最近，今若更動已成之局，未必甘心。且恐各國從而構煽，卒至仍歸前説，或併二島而棄之，益爲所輕』等語。自爲揆時度勢，聯絡邦交起見。惟時關中外交涉，不可不慎之又慎。李鴻章係原議約之人，日本情事素所深悉。着該督統籌全局，將此事應否照總理衙門原奏辦理，并此外有無善全之策，切實指陳，迅速具奏。總理衙門摺片各一件、單三件，陳寶琛、張之洞摺各一件，均着抄給閱看」等因，欽此。仰見聖主審於馭遠，虚衷采納，不厭精詳，曷勝欽服！

從前中國與英、法兩國立約，皆兵戎而後玉帛，被其追脅，兼受朦蔽，所定條款喫虧過巨，往往有出地球公法之外者。厥後美、德諸國及荷蘭、比利時諸小國相機來華立約，斯時中國於外務利弊未甚講求，率以「利益均沾」一條列入約内。一國所得，諸國安坐而享之；一國所求，諸國群起而助之。遂使協以謀我，有固結不解之勢。同治十年，日本遣使來求立約，曾國藩建議宜將「均沾」一條删去；

及臣與該使臣伊達宗城往復商訂，并載明「兩國商民不準入内地販運貨物」，限制稍嚴。嗣後該國屢欲翻悔，均經駁斥。自是秘魯、巴西立約，亦稍異於前。誠以内治與約章相爲表裏，苟動爲外人所牽制，則中國永無自强之日。近聞各國駐京公使每有事會商，日本稱不得與，其尚未聯爲一氣者，未始不因立約之稍異也。至内地通商，西人以置買絲、茶爲大宗，貲本較富，稍顧體面。日本密邇東隅，文字、語言略同，其人貧窘，貪利無耻。一聞此例，勢必紛至沓來，與吾民争利；或更包攬商税，爲作奸犯科之事。明代倭寇之興，即由失業商人勾結内地奸民，不可不防其漸。此議改舊約尚宜酌度之情形也。

琉球原部三十六島，北部九島，中部十一島，南部雖有十六島，而周回不及三百里。北部有八島，早被日本占去，屬存一島。去年日本廢滅琉球，經中國迭次理論，又有美前統領格蘭忒從中排解，始有割島分隸之説。臣與總理衙門函商，謂「中國若分球地，不便收管，只可還之球人；即代爲日本計算，舍此别無結局之法」，此時尚未知南島之枯瘠也。本年二月間，日本人竹添進一來津謁見，稱其政府之意擬以北島、中島歸日本，南島歸中國，交添出改約一節。臣以其將球事與約章混作一案，顯係有挾而求，嚴詞斥之，不稍假借。曾有筆談問答節略兩件，抄寄總理衙門在案。旋聞日本公使宍户璣屢在總理衙門催結球案，明知中、俄之約未定，意在乘此機會圖佔便宜。臣愚以爲琉球初廢之時，中國以體統攸關，不能不亟與理論。今則俄事方殷，中國之力暫難兼顧，且日人多所要求，允之則大受其損，拒之則多樹一敵，惟有用延宕之一法，最爲相宜。蓋此係彼曲我直之事，彼斷不能以中國暫不詰問而轉來尋釁。俟俄事既結，再理球案，則力專而勢自張。近接總理衙門函述日本所議，臣因傳詢在津之琉球官向德宏，始知中島物産較多，南島貧瘠僻隘，不能自立，而球王及其世子，日本又不肯釋還。遂即函商總理衙門，謂此事可緩則緩，冀免後悔。此議結球案尚宜酌度之情形也。

臣接奉寄諭，始知已争之局未便更動，而陳寶琛、張之洞等又各有陳奏。正籌思善全之策，適接出使大臣何如璋來書，并抄所寄總理衙門兩函，力陳「利益均沾」及内地通商之弊，語多切實。復稱「詢訪球王，謂如宫古、八重山小島另立王子，不止王家不願，闔國臣民亦斷斷不服。南島地瘠産微，向隸中山，政令由其土人自主；今欲舉以畀球，而球人反不敢受，我之辦法亦窮」等語。臣思中國以存琉球宗社爲重，本非利其土地。今得南島以封球而球人不願，勢不能不派員管理；既蹈「義始利終」之嫌，不免爲日人分謗。且以有用之兵餉守此甌脱不毛之土，勞費正自無窮；而道里遼遠，音問隔絶，實覺孤危可慮。若憚其勞費而棄之不守，適墮日人狡謀。且恐西人踞之，經營墾辟，扼我太平洋咽喉，亦非中國之利。是即使不議改約而僅分以南島，猶恐進退兩難，致貽後悔，今彼乃議改前約，倘能竟釋球王，畀以中、南兩島復爲一國，其利害尚足相抵，或可勉强允許。如其不然，則彼享其利而我受其害，且并失我内地之利，臣竊有所不取也。

謹繹總理衙門及王大臣之意，原慮日本與俄要結，不得不揆時度勢，聯絡邦交，詢屬老成持重之見。然日本助俄之説，多出於香港日報及東人恫喝之語，議者不察，遂欲聯日以拒俄，或欲暫許以商務，皆於事理未甚切當。查陳寶琛摺内所指日本兵單餉絀、債項纍纍，黨人争權，自顧不暇，倭人畏俄如虎，性貪狡，中國即結以甘言厚賂，一旦中、俄有釁，彼必背盟而趨利，均在意計之中。何如璋節次來書，亦屢稱日本外强中幹，内變將作；讓之不能助我，不讓亦不能難我：洵係確論。蓋日本近日之勢，僅能以長崎借俄屯駐兵船，購給煤米，彼蓋貪俄之利，畏俄之强，似非中國力所能禁也。豈惟日本一國，即英、德諸邦及日斯巴尼亞、葡萄牙各國皆將伺俄人有事調派兵船，名爲保護商人，實未嘗不思籍機漁利，是俄事之能了與否，實關全局。俄事了，則日本與各國皆戢其戎心；俄事未了，則日本與各國將萌其詭計。與其多讓於倭而倭不能助我以拒俄，則我既失之於倭而又將失之於俄；何如稍讓於俄，而我因得借俄以懾倭。夫俄與日本，强弱之勢相去百倍。若論理之曲直，則日本之侮我爲尤甚矣。而議者之謀若有相反者，此臣之所未喻也。至若江蘇之上海，浙江之寧波，福建之福州、厦門，均係各國通商口岸，日本即欲來擾，既無此兵力餉力，亦必不敢開罪於西人。惟臺灣孤懸海外，地險産饒，久爲外人所窺伺，苟經理得宜，亦足控蔽東南。應請廟謨，加意區畫，漸收成效。中國自强之圖，無論俄事是否速了，均不容一日稍懈。誠以洋務愈多而難辦，外侮迭至而不窮，不可不因時振作。臣前奏明南、北洋須合購鐵甲船四號，其數斷難再減。所有請撥淮商捐項一百萬兩僅準户部議撥四十萬，不敷尚多，應請旨飭令全數撥濟。各省關額撥海防經費，前經奏明嚴定處分章程，仍未如額籌解，倘再延玩，尚擬請旨嚴催。水師、電報各學堂，亦已陸續興辦。數年之後，船械齊集，水師練成，聲色既壯，縱不必跨海遠征，而未始無其具，日本囂張之氣當爲之稍平，即各國輕侮之端或亦可漸弭。又，總理衙門慮及日本於内地運貨，蓄意已久，轉瞬修約届期，彼必力請「均沾」之益，或衹論修約，不提球案，恐并此南島而失之。臣愚以爲南島得失，無關利害，兩國修約，須彼此互商，斷無一國能獨得其志者。日本必欲得「均沾」之益，倘彼亦有大益於中國者以相抵，未嘗不可允行，若有施無報，壹意貪求，此又當内外合力，堅持勿允者也。臣再三籌度，除管理商民、更改稅則兩條尚未訂定應俟後日酌議外，其球案條約及加約，曾聲明「由御筆批準，於三個月限内互換」，竊謂限滿之時，準不準之權仍在朝廷。此時宜用「支展」之法，專聽俄事消息，以分緩急。俟三月限滿，倘俄議未成而和局可以豫定，彼來催問換約，或與商展限，或再交廷議。若俄事於三個月内即已議結，擬請旨明指其不能批準之由，宣示該使，即如微臣之執奏、言路之諫諍與彼之不能釋放球王、有乖中國本意，皆可正言告之者。臣料倭人未必遽敢決裂，即欲決裂，亦尚無大患。

明詔既責臣以統籌全局，切實指陳，臣不敢因朝廷議準在先，曲爲回護，亦不敢務爲過高之論，致礙施行。若照以上辦法，總理衙門似尚無甚爲難之處。

所有日本議結球案，牽涉改約，暫宜緩允，遵旨妥籌緣由，恭摺由驛五百里密陳。是否有當，伏乞皇太后、皇上聖鑒訓示。謹奏。

軍機處寄兩江總督劉坤一等上諭十月十六日

軍機大臣密寄兩江總督劉、閩浙總督何、兩廣總督張、江蘇巡撫吴、浙江巡撫譚、福建巡撫勒、廣東巡撫裕：

光緒六年六月十六日奉上諭：「前據總理各國事務衙門奏『議結琉球』一案，又據右庶子陳寶琛奏『球案不宜遽結』，當經惇親王等酌議宜照總理衙門所奏辦理。旋據左庶子張之洞奏『日本商務可允，球案宜緩』，復經惇親王等議以『日本與俄深相邀結，又與福建、江、浙最近，且恐各國從而構煽，卒至仍歸前説，或并二島而棄之，益爲所輕』等語。復諭令李鴻章統籌全局，切實指陳。嗣據覆奏，宜用『支展』之法，專聽俄事消息以分緩急。又經惇親主等議奏：『因此構釁，未爲得計。且即天津海口可恃，江、浙、閩、粤各省究未可知。請飭妥議』等語。此事關係全局，自應博訪周諮，以期妥協。劉坤一、何璟、張樹聲、吴元炳、譚鍾麟、勒方錡、裕寬悉心妥議，切實陳奏。總理衙門摺片各一件、單三件，陳寶琛、張之洞、李鴻章摺各一件，均着抄給閲看。將此由四百里各密諭知之。」欽此。遵旨寄信前來。

江蘇巡撫吴元炳覆奏球案日約可徐圖摺十月二十六日

江蘇巡撫臣吴元炳跪奏，爲遵旨籌議密陳，恭摺仰祈聖鑒事。

竊自於光緒六年十月二十四日密奉寄諭：「前據總理各國事務衙門奏『議結琉球』一案，又據右庶子陳寶琛奏『球案不宜遽結』，當經惇親王等酌議，宜照總理衙門所奏辦理。旋據左庶子張之洞奏『日本商務可允，球案宜緩』，復經惇親王等議以『日本與俄深相邀結，又與福建、江、浙最近，且恐各國從而構煽，卒至仍歸前説，或并二島而棄之，益爲所輕』等語。復諭令李鴻章統籌全局，切實指陳。嗣據覆奏：宜用『支展』之法，專聽俄事消息以分緩急。又經惇親王等議奏：『因此構釁，未爲得計。且即天津海口可恃，江、浙、閩、粵各口究未可知。請飭妥議』等語。此事關係全局，自應博訪周諮，以期安洽。着悉心妥議，切實陳奏。總理衙門摺片各一件、單三件，陳寶琛、張之洞、李鴻章摺各一件，均着抄給閲看。」欽此。伏見皇太后、皇上於中外交涉之事，慎益加慎，下懷莫銘欽感。

臣按日本爲東洋蕞爾之邦，近年來與泰西各國通商立約，毅然以與國自居，妄自尊大。前年夷球爲縣之舉，經中國再三責問，無辭可對，支吾掩飾者兩載於兹。今忽乘中國與俄議未定之時，乃以球南荒島給我結案，并要求改約「同沾利益」，貪狡之謀畢露，要挾之心如見。議者以爲中國不即允許，恐其助俄爲患，多樹一敵，臣竊以爲不然。中國與俄和戰尚在未定，萬一俄事竟爾決裂，俄兵擾我海疆，則長崎一帶屯師濟餉以爲接應，勢所必然。此時倭人即與中國結好，有海誓山盟之約，能閉關以拒俄師乎？能助中國以截擊俄人之後路乎？皆不能也。强弱之勢，俄足制倭，倭不足以制俄也。如果俄議漸次就範，兩國不啓兵端，則沿海各省均係通商口岸，目前整頓海防，簡兵厲卒，俄人亦既聞之，内地無可進兵，即臺灣一處，前年俄兵亦嘗履其地矣，瘴癘之毒，不戰而傷亡者七八百人，攻之不易得，得之不易守，即欲狡焉思逞，而揆時度勢，臣料俄人必不敢犯其所難。然則倭之助俄不助俄，在中、俄之言戰不言戰，而與球案之結不結、約之改不改，均無涉也。若震懾於恫喝之游談，而欲藉結案、改約以交歡，是正墮其要挾之計，而二島僅存，球祀不繼，利益已沾，後悔莫及，臣未見其可也。右庶子陳寶琛持論正大，洞中窾要，其言實有可採。直隸督臣李鴻章「支展」之説，聽俄事消息以分緩急，老謀深算，出於萬全。况球事經中國責問之後，倭人支吾其説者二年有餘，今即以支吾中國之法還而施之於彼，理無不順，事可徐圖，必不致遽啓釁端也。

愚昧之見，是否有當，所有遵旨籌議覆陳緣由，理合恭摺由驛馳陳，伏乞皇太后、皇上聖鑒訓示。謹奏。

兩江總督劉坤一覆奏球案宜妥速議結倭約宜愼重圖維摺十一月初五日

頭品頂戴南洋通商大臣、兩江總督劉坤一跪奏，爲球案宜妥速議結，倭約宜愼圖維，外杜紛紜，内嚴防範，遵旨密摺覆陳，仰祈聖鑒事。

竊臣於光緒六年十月二十三日接準軍機大臣密寄，光緒六月十六日奉上諭：「前據總理衙門奏『議結琉球』一案，此事關係全局，自應博訪周諮，以期妥協。着劉坤一悉心妥議，切實陳奏」等因，欽此。仰見朝廷全盤在握，兼聽爲明，跪誦之餘，莫銘感悚！

臣查球案與倭約本係兩事，直隸督臣李鴻章與右庶子陳寶琛、左庶子張之洞所言倭約不宜更張附益，以免另生枝節，誠爲有見。至謂球案宜緩以及「支展」之法，無非欲俟中、俄定局，勒令日本全退球地，重立廢王，以張義聲而綏藩服，則似未將是非利害深維始終，權衡輕重也。夫琉球與高麗、越南、緬甸等國同列外藩，中國之所以懷柔之者亦略相等。究之，該各國之於中國是否相關，既有名實之判；中國之於各國能否兼顧，亦有難易之殊。蓋外藩者，屏翰之義也。如高麗、越南、緬甸等國與我毗連，相爲唇齒，所謂「天下有道，守在四夷」；而高麗附近陪都，尤爲藩籬重寄。臣屢函致總理衙門及李鴻章與出使日本大臣何如璋，務勸高麗結好泰西，以杜倭、俄窺伺；該國萬一有警，中國亦應明目張膽遣兵赴援。爲該國策安全，即爲中國固封守，與英國之保土國情形相同。即臣前在粤督任内，於叛鎮李楊才竄擾越南力主進剿，責令廣西提督馮子材擒賊自效者，亦恐越南不支，必借師於法人，以後爲其所制，而兩粤之外障益隳：此外藩必須極力扶植者。至於琉球則與高麗、越南等國迥別。琉球臣事中國數百年，朝貢極其恭順；向風慕化，誠屬可嘉。然與中國遠隔大洋，得失無關痛癢。且琉球臣中國，祇假我聲靈；琉球臣日本，實奉其號令。平日無端剥削，無故拘囚，一任日本所爲，琉球未嘗赴訴中國，中國亦未嘗過問。故一旦夷爲郡縣，指揮即定，而欲中國强與之争，務使日本俯首聽命、琉球吐氣揚眉，烏可得哉！如張之洞所言「中國閉關絶市，擯斥日本，不復與通，原爲計之至善」。沿海籌防有年，自不如前明之受其揉躪；然謂此即足以制日本而復琉球，則未必然。如陳寶琛所言「中國聲罪致討，跨海東征，以今日之整練水師，亦决無元初覆軍之懼」，然以日本二千餘年之國，此舉必掃穴犁庭；使設伏以邀我，固守以老我，彼熟我生，彼主我客，懸軍深入，大屬可虞。即使日本懼我兵威，一戰而敗，請受約束，許復琉球，而琉球近在日本卧榻之側，我能留兵守之否？我能歸而彼復奪之，豈能再爲出師以蹈波濤之險！竭中國而事外夷，自古以爲詬病，况今日中國之於琉球乎？我朝定鼎之初，經略西南各國，獨置琉球於度外，今日乃爲之致死於日本乎！張之洞、陳寶琛二策既不可行，則李鴻章所謂「支展」者，將來仍以口舌搯之，或以虚聲脅之，以日本之崛强，未必有濟。且「支展」之法，日人未必不知；知之則必附俄，與我爲難，勢所必至。臣前在京邸，日本使臣來見，屢陳「鷸蚌相持」之戒，原有所爲而言；然於琉球有騎虎之危，而於中國有奪牛之懼，安得不思鋌險以舒禍。目前俄得日本推波助瀾，可以東西牽制。蜂蠆有毒，曷若與之講好釋嫌，縱不拒俄，亦不助俄之爲愈也。是「支展」一策，亦屬無益有損。夫琉球之於中國，鷄肋可投；中國之於琉球，馬腹難及：中外莫不共曉。第以字小之仁，不忍視同蠻觸之争，聽其湮滅。今我爲之索還南屬俾有所歸，以守先王之祀，亦足以對琉球而示天下矣。齊桓存三亡國，然於衛則遷之楚邱，於邢則遷之夷儀，今之南島，亦琉球之楚邱、夷儀也。尚氏不能守先人成，亡國之餘，等於杞、宋，以圖一綫之延，尚何擇乎肥瘠！臣前在兩廣任内，適琉球之八重山八十餘人遭風飄至廉州，護送到省。經臣傳見該頭目等，與之筆談數紙，察看其人甚屬循良。并問悉其境長一百八十餘里，如於該處擇立尚氏，加以宫古之地，亦足以爲附庸。現在泰西七十餘國，有百餘里、數十里者，南島猶未爲甚小也。《傳》曰：「疆埸之事，一彼一此。」尚氏果能發憤爲雄，則夏之一成、楚之三户，失可復得，弱可轉强；如其不能有爲，祇憑中國覆翼，即使盡復故物，亦若幕燕釜魚。蓋寇在門庭而援在天末，何能有恃不恐，耦俱無猜！臣意非欲棄球，實欲存球；顧以今日事勢，無論中島决不可得，即使得之而有日本偪處之憂，不如退居南島尚可守此一片乾净土地。唯是新造之邦，中國之所以佽助之者正非易易。且日人狡獪之技，必須先與申明，即以南島重立尚氏後人，仍由其君自主，并與共立保護之約；一面宣示尚氏，與該南島務期永遠相安，各無翻覆。日本倘有異詞，或尚氏鬱鬱居此，而南島亦無推戴之忱，中國受此南島如獲石田，冒不韙之名，受無窮之累，不得不作罷論。此則球案之亟宜斟酌，不可稍涉猶豫者。如慮俄人覬覦高麗，誠所難免。然謂其視球案爲進止，則法人之侵越南、英人之侵緬甸，亦何不可以藉詞。高麗立國不同琉球，高麗與俄亦不同琉球之於日本。以彼夙無嫌怨，俄人何出無名之師；即使突啓兵端，高麗亦屬有險可守。而我東三省爲馬、步諸軍星馳電赴與之犄角，俄人亦未必垂手得之。中國之於高麗，向係視同内地，賑饑則不憚轉輸，討賊則不靳爵賞，固非與琉球一例。現在强鄰眈視，舉國寒心，如何爲之彌縫，如何與之連絡，廟謨廣運，是必迎機導之，借箸籌之。高麗在隋、唐時亦稱勁敵，今其土地、人民猶是，但得中國左提右挈，使之整軍經武，未始不足自固其圉，爲我輔車。至於中、日換約，自有定期，與球案毫無牽涉。球案如此議結，日本所獲實多，豈可志在居奇，復圖進步！據理與辯，彼復何辭。其利益均沾與入内地一條，將來換約亦難輕許；萬不獲已，則如總理衙門王大臣及李鴻章所議，必須一體遵守，彼亦以便於我者相償，方爲平允。屆時或力持前議，或量爲變通，自可彼此會商，期歸妥協，不得與琉球一案相提并論也。倘日本貪求無厭，强我難從，不得已而用兵，沿海各省似尚可以支拄；唯臺灣孤懸巨浸，福建督、撫與船政大臣應已豫爲綢繆。臣承乏南洋，自當力扼江蘇，以固上游五省門户。雖長江深闊，洋船可以通行，不如天津之節節阻礙；然如圌山關、焦山等處亦屬天設之險，臣與前兵部侍郎臣彭玉麟等逐一部署以遏其冲，决不乘其長驅而前，入我腹地，以撼東南大局。御倭如是，即御俄亦如是。

臣職任封疆，責無旁貸。第以修攘之術，論是非，亦計利害。琉球式微可憫，要非我所得全；日本虚耗已形，亦非我所能取。琉球即無恙，不如高麗等國捍我邊陲；日本即逞强，不似俄羅斯國占我疆域。究其始終，較其輕重，則是竭華以争球，讓俄而摺倭，謂爲遠交近攻，取威定霸，非臣所敢聞矣。

謹就臣管見所及，以球案宜妥速議結，倭約宜慎重圖維，密摺覆陳，伏乞皇太后、皇上聖鑒訓示。謹奏。

光緒六年十一月初五日。

浙江巡撫譚鍾麟覆奏球案宜速辦結摺十一月初六日

頭品頂戴浙江巡撫臣譚鍾麟跪奏，爲遵旨籌議，切實密陳，恭摺仰祈聖鑒事。

竊臣承準軍機大臣密寄，十月十六日奉上諭「前據總理各國事務衙門奏『議結琉球』一案，此事關係全局，自應博訪周諮，以期妥協」等因，欽此。仰見聖謨廣運，兼採芻蕘之至意，曷勝欽服！

臣維日本一案，論事理，誠宜與之絶；揆時勢，宜姑與之聯：此總理衙門本意也。陳寶琛一摺，言事理也，不爲拒之，必當伐之。然跨海遠征，勞費百倍，自揣數年之内，力恐有所未能。李鴻章「支展」之計，亦審時度勢，有不可遽絶之意。第總理衙門既定議矣，旋與之而旋拒之，似乎中國所議事事不足取信於人，不特倭人不服，俄人將援爲口實，而所議必成，此不可不審也。臣愚竊謂球案以速定爲要，改約於商務無損。我既不能與之絶，不妨姑從所請，爲尚氏謀一綫之延。蓋琉球之廢已兩年，其君民日喁喁然冀中國有以拯之，而乃瞻顧徘徊，迄無定策，球民知所望終絶，不得不附倭以求安。年復一年，民忘舊主而球祀斬矣！趁此修約之時與商存球之策，彼能歸還中島，復其故國，固球人之幸；否則，暫以南島爲球王栖息之地，他日我之力誠足以舉倭，聲罪致討，悉令反所侵地，不愁師出無名。與其遷延而絶球人之望，不若遷就以慰球人之心，此球案之宜速結也。

至於條約所争，在「均沾利益」一語，泰西和約皆有之。中國之利被西人占盡，多一沾者不見絀，少一沾者不見盈。若强者任意要求而輒許，弱者欲稍分潤而不能，不足以服其心。日本前約雖有「商民不準入内地販運貨物」一條，而近來倭人之游歷者踵相接，其爲商、爲民，曾否販運貨物，無從稽考。况華商之黠者，且假西人聯票肆行内地而莫之禁，豈倭人狡獪，不知出此。名曰不準沾，而沾者如故，曷若明載條約，俾之「一體均沾」，極其流弊不過海口多一倭商，於中國無損也。

日本之附俄，非心服也，迫於勢也。臣前接使臣何如璋函，述其外務卿談及俄事，有不平之意，此輩詭譎原不足信，而其情可見矣。彼無故而滅人之國，自知不容於公論，何嘗不慮中國旦夕有以圖之，宍户璣之請歸兩島，未必非藉此爲嘗試。姑與周旋以遂其釋怨交歡之望，當不至助俄以擾我，東南無事，可分餉力以濟東北，亦兩全之策也。惇親王等恐因此構釁，江、浙、閩、粤各口未可深恃，洵老成持重、統籌全局之見。竊謂今日所患者，貧耳。誠使府庫充盈，數萬勇士可立致，以摧强敵如摧枯，何有倭人！浙洋與日本對照，輪船數日可至，臣數月以來，密爲布置，未敢張皇。雖海口紛歧，不免備多而力分，現已募足勇丁二十營，擇要扼守，激厲將士，敵愾同仇，雖無必勝之權，咸有敢戰之氣。臣忝膺疆寄，有地方之責，彼侵我疆，惟有戰耳。既不敢希冀和局稍懈一日之防，亦不敢創爲異議以快一時之論。

既奉諭旨令臣悉心妥籌、切實陳奏，謹就管見所及，繕摺密陳，是否有當，伏乞皇太后、皇上聖鑒訓示。謹奏。

光緒六年十一月初六日。

穆圖善等覆奏球案與商約宜分別定結摺十一月二十六日

福州將軍臣穆圖善、閩浙總督何璟、福建巡撫臣勒方錡跪奏，爲謹陳閩省防務情形及球案宜分別定結，遵旨議覆，恭摺仰祈聖鑒事。

竊臣璟於光緒六年十一月初八日承準軍機大臣密寄，本年十月十六日奉上諭：「前據總理各國事務衙門『議結琉球』一案，又右庶子陳寶琛奏『球案不宜遽結』、左庶子張之洞奏『日本商務可允，球案宜緩』，復諭令李鴻章統籌全局，切實指陳。嗣據復奏，宜用『支展』之法，又經惇親王議奏：『因此構釁，未爲得計，且即天津海口可恃，江、浙、閩、粵各口究未可知。請飭妥議』」等語，着臣等悉心妥議，切實陳奏，欽此。欽遵鈔録各摺片，寄信到閩。仰見聖主垂念海疆，虚衷下問，曷勝欽佩！時臣方錡帶印巡臺，臣璟遵即密繕咨商。旋準總理衙門與臣穆圖善等公函，詳及此事顛末。當以事關機要，臣璟先與臣穆圖善連日妥議間，適接臣方錡回函，意見相同。

伏查閩省三面臨海，臺、澎又孤懸海外，固與天津形勢懸殊，亦非江、浙、粵東之比。歲入税釐，久矣窮於撥協，今春提湊六十萬金購備鐵艦，庫帑遂爲一空。從前倭人弄兵臺南，前兩江督臣沈葆楨專顧一隅，調勇至三十餘營；今則全局兼顧，所用營勇僅及從前三分之二，海汊林立，處處須防。臣等早夜思維，唯有就現在之財力，辦現在之邊防，先擇緊要之區嚴營固守，其餘小口，巨艦不通，檄飭地方官各辦鄉團，杜其外誘，如有緩急，再行相機應援。雖成敗利鈍未可預知，總當勉竭愚忱，力圖戰守之策；激勵將士，同興敵愾之思。若云確有把握，斷不敢自欺以欺君父也。

至日本議結球案并請加約二條，明係乘俄事未定之時，冀申其有挾而求之伎。總理衙門與之辯論，舌敝唇焦，幾經時日，不得已而定此議，辦理自費苦心。惟方今大局轉關，祇在於俄，若倭人幸禍之心，豈能窮詰！其賣煤謀俄者，貪其利也；長崎諸處許俄泊船者，畏其勢也。是倭之助俄與否，非義所能禁、恩所能結也。今琉球南部二島以還尚氏，不足以立國自存；我若遣戍設官，不唯費用不貲，且徒與倭人分謗。是則分歸中國，尤屬非宜。至所要「均沾利益」一層，於商務原來不能無礙。直隸督臣李鴻章所陳「支展」之法，自亦具有深意。曩時中國與英修約，議定後英商以爲不便，遂閣不行，援此爲詞，尚不患轉圜無説。萬不獲已，亦祇得於此事勉與通融。查泰西各國，唯秘魯、古巴未經允準。日本近接中國，想望通商已非一日，前者李鴻章定約時所以力持此節者，殆慮倭人素狡，流弊易滋。惟中國若專論禦倭，自有餘力；萬一滋弊，由各省督、撫奏請停止，即可嚴以絶之。如能彼此相安，則各國既已均沾，多一日本不過多一通商之國耳。若球案曲實在彼，倘能復還中島，永不侵凌，使尚氏仍返故都，猶是「繼絶存亡」之義。今南部二島荒瘠殊甚，予之尚氏，徒被空名，列之條約，遂成實案。竊謂總理各國事務衙門尚可以事後查詢得實，再與力争，本無利人土地之心，何事受其虚誑！如慮激而生變，助俄爲惡，則彼得同沾利益，固已塞其所請；此而不已，即并二島予之，亦無以化其頑梗矣。至管理商民、議改稅則，日本與他國訂議，他國若允，中國亦自可聽之。

臣等愚昧之見，是否有當，理合具摺密陳，伏乞皇太后、皇上聖鑒。謹奏。

兩廣總督張樹聲等覆奏球案不必與改約并議摺十二月十八日

兩廣總督臣張樹聲、廣東巡撫臣裕寬跪奏，爲球案不必急議，倭約未便牽連，宜緩允以求無弊，遵旨切實覆陳，仰祈聖鑒事。

竊臣等於光緒六年十一月初七日承準軍機大臣密寄，光緒六年十月十六日奉上諭：「前據總理各國事務衙門奏『議結疏球』一案，又據右庶子陳寶琛奏『球案不宜遽結』，當經惇親王等酌議宜照總理衙門所奏辦理」等因，欽此。仰見宸謨柔遠，不辭芻蕘之詢，務出萬全之策，欽服曷勝！

竊惟日本貪狡無賴，虐球畏俄，其力不足以助寇，其性不可以恩結，李鴻章、陳寶琛諸臣言之詳、計之審矣。至割島以結球案，結案而涉改約，則理勢明而利害見，皇太后、皇上可端拱而決策者也。琉球自明初尚巴志滅山南、山北併有中山，服事中國維謹，一姓相承，至今無改。宮古、八重山皆南夷荒島，亦於洪武間始屬中山，不過歲修貢職，與三省屬府之近隸宇下、衣租食稅者不同。今中山殘滅，別援尚氏之後置之兩島之間，與土人則枝指駢拇，不相附麗；言立國，則甲兵賦稅，無可經營。倭伺其旁，顛危可待。若君既爲中國所樹，仍中國不了之事，目前暫圖收束，後患正自無窮。夫日本無故滅球，中國以大義與之争論，彼曲我直；我不與彼决裂，彼難與我啓釁。争論雖無就緒，終存光復之基；割島不能自存，即斬中山之祀。此僅割兩島議結球案之非計，其理易明也。

日本通商章程第三十二款：「兩國現定章程，嗣後若彼此皆願重修，應自互換之年起，至十年爲限；可先行知照，會商酌改。」今已將届十年，原可知照商改。但我以利益與彼，彼當以利益償我。若一國欲專其利，即與條約之義相違矣。况琉球一案，與中、日通商如風馬牛之不相及。彼既虜球君、縣球土，因中國責言，始以無足重輕之兩小島來相搪塞。中國何負於倭，倭何德於中國，顧欲責償於中國之改約耶？彼則鯨吞蠶食之不已，復欲乘我之危機；我則興滅繼絶之未能，轉又予彼以利益。五洲萬國，蓋不經見。此球案、改約二事，斷不能牽連并議，其理又易明也。

從前洋務初起，與各國訂立和約，其時在事臣工多未諳外事，重以承平日久，武備空虚，所定條款皆由欺誑挾制而成，蓋多非理所有而束縛於勢者。自時厥後，中國講求交涉利弊，造船築臺，練兵簡器，所以力求自强者，非一朝夕矣，度德量力雖不能争雄於歐土，亦何至受制於倭奴！且俄以伊犁餌我立約，猶曰代中國收已失之地，今舉而還之，中國不可無報稱之誼也，倭以球案要吾改約，將何説之辭！無説而從之，恐不免短中國之氣，生西人之心，此即舍理言勢而割島改約之不可曲從，尤易明也。

自古列國相交，往往以機智詐力相勝，恒視乎所以應之。倭人滅球已涉兩年，屢與力争，遷延不决。今當俄事未定之秋，亟相催促，窺其隱私，未嘗不慮中國或與俄修好，可乘備俄之力問罪於倭，是其借端以逞大欲，或亦時急而後相求，如曰姑徇所請，聯絡邦交，慮適中其狡計，究其流弊，必有如陳寶琛所言「禍延於朝鮮、勢蔓於巴西諸國」，張之洞所言「環海萬國接踵傚尤」者。當時李鴻章與日本訂立修好條規，於「一體均沾」之條力持未允，誠如王大臣等所云「辦理頗費苦心」。此次巴西立約，亦多中國力占地步之處，此後各國修約，辯論有據，未嘗非返弱爲强之本。區區日本，乃欲一旦決而去之，彼此眈眈逐逐相逼而來，外國盡爭利便，中國無不喫虧，民安不得窮，國安不困！日日自强而不足，一事自弱而有餘，此利害樞機，不可不深長思也。

總理衙門及王大臣等量敵審時，持重應變，誠老成謀國之經。臣等忝領疆圻，亦不敢鹵莽滅裂。特念俄、倭强弱相去懸殊，俄約轉圜，中國亦當有自處之道；苟其一意孤行，誅求無厭，恐亦難必以玉帛而不以干戈。今倭之議結球案也，揆理度勢，中國均無自處之道；熟權利害，似有未可遷就者。總之，日本視俄事爲轉移。俄局果變，倭必不因球案既結而顧惜信義；俄釁不開，倭亦未必因球案不結而遂起戎心。倘有萬一之虞，或竟狡焉思逞，以北洋之力制之，固當恢恢游刃。粤省海口，雖以經費支絀，備御多虚，然以之禦俄則誠略無把握，以之禦倭必當勉與支持。現在俄約尚在未定，與倭人用「支展」之法，無可疑者。伏願聖主審俄事之機宜，以爲球案之操縱。其現定球案條約及加約各款，限滿雖當互换，批準權在朝廷。或届時未能斥絶，再集衆思於朝廷，博採輿論於疆臣，均無不可。英國戊辰新約因商會議阻，至今未經交换；烟臺條約議定已越四年，亦尚有未經批準之條。事有成案，執此無可致詰，拒之不患無詞也。至於中國籌防，自玆以往，不可一日復弛。惟望聖謨廣運，統籌全局，中外一心，務令邊海巖疆裕其度支，寬其餘力，責以簡練營伍，造就人材，整齊船械，皆有屹然不摇之勢，則所以復球者在此，所以服倭者在此，即所以駕馭泰西各國者亦無不在此。

所有臣等遵旨妥議日本議結球案不便與改約并議、宜緩允以求無弊緣由，謹恭摺由驛密陳，是否有當，伏乞皇太后、皇上聖鑒訓示。謹奏。

總理各國事務衙門奏日本使臣宍户璣回國摺十二月二十七日

巨奕等跪奏，爲奏聞事。

光緒六年九月二十五日，臣衙門具奏「與日本使臣宍户璣擬結球案」一摺，欽奉上諭「前據總理各國事務衙門奏『擬結流球』一案各摺片，着交南、北洋大臣等妥議具奏，俟覆奏到日，再降諭旨」等因，欽此。當即恭録，照會日本使臣宍户璣去後。旋即照覆：已抄録咨報本國。嗣又屢次來署催詢，臣等語以俟南、北洋各處覆奏到齊，奉旨之後即行知照。近又接其先後照會四件，大致謂此事遲擱不定，無復期於必成，并以爲中國自棄前議，今後琉球一案理當永遠無復異議等語。均經臣等據理答復。本月十二日，接其照會稱：奉咨回國，飭其參贊田邊太一暫署使臣。又函稱：球案不敢使他人代理各等語。察其詞氣，頗有悻悻之意。其究竟因何出京及是否别有意見，殊不可知，臣等亦未便强爲挽留。兹已於二十一日由陸路出京矣。

除由衙門知照直隸、山東、江蘇各省督撫飭屬沿途妥爲保護并函致閩省將軍、督撫嚴密預防及電致出使大臣何如璋，理合恭摺奏聞，伏乞皇太后、皇上聖鑒。謹奏。

光緒六年十二月二十七日，軍機大臣奉旨：「知道了。」欽此。

（以上卷二）

光緒七年

左宗棠説帖 二月初四日

二月初二月，〔在〕軍機處敬閱發下總理衙門摺片，惇親王等奏片，李鴻章、張樹聲、吴元炳、何璟、譚鍾麟各摺，劉坤一、陳寶琛、張之洞各摺片，得悉擬結球案及日本所請商務詳細情形。

竊維各摺片均在中、俄和局未定之先，故内外議論紛紜，尚未衷諸一是。而日本使臣宍户璣覺所欲難遂，即謂我自棄前議，悻悻而歸，詞意決絶。兹據曾紀澤所發電報，商務、界務漸有成説，和議可諧，似出日本意料之外。將遂斂手待命乎？抑溺人必笑，仍思一逞，未可知也！就廢球一事言之，日本與琉球共處一方，由來已久；球爲日本屬國與否，中國無從詳知。至琉球之累代請封，積年入貢，久爲我中國不侵不叛之臣，史册昭彰，固天下所共知者。即使琉球内附中國，兼屬日本，爲日本計，尤宜加意撫輯，俾其相庇以安，庶於「字小」之義有合，何乃率意徑行，事前不相聞問，遽遷其國王，并其土地，廢其禋祀，追其民人，虐視之至此！中國頻相詰問，日本任意自如，美國總統格蘭忒聞之，不遠數萬里而來代爲調處，遂主分地之説，圖解其紛，與中國復疏球、存禋祀本懷有合。但使琉球速復，邦人得所，中國亦又何求！姑妄聽之，尚非不可。惟日本所劃兩島，是否足爲琉球立國，久遠相安，非詳加考察，無以慎許與。而請御批，即無以重商務而昭劃一。宍户璣乃以自廢前議，諉過於我，悻悻而去，何耶？近見疆臣查覆：琉球原本三十六島，舊爲三部。北部九島，其中八島爲日本所占；中部十一島，南部名雖十六島，周圍不及三百里，地瘠産微，以畀琉球，何能立足！復球之案不能擬結，日本且自絶於中國，尚何睦誼之足云。睦誼中乖，尚可改約，「一體均沾」之足云乎！

宗棠竊擬：宍户璣此去在中、俄未諧之先，玆聞事體頓殊，或要求之意亦緩，亦將不能批準之由明白指示，看其如何登復。一面請旨飭下海疆各督、撫、提、鎮密飭防營預爲戒備，静以待之。大約以防俄之法防倭，蔑不濟矣。至跨海與戰，先蹈危機，斷不宜輕爲嘗試；亦無取揚言遠伐，以虛聲相震憾。俟以窺犯深入，一再予以重創，自可取威而彰遠略。近聞日本造小鐵甲輪船兩隻，可駛入長江，亦宜留意準備，免爲所乘。臺灣瘴癘最盛，地險易防，或免致寇；惟定海一廳，四面環海，宜增調閩造輪船以助浙防。又，俄之兵船久泊日本長崎，軍火、糧食多屯於此，將來或藉以資寇，應預爲察禁。愚見所及，合并聲明，以備採擇。

二月初四日，左宗棠謹具。

上諭二月初六日

光緒七年二月初六日，奉上諭：「前因總理各國事務衙門奏『擬辦球案』一摺，當諭李鴻章、劉坤一等妥籌具奏。玆據該督等先復覆陳，覽奏均悉。原議商務『一體均沾』一條，爲日本約章所無，今欲援照西國約章辦理，尚非必不可行。惟此議因球案而起，中國以存球爲重，若如所議劃分兩島，於存球祀一層未臻妥善。着總理各國事務衙門王大臣再與日本使臣悉心妥商，俟球案妥結，商務自可議行。」欽此。

編修陸廷黻奏請征日本以張國威摺二月三十日

翰林院編修臣陸廷黻跪奏，爲請征日本以張國威而弭敵患，敬陳管見，仰祈聖鑒事。

竊維禦邊之策，必審時勢。勢有難易，事有後先。難者後之利用撫，所謂「固國之本覬釁而後動」者也，今日之於日本是已。易者先之利用征，所謂「奪人之心暫勞而永逸」者也，今日之於俄是已。考日本自漢、魏以迄宋、元，未嘗爲患中國。其後改新羅之貢道而出寧波，於是往來數數，知我中國之虛實、山川之險易。至明中葉後，而東南糜爛，寧波首蒙其禍。國朝鑒明前事，絶其貢獻，二百餘年來，相安無事。近乃忽思蠢動，其中蓋有所恃。臣愚以爲今日之事，有不可不征者五而有可征者三。何言之？日本海東一小島耳，土地之廣、人民之衆不及中國十分之一。乃臺灣之役，既蕩我邊疆；琉球之役，復翦我屬國。豈有大一統之天下而甘受小邦之侵侮！此不可不征者一。昔齊桓封邢救衛，《春秋》予之，而後儒猶議其遲至二年之久，以爲安忍而喜名。今琉球之亡，迨逾此矣，固宜爲之聲罪而致討矣。不服日本，何以復琉球！此不可不征者二。人之患狂疾者，奔突叫跳，不至升屋不已。日本不内恤其政而外求逞於人，何異狂疾，不先發以制之，虎狼無厭，又將肆其西封，東南數省，遭害必同明代。此不可不征者三。泰西諸國自通商以來，非特給之以恩、示之以信，抑亦懾之以威耳，而彼日夜窺我動静，我强則退，我柔則進。使日本一小國而猶不能制，益將輕我而啓戎心，何以弭伺我者之隙！此不可不征者四。朝鮮小而貧，屢爲敵國所覬覦，而臣服於我最久、最固，實爲我東隅之屏蔽。若坐視琉球之亡而不救，朝鮮必爲其續矣；他若安南諸國懼有携志矣，何以堅服我者之心！此不可不征者五。則請更言可征之故：一曰名有可居也。臣聞救災恤難，「字小」之仁；興廢繼絶，王政之大。若惟是爲臺灣故，以求釋憾於日本，猶非示天下以公；今奉辭伐罪，責其何以傾人社稷，覆我屏藩，名正言順，彼必帖然無辭。一曰機有可乘也。日本之君長不惜濡首以從人，甚且易服制矣；而其國人固有陽奉而陰違者，特蓄怒而不敢言耳。而彼君長復虐用其民，誅求無藝，更多借國債，以供其造輪船、開鐵路諸費。銀錢既罄，市上率用紙鈔，空虚已極。財匱於上，民怨於下，上下離心，罔有固志。天威所至，有不倒戈相向者乎？一曰勢有可因也。往歲爲備俄故，沿海各口俱置重兵，老成宿將，盡時征用，洋鎗、洋炮、輪船、鐵甲船之屬，陸續購置。今聞俄事將有成議，可紓西北之憂；而兵未撤防，將未歸鎮，器械既精，聲勢復盛，有無待異軍特起者矣。夫勞師襲遠，前志所戒。顧者不得已而用兵，豈避艱險，况有不必涉遠而可先聲以奪其氣者。今試數日本之罪明告通商各國，尋遣一介以告日本，要其必復琉球而後止，復於東南各海口盛張兵威以待之。否則，諸道之師刻期并進，竊料日本未必不懼而聽命。以不可不征者如彼而有可征者如此，而又未必遽出於戰，使必昧利害之勢、違進退之機，一以羈縻爲事，臣恐貽患於後，勢難追悔於前。

臣又聞日本之長崎，海道五日可達寧波，輪船不過二日，日本若發難，臺灣而外必及寧波，財賦之區，實其所艷。臣籍隸該處，固爲切近之災。而臣鄉人來往彼疆，亦頗有知其國中之虚實、山川之險易者，每爲臣言之。臣既有見聞，不敢不據實上陳。是否有當，伏乞皇太后、皇上聖鑒訓示。謹奏。

光緒七年二月三十日。

軍機處寄閩浙總督何璟等上諭四月初八日

軍機大臣字寄閩浙總督何、調任福建巡撫岑：

光緒七年四月初八日，奉上諭：「本日已有將岑毓英調補福建巡撫、勒方錡調補貴州巡撫，并令岑毓英即赴新任矣。臺灣爲南洋門户，防務緊要。日本前議琉球一案未允所請，該使臣悻悻而去，難保不藉端生釁，自應思患豫防，嚴行戒備。岑毓英久歷戎行，諳習兵事，即着責成該撫將臺灣防務悉心規畫，與何璟會商布置，務期有備無患。其開山撫番未盡事宜，亦當體察情形，次第經理，以爲久遠之計。該撫當隨時前往該郡履勘撫閲，實事求是，認真整頓，用副委任。遇有緊要事件，即由該撫親往督辦。至福建沿海防務，并着該督、撫妥籌辦理，毋稍疏懈。將此由四百里各諭知之。」欽此。遵旨寄信前來。

（以上卷三）

光緒八年

給事中鄧承修奏朝鮮亂黨已平請乘機完結球案摺八月初二日

工科給事中臣鄧承修跪奏，爲高麗亂黨粗平、球案未結，請特派大臣出駐烟臺，相機調度，以維藩屬，恭摺仰祈聖鑒事。

竊見近者高麗骨肉相猜，外戚秉政，亂機久伏，逆黨乘之，逐君酖后，横及舊臣。朝廷命將出師，二旬之間，罪人斯得，既彰保小之仁，益敦睦鄰之誼，聖武布昭，遐邇悦服。

惟聞日廷議論汹汹，群疑滿腹，推原其隱，殆以中山之案未結，懼我揚兵域外爲聲罪致討之師耳。故自拓商、分島之請未遂，日使怏怏而去，朝廷未有責言。近聞忽派海軍中將榎本武揚爲駐華公使，聞其人頗習兵事，素爲日廷所倚重，一旦出使，殆將陽作調停，陰覘虛實，和戰之局、轉圜之機，實决於此。夫以中國土地之廣，人民之衆，物産之富，賢才之秀出，甲於地球，微論日本蕞爾之區不足與抗，即英、法、俄、德諸邦亦且逡巡退讓，自謂弗如。朝廷徒以重發難端，習爲偷惰；重以西國甲兵之犀利，器械之精良，制造之工巧，貿易會計之便捷，歐人方挾其長技以凌我，而苟安持禄之輩遂以爲西盛而中衰，環顧而不敢言戰。即以日本而論，自李唐以來，步趨中法唯恐不及，千餘年於兹矣。一旦舍其舊而新是謀，法秦政之坑焚，效武靈之胡服，幾有雄長亞洲之意。然其始，未敢大猖獗也。臺灣之役，姑爲嘗試，而我曾不聞以一矢加遺，擲金錢數十萬以求一日之無事，此其所以肆然無所復忌也。而泰西各國，因得以窺吾虛實，於是乎威妥瑪有烟臺之行，巴蘭德有天津之議。俄約紛更，日人乘隙，夷琉球爲郡縣，而宍户璣遂下旌回國，恣情要挾，損威毁重，其所由來者漸矣。臣統觀今日之時局，日本視中、西之强弱以爲向背，各西國又視中、東之强弱以爲進退；一發千鈞，關係甚重。臣愚以爲中、西交際，不妨虛與逶迤，示以寬大；而東瀛有事，則宜以全力争之，不宜有纖毫遷就，啓列邦以輕量中國之心。且日本，非果真富且强也。扶桑片土，不過内地兩行省耳。東西二京、大阪一府，横、神、長三口，爲其通國菁英之所萃，而民間儲積，掃地無存。十餘年來購軍械、易服色，罄其金錢，盡成國債；平時貿易，專恃紙幣之流通，有警，則此無所用。總核内府，現不滿五百萬兩。前借英、德、美三國債項原約以十年爲度，今已届期，尚擬再求展限。實迫如此，何以爲國！水師不滿八千，船艦半皆朽敗。陸軍内分六鎮，統計水陸不盈四萬，又舉非精鋭。然彼之敢於悍然不顧者，非不知中國之大也，非不知中國之富且强也，所恃者，中國之畏事耳，中國之重發難端耳。今以高亂之故，朝廷忽遣重軍分道并進，所謂疾雷不及掩耳，彼已駭然、愕然，失其所恃，不旋踵使情見勢絀，概可知矣。臣愚以爲朝廷宜乘此聲威，將高人致亂之由、諸將平定之速，宣示中外。特派知兵之大臣駐紮烟臺，相機調度，不必明與言戰，但厚集南、北洋戰艦，勢將東渡，分撥出洋梭巡；外以保護商民爲名，更番出入，藉以熟探沙綫，飽閲風濤，瀏覽形勢，爲扼吭拊背之謀。其駐紮高麗之吴元慶水陸各軍，乞飭暫緩撤回，以爲犄角。布置已定，然後責以擅滅琉球，肆行要挾之罪，臣料日人必有所憚而不敢發。不惟球案易於轉圜，即泰西各國知吾軍勢已張，不諱言戰，如法人之蠶食越南、私邀盟約非口舌所能争者，可不勞而定。臣一介迂愚，未諳邊務，惟事關大局，謹博採群言，參以臆見，冒昧瀆陳。是否有當，伏乞皇太后、皇上聖鑒。謹奏。

光緒八年八月初二日。

軍機處密寄北洋通商大臣李鴻章等上諭八月初三日

軍機大臣密寄前大學士直隸總督署辦理北洋通商事務大臣一等肅毅伯李、署直隸總督兩廣總督張：

光緒八年八月初三日奉上諭：「給事中鄧承修奏：『朝鮮亂黨已平，球案未結，宜乘此聲威，特派知兵大臣駐紮烟臺，相機調度，厚集南、北洋戰艦，分撥出洋梭巡，更番出入，爲扼吭拊背之謀。其駐紮朝鮮水陸各軍暫緩撤回，以爲犄角。責日本以擅滅琉球、肆行要挾之罪，日人必有所憚，球案易於轉圜』等語。所奏不爲無見。着李鴻章、張樹聲酌度情形，妥籌具奏。原摺均着抄給閲看。將此各密諭知之。」欽此。遵旨寄信前來。

翰林院侍讀張佩綸奏請密定東征之策以靖藩服摺八月十六日

日講起居注官、翰林院侍讀臣張佩綸跪奏，爲請密定東征之策，以靖藩服而張國威，恭摺仰祈聖鑒事。

臣維道、咸以來，天下有大患四：曰粤、捻、回、洋。皇太后兩次臨朝，削平三孽，今爲中國患者，獨一洋務耳。而東洋之患且更逼於西洋，意者天厚其毒以速其亡，欲我皇太后、皇上聲罪致討，稱兵海壖，以維高宗「十全」之烈乎！

日本自改法以來，民惡其上；始則欲復封建，繼則欲改民政。薩、長二黨，争權相傾。國債山積，以紙爲幣；每興勞役，物價翔貴，衆怨沸騰。雖兵制步武泰西，略得形似，然外無戰將、内無謀臣。問其師船，則以「扶桑」一艦爲冠，固已鐵蝕木窳，不耐風濤，餘皆小炮、小舟而已，朝鮮之役，賃公司商船益之，蓋去中國「定遠」鐵船，「超勇」、「揚威」快船遠甚。問其兵數，則陸軍四五萬人，水軍三四千人，猶且官多缺員，兵多缺額。近始雜募游惰用充行伍，未經戰陣，大半恇怯，又〔去〕中國湘、淮各軍遠甚。夫其貧寡傾危，國勢若此，實難久存。然且不度德，不量力，而專意侮慢上國，蠶食藩封者，恃海爲險，謂我必不能戰也。琉球之地，久踞不歸。朝鮮禍在蕭墻，殃及賓館，中國爲之捕治亂黨，已足謝日本矣。彼狃於琉球故智，謂朝鮮初非我屬，劫而盟之，索兵費五十萬元，使與臺灣之數相準，以耻中國。我以義始，彼以利終，貪惏無厭，師競已甚！是即琉球、朝鮮非我藩服，而日本偪處以争此土，猶將起而圖之，然則今日之事，因二國爲名以乘東人之敝，豈待再計決哉！且臣亦未敢謂遽伐日本也，以爲南、北洋大臣當簡練水師、廣造戰船以厚其勢。臺灣爲日本要衝，山東爲天津門户，兩省疆吏宜治精兵，蓄門艦，以與南、北洋犄角。并請簡任知兵之臣，以輔其謀。責問琉球之案，以爲歸曲之地。駁正朝鮮之約，以爲濟怒之端。分軍巡海以疑之，閉關絶市以困之，召使歸國以窮之。日本猜懼，則必增防；增防，則必耗帑。我水師大集，南、北各省三分其軍，與朝鮮之鋭更番迭出，觀釁而動，於我未病，倭不能矣。及其虚竭，大舉乘之，可一戰定也。

中國措置洋務，每患謀不定而任不專，應請朝廷垂問樞臣，密定至計。并簡任大臣，專以東征之事屬之。李鴻章、左宗棠均中興宿將，粤、捻、回三役卓著勛勞，可否飭令該大臣等會同彭玉麟及沿海各督、撫迅練水陸各軍，增置鐵船，慎選將領，以備進窺日本。日本非求助西洋，不能與中國相競。中、西立約在先，信義已洽，聯遠交以便近攻，度泰西各國亦無陰爲彼助。我有力而彼無援，破此必矣。失此不圖，倭軍四出而兵强，倭商四通而國富。中國優游坐視，戎備不修，數年之中暫以無事爲福；忨歲潵日，我之勛舊益衰，彼之勢焰益熾。即一蕞爾日本已足爲中國巨患，何論西洋哉！

臣於日本之必危朝鮮與中國之當歸日本，春正會極言之。事機所迫，敢不瀆陳。伏祈皇太后、皇上聖鑒施行。謹奏。

光緒八年八月十六日。

軍機處密寄北洋通商大臣李鴻章上諭八月十六日

軍機大臣密寄前大學士直隸總督署辦理北洋通商事務大臣一等肅毅伯李：

光緒八年八月十六日奉上諭：「翰林院侍讀張佩綸奏『請密定東征之策以靖藩服』一摺，據稱日本貧寡傾危，琉球之地久踞不歸；朝鮮禍起蕭墻，殃及賓館，彼狃於琉球故智，劫盟索費，貪惏無厭。今日之事，宜因二國爲名，令南、北洋大臣簡練水師、廣造戰船；臺灣、山東兩處，宜治兵蓄艦，與南、北洋犄角。沿海各督、撫迅練水陸各軍，以備進窺日本等語。所奏頗爲切要。着李鴻章先行通盤籌劃，迅速覆奏。原摺抄給閲看。將此密諭知之。」欽此。遵旨寄信前來。

北洋通商大臣李鴻章等奏遵議鄧承修條陳球案摺八月十六日

前大學士署北洋通商大臣一等伯臣李鴻章、署直隸總督兩廣總督臣張樹聲跪奏，爲懾服鄰邦，先圖自强，酌籌緩急機宜，遵旨覆陳，仰祈聖鑒事。

竊臣等承準軍機大臣等寄，八月初三日奉上諭：「給事中鄧承修奏：『朝鮮亂黨已平，球案未結，宜乘此聲威，特派知兵大臣駐紮烟臺，相機調度，厚集南、北洋戰艦，分撥出洋梭巡，爲扼吭拊背之謀；其駐朝鮮水陸各軍暫緩撤回，以爲犄角。責日本以擅滅琉球、肆行要挾之罪，日人必有所憚，球案易於轉圜』等語。所奏不爲無見。着李鴻章、張樹聲酌度情形，妥籌具奏」等因，欽此。仰見聖主恢擴遠謨，周諮博訪至意，曷任欽佩！

竊維跨海遠征之舉，莫切於水師；而整練水師之要，莫先於戰艦。中國閩、滬各廠自造之輪船與在洋廠訂購之輪船除商輪僅供轉運外，如北洋之「鎮東」等六船，南洋「龍驤」等四船，福建之「福勝」、「建勝」，廣東之「海鏡」、「清海」、「東雄」俱係蚊船式樣，專備扼守海口，難以決戰大洋。此外北洋之船凡七，分駐旅順、天津者曰「揚威」、曰「超勇」、曰「威遠」、曰「操江」、曰「鎮海」，駐烟臺者曰「泰安」，駐牛莊者曰「湄雲」；南洋之船凡十五，駐江寧者曰「靖遠」、曰「澄慶」、曰「登瀛洲」，駐吴淞者曰「測海」、曰「威靖」、曰「馭遠」、曰「元凱」、曰「超武」，分駐福建之臺灣、厦門各口者曰「伏波」、曰「振威」、曰「藝新」、曰「福星」、曰「揚武」；近因越南多事，由船政派赴廉、瓊洋面巡防者曰「濟安」、曰「飛雲」：合計兵輪二十二號。其中有馬力僅一百匹内外，未可充戰船者，如「泰安」、「湄雲」、「操江」等船祗可轉運糧械；「馭遠」則已朽敝，須加修理。惟北洋之「超勇」、「揚威」兩快船，南洋之「超武」、「揚武」、「澄慶」等船較爲得力：此中國戰艦之大略也。自本年六月朝鮮亂黨滋事，日本興兵報怨，臣樹聲遵旨迅派「揚威」、「超勇」、「威遠」三船東渡，復調「澄慶」、「威靖」、「登瀛洲」與「泰安」等船陸續前往。今朝鮮雖事局粗定，一時尚難撤回。鄧承修之意，欲請特派知兵大臣進駐烟臺，相機調度，厚集戰艦，更番出巡，自爲整軍經武、讋服强鄰起見。然既思厚集其力，則必有得力戰艦十餘號，乃足壯聲勢而敷調撥。近日南洋僅有「測海」、「馭遠」、「靖遠」三船，臣鴻章前過江寧晤左宗棠，面稱長江要口乏船分布，礙難再調，自係實情。北洋天津等處僅有「操江」、「鎮海」兩艘往來探送文報，烟臺則無駐守之船，均甚空虚。今中國所有戰艦，惟閩、浙兩省七號之中，或可抽調一二；然彼所駐皆屬要地，實虞顧此失彼。且所謂知兵大臣者無夙練之水師，無經事之將領以之爲用，船少力孤，情見勢絀，不能服遠，轉恐損威。萬一日本窺我虚實，悉簡精鋭轉向他口，蹈間抵瑕，爲先發制人之舉，尤宜豫籌所以應之。此臣等所不能不躊躇審顧者也。查日本兵船在二十艘以外，而堅利可用者約十餘艘，其中「扶桑」一艦號稱鐵甲，「比叡」、「金剛」兩艦號半鐵甲，「東艦」一船號次等鐵甲，雖非上品，究勝木質。以彼所有與中國絜長較短，不甚相讓。况華船分隸數省，畛域各判，號令不一，似不若日本兵船統歸海軍卿節可以呼應一氣。萬一中、東有事，勝負之數尚難逆料。是欲制服日本，則於南北洋兵船整齊訓練之法，聯合布置之方，尤必宜豫爲之計也。

自古兩國相持，或乘藉勝勢，專以虛聲相恫喝；或隱修實政，轉恐密議之彰聞。務虛者聲揚而實不副，終有自絀之時；務實者實至而聲自遠，必有可期之效。從前日本初行西法，一得自矜，輒敢窺視中國；臺灣一役劫索恤款後，更廢滅琉球。中國方以船械未齊、水師未練，姑稍含忍以待其敝。然比年以來，臣鴻章與内外諸臣熟商禦侮之要，力整武備。雖限於財力，格於浮議，而購船、制械、選將、練兵隨時設法，牉具規模，復創設電綫，以通聲息。玆值朝鮮有釁，臣樹聲欽承廟謨，調派水陸雄師，飈馳電邁，即藉電報之力，事事得佔先着，遂能綏藩服。日本見中國赴機迅捷，不似曩時之持重，亦稍戢其狡逞之謀，與朝鮮議約尋盟，言歸於好。雖所索償款略多，然日人初意實尚不止此。其所以知難而退者，未嘗不隱有所憚。至彼國議論洶洶，群疑滿腹，恐中國乘機責問球案。聞初議募債洋銀二千萬圓添購船艦，此事尚未舉行，敵情豈云無備。中國地大物博，但能合力以圖之，持久以困之，不患不操勝算。若竟於此時揚兵域外，彼或鋌而走險，以全力結納西人，多借洋債，廣購船炮，與我争一旦之命，猶非策之上者，固不如修其實而隱其聲之爲愈也。臣等再四籌商，德廠所造之「定遠」鐵甲船今冬可以來華，第二號鐵甲船亦盡明年可到。容俟二船到後，選將募兵，精心教練。而新式快船所以輔護鐵艦者，尤不可少，或在洋廠訂購，或在閩廠仿造，必須酌籌巨款，陸續添備。鐵甲船，如有餘力，亦宜添置。此則全賴聖明主持於上，樞臣、部臣、疆臣合謀於下，庶水師乃有成局，海外乃可用兵；軍實益搜，威聲自播。倘能不戰屈人，使彼帖然就範，固爲最善；若猶囂張不靖，則聲罪致討，諸路并進，較有實際。前歲宍户璣回國，顯肆要求，中國聽其自去，彼終未敢決裂。今又遣榎本武揚前來駐京，或可相機議辯。其球案未結以前，進止遲速，權自我操，似無庸汲汲也。

臣鴻章此次奉命出山，持喪僅逾百日，隱疚實多。倘以進圖東瀛爲名移駐烟臺，果能於事有濟，亟願效此馳驅。惟烟臺本是北洋轄境，距津、沽海程僅一日餘，若論控馭海防、調度兵艦，則駐津、駐烟固無二致。即欲震懾日本，而彼亦深知我之虚實，烟臺無炮臺，無陸軍，又無兵船，先無自立之根本，轉恐無以制人。臣積年措注，所有支應局、水師學堂及廠塢局所、淮軍大隊，全在天津，若挈以俱行，則煩費既多，挪動不易。若獨自前往，將何所憑借以張聲威？何從分撥以資調度？況自津至滬達閩、粤電報迅捷，軍情頃刻可通，烟臺則水陸電綫俱無，南北各省即有可商調之事，旬日不得回信，呼應尤覺不靈。臣等愚見，欲圖自强之實事，當以添備戰艦爲要，不以移駐烟臺爲亟。中國戰艦足用，統馭得人，則日本自服，球案亦易結矣。

至吴長慶所部陸軍，遵旨暫留朝鮮彈壓亂黨，免致再有蠢動；丁汝昌帶往各兵船，仍留朝鮮南陽海口，與相依護。聞日本陸軍分布王京内外兵船五號，留駐仁川港者亦均未撤退。日人方謂朝鮮後患之須防，而我軍亦爲朝鮮善後之久計，互相牽制，即以潛消敵謀。容臣等隨時相度情形，奏明辦理。

所有懾服鄰邦，先圖自强，遵旨酌籌緩急機宜，謹合詞恭摺由驛具陳，是否有當，伏乞皇太后、皇上聖鑒訓示。謹奏。

（以上卷四）

大清會典

〔清〕崑岡等　修

校點説明

《大清會典》一百卷，清崑岡等修，吴樹梅等撰。與前代一樣，會典在歷朝均奉敕開館遞修，崑岡等的遞修本是清代最後一次遞修，完成於光緒二十五年（一八九九）。與前不同的是，此次纂修不僅僅是補充新的内容，並對前本有所改正。崑岡等於修《會典》同時，還修有《大清會典圖》二百七十卷、《大清會典事例》一千二百二十卷，三書可合在一起參看。

有關琉球與中國之往來禮儀及接待等事職屬禮部主客清吏司，本書即摘録其中有關部分。凡正文照録，注文則輯録共性的及專門介紹琉球部分，爲避免破碎，不再一一注明删去所在。

此次輯録所據爲上海古籍出版社《續修四庫全書》影印本。

（秦　潔）

大清會典

卷三十九　禮部主客清吏司

凡四裔朝貢之國，曰朝鮮、曰琉球、琉球，明初曰中山，曰山南，曰山北，各爲王，後山南、山北爲中山所併。國朝順治十一年，琉球國世子尚質繳到明季敕印，始敕封爲中山王。其國在東南大海中，當福建之東。曰越南，餘國則通互市焉。

凡入貢各定其期，琉球閒歲一貢。與其道，琉球由福建閩安鎮。使各辨其數，琉球貢使，正副使各一員，以其國王舅或耳目官及正議大夫、紫金大夫充。貢船至福建，該撫分爲三等，應摘回者先歸國；應存留者留邊聽賞；齎貢入京者，正副使以下都通事、使者、從人等，不得過二十人。凡貢使至則以聞。琉球由閩浙總督具題。如各國因謝恩等事入貢，由各該督撫奏准，鈔録原奏咨部。其各國貢使至京，由部行文崇文門監督，驗明行李照入，於次日具奏。乃進其表奏，貢使至京，先於禮部進表，貢使暨從官各服本國朝服，由館赴部，升階皆跪。正使奉表授會同四譯館卿，轉授禮部堂官。正使以下行三跪九叩禮，儀制司官奉表退。次日具奏，送交内閣。如係金葉表，由内閣收受後，即將上屆所進者交出，由部送交内務府。如貢使呈明奉國王命表文方物願親進獻者，由部轉奏，得旨准其親獻，傳知貢使，並知照該國王。達其貢物，貢物至京，由會同四譯館卿查驗，除常貢及慶賀貢物題請收受外，其謝恩及陳奏所進方物，由部將應否收受或留抵下次正貢具題請旨。如奉旨留抵下次正貢，則以貢物交内務府存儲，屆應貢時，於本内聲明准抵，抵充不盡者，再移入下次，仍行知該國王。琉球所貢硫黄，豫儲福建藩庫，知照該督，聽工部於應用時取用。琉球正貢：硫黄一萬二千六百斤、紅銅三千斤、白剛錫一千斤。每届慶典表賀及謝恩進貢，皆以方物，無定額。該國王請以陪臣子弟入監讀書，奉旨恩准後，該國於常貢外，加進圍屏紙三千張、蕉布五十疋。學成歸國，恭進謝恩方物，圍屏紙五千張、蕉布一百疋。敍其朝儀，貢使在京，恭遇萬壽聖節、元旦、冬至及凡升殿，應與朝賀，豫行鴻臚寺傳貢使演禮，付知儀制司，於禮節本内聲明，令貢使暨從官詣丹墀西班末，行三跪九叩禮。届期派員領入貞度門伺候。凡貢使已與朝賀，奏明停其召見，如未與朝賀，將届回國時，將應否召見，具奏請旨。若已與朝賀，而該貢使援引往例，呈請進見，仍據呈代奏請旨。如奉旨召見，行欽天監選擇日時，奏請欽定。届期，恭進禮節，行知内閣、起居注、侍衛處、内務府及鑾儀衛、景運門、武備院、鴻臚寺、欽天監，並吏部、兵部，轉傳文武大臣。至日，禮部堂官一人，蟒袍補服，率貢使服其國朝服，通事補服，詣宫門外祗候。皇帝常服御便殿，御前大臣、領侍衛内大臣、内大臣、侍衛左右侍立，如常儀。禮部堂官引貢使入，通事隨入，至丹墀西，行三跪九叩禮畢，由西階升，通事一員從升，至殿門外跪，皇帝降旨慰問。禮部堂官承旨傳知通事，轉諭貢使，貢使奏對，通事譯言，禮部堂官代奏，禮畢引出。如朝鮮貢使有稱君者，及琉球、越南使臣係該國王兄弟、世子，則待以優禮。是日入班侍立之大臣，咸蟒袍補服。貢使於丹墀行禮畢，升西階入殿右門，立右翼大臣之末，賜坐，賜茶。入班之大臣暨貢使咸跪，行一叩禮。皇帝降旨慰問如儀。禮畢，禮部堂官引貢使出，至朝房，承旨賜貢使尚方飲食訖，各退。翼日貢使詣午門外謝恩，行三跪九叩禮。凡貢使至京，恭遇聖駕至圓明園及幸南苑等處，皆令貢使於道旁瞻覲。若駕幸熱河而貢使適至，奉旨召至行在，由禮部堂官帶領該貢使前赴熱河瞻仰天顔。凡已令貢使道旁瞻仰者，俱停其召見。給其例賞，凡賞賜國王及貢使等物件，上駟院備馬，工部備鞌轡韉韂，户部備銀兩，内務府備紬緞、絹布、貂皮，各衙門俱將精良者頒給。届期，禮部堂官驗看。頒賞之日，於午門外道左設案，陳賜物。會同四譯館卿率貢使暨從官各服其國朝服，詣端門内西朝房前序立。鴻臚寺鳴贊，贊齊班，序班引貢使至丹墀西序立，北面東上。贊進，贊跪、叩、興，貢使行三跪九叩禮。主客司官率通事官奉頒給國王賜物授貢使，貢使跪受，轉授從人。乃以次頒貢使從人賜物，各跪受訖。贊叩、興，復行三跪九叩禮。頒賞琉球常貢：國王錦八疋、織金緞八疋、織金紗八疋、織金羅八疋、紗十二疋、緞十八疋、羅十八疋；貢使各織金羅三疋、緞八疋、羅五疋、絹五疋、裏紬二疋、布一疋；使者、都通事各緞五疋、羅五疋、絹三疋；從人各絹三疋、布八疋；伴送官彭緞袍一件，其土通事及留邊通事、從人賞同伴送官。其貢使係該國王舅，加賞緞五疋。其王舅通事照都通事之例。凡遇慶賀及請封、謝恩等事遣使至者，賞賜國王及來使等並同常貢。如附貢使同來者，均不另賞。凡入監官生歸國，每名例賞綵緞二疋、裏二疋、毛青布六疋，從人每名賞毛青布六疋，並將加賞緞二疋、裏二疋。從人加賞緞各一疋之處，題本内夾單進呈，旨下在部頒給。如值貢使在京，於午門前一體頒給。入監官生遇有事故，國子監咨報奏明，恩賞銀三百兩，以一百兩營葬事，其二百兩附回本家收領。從人在京者，仍照例賞給布疋。該國王於下次貢使來京時，附表謝恩。凡賞賜各國國王及王妃物件，並特恩加賞，均開送内閣，撰入敕内，交來使齎回。敕書畫筒行工部，包裹布疋行户部。至特賜國王，加賞貢使，事隸軍機處、内務府。支其供具，朝鮮貢使從人及伴送來京之員役，口糧食物，付精膳司轉行光禄寺給發，餧養馬匹料豆，行户部給發，草束行户部給銀出買，木柴、木炭行工部給發，均用印領。基餘各國貢使等供具，均由内務府經理，由部派司官二員，協同照應。至其賙卹，各國貢使在途遇有事故，照來京貢使之例，一併賞給，留守從人，亦照來京從人之例賞給。若貢使在京身故，遣祠祭司官致祭，在途遣所在有司致祭。願攜櫬歸國者，令伴送官員沿途妥爲照料，並將恩賞銀兩給予家屬。願葬内地者，有司擇地封窆立表以識，費資於官。凡貢使往來皆護。外裔入貢，由部覆准，行文該督撫填給勘合，於該省同知、通判中委派一員，伴送來京。應用武弁者，添派守備一員。經過各省，仍豫派幹員護送趲行，按省更替，各營汛遞遣官兵防護。至伴送之同知、通判等官，該督撫出具考語，由部帶領引見。如引見未滿三年者，該督撫於咨内聲明，毋庸帶領。至貢使回國，令該省原伴送官護送，行兵部换給勘合，經過各省，仍遴委幹員更替護送，由部將起程日期知照各該督撫，仍令該督撫將貢使出境日期題明報部。凡貢使往來，沿途均給予館舍、廪餼、夫馬、船隻，留邊人役，地方官照例給以口糧，貢使回時，同送出境。

凡封外國，必錫之詔敕，琉球奏請襲封，由閩浙總督、福建巡撫具題，敕下部議，應封某爲琉球國中山王，題請頒詔、敕，遣使，與朝鮮同。奉旨後，移内閣典籍廳撰詔、敕。册封正副使起行前期，行工部取盛敕畫筒，行户部取包裹布疋。使臣奉詔敕入該國境，國王遣陪臣恭迎詔敕龍亭，行三跪九叩禮，見正副使，行一跪三叩禮。詔敕及頒賜器幣，奉設於使館。屆宣讀詔敕之期，國王率陪臣等至館，肅迎詔敕升殿，國王率陪臣行三跪九叩禮，興，乃跪受詔敕，宣讀畢，行禮如初。若册封王妃，以國王受命。封世子，國王率以受命，禮亦如之。凡詔、敕宣讀後，例應齎回繳還内閣。惟琉球歷次請留，使臣得允其請，仍令該國王於謝恩表内聲明。凡遣使册封，所有該國卹典，即交使臣齎往，先於該國先王廟中諭祭。正副使入廟，奉諭祭文安於正中，使臣左右立，世子率陪臣行三跪九叩禮，乃宣諭祭文，世子等皆俯伏，宣畢，次行册封禮。世子既受封始稱王，告於廟，受該國群臣朝，親詣使館謝封，燕勞正副使。初内附，則錫之印，順治十一年，琉球國世子尚質内附，康熙五年安南國世子黎維禧内附，乾隆五十四年安南國長阮光平内附，並賜鍍金駝鈕銀印。皆副以恩賚。凡賞賜國王及王妃世子等各物，即交使臣齎往，行内務府等衙門備賞賜諸物，並行知各該督撫及該國王。賜琉球國王蟒緞、閃緞、青緞各二疋，綵緞六疋，藍緞、錦緞各三疋，紗、羅、紬各四疋。賜王妃糚緞、閃緞各一疋，綵緞四疋，藍緞、青緞、錦緞各二疋，紗、羅各四疋。凡賞賜各物，均移内閣，載入敕内。凡封使，皆奉特簡，琉球、越南正、副使，用内閣典籍、中書、翰林院侍讀、侍講、修撰、編修、檢討，六科給事中，禮部郎中、員外郎、主事。先行奏請，令各衙門揀送儀度修偉之滿漢各官，暨揀選禮部滿漢司官，帶領引見，恭請簡用。得旨後，行文各衙門及該督撫，先期知會該國王。儀服、資護，各予以其等。正、副使豫將起行日期報部，行工部取節及節衣及儀從，龍旗二，黄蓋一，御仗二，欽差牌、肅静、迴避等牌各二，前行牌一。行兵部豫發前行牌取應用夫馬。朝鮮正、副使均用本任頂戴朝服，琉球、越南正、副使，准暫用正一品頂戴，賜正一品蟒緞披領袍各一件，麒麟補褂各一件，均行工部辦給，回日繳還。朝鮮正副使跟役，照本任品級應帶額數帶往。琉球等國正使跟役二十名，副使十五名，又醫生二名，及通事人等，均由兵部填給勘合，按站撥兵護送。若封朝鮮，並給出關路引。若封琉球，行福建巡撫豫備渡海大舟，委幹弁二員，幹兵二百名護送，並酌發修船匠役帶往。册封琉球等國正、副使，照現在品級，行文户部領支二年俸銀，回日繳還。有餽於使者，辭受必以禮。琉球國王餽送使臣燕金，例辭不受，若該國王具奏懇請，候旨收受。若無封使，則授敕印於其歸使而封之。

卷七十七　欽天監

凡地平地球之度，各分以經緯。外國：朝鮮三十七度三十九分，越南二十二度十八分，琉球二十六度二分。外國：朝鮮東十度三十分，越南西十度，琉球東十一度三十分。

大清會典事例

〔清〕崑岡等 修

校點説明

《大清會典事例》一千二百二十卷，清崑岡等修，劉啓端等纂。清輯修會典與前朝不同，將有關政策、典章、法規等歸入「會典」，將各類事例别編爲「事例」，二書相輔相成，也更便於檢索。崑岡等主持修編的《會典事例》是清代最後一次對該書修訂增補，與同時所修《會典》一樣，内容最全，但同時也詳於乾隆朝以後而略於以前。

中琉兩國來往諸事，大多歸屬禮部職掌，故本書禮部下所記，幾乎囊括了兩國交往事，諸凡朝會、頒詔、敕封、貢期、貢物、賜予、迎送、禁令、賙卹、拯救等，均羅列備至。而「國子監·琉球官學」則詳細介紹了琉球官生入學年份、人名及回國時間，開列在監及回國甚至亡故時清政府給予的各項待遇。這些，均可與《清實録》及同時人記録相互參考發明。

本書輯録自上海古籍出版社《續修四庫全書》影印本，爲避免繁複，僅輯録了其中專門涉及琉球的部分。

（秦　潔）

大清會典事例

卷四十六　吏部三十漢員銓選・各學教習期滿

〔嘉慶〕十四年議准：「國子監琉球學教習，該監於肄業生内恩拔副歲貢生，揀選充補，於該官生學成回國之日，照八旗漢教習之例，以知縣、教職二項引見，請旨録用。」

卷二百三十九　户部八十八關税禁令一

〔乾隆二十八年〕又奉旨：「琉球國疏請配買絲斤，情辭懇切，著加恩准其歲買土絲五千斤、二蠶湖絲三千斤，餘悉飭禁如舊。」

〔乾隆〕三十年奏准：「琉球國歲買絲八千斤，内改配紬緞二千斤，照夷商配買之例，每紬緞一千斤抵絲一千二百斤。」

〔乾隆〕四十五年奏准：「琉球國貢船來閩，及事竣回國，所帶貨物，概免徵税。」

卷二百九十八　禮部九朝會・萬壽聖節二

是年，高宗純皇帝八旬萬壽，前期遣官致祭嶽鎮海瀆風雲雷雨火各神，及前代帝王陵寢、先師孔子闕里。正月，琉球國王尚穆、暹羅國王鄭華遣陪臣朝正。

卷三百十五　禮部二十六授時頒朔

〔嘉慶〕十四年奉旨：「禮部奏請將新定時憲書，如何發交琉球國祗領之處，敕下福建巡撫詳議章程一摺。琉球久列藩封，極爲恭順，惟因地懸海外，不能剋期往來。是以歷年時憲書，均未經頒發，今必責令每年專遣使臣，遠涉重洋，前來祗領，非所以示體恤；若將時憲書存貯福建巡撫處，遇便發交，則節候已過，須發徒爲具文，轉非覈實之道。所有琉球應領之時憲書，竟可毋庸頒給，即將該國星度節候，詳細推準，增入時憲書内，以垂久遠。該部即遵諭行。」

卷三百十六　禮部二十七頒詔・頒詔事宜

〔乾隆〕五十五年奉旨：「安南、琉球、暹羅三國，亦著照朝鮮之例，一體頒發恩詔，即交該貢使齎回。」

〔嘉慶二十五年〕又奏准，朝鮮國應頒詔書，例派正副使齎送，如遇有該國使臣在京，即奏明交該使臣齎回本國。至琉球、越南、暹羅、緬甸等國，例不遣官，如現無使臣在京，即交各督撫轉發。

同治十二年定，頒詔……兩廣總督轉發暹羅國，廣西巡撫轉發越南國，雲貴總督轉發緬甸國，閩浙總督轉發琉球國詔書各一道，餘俱同前。

卷三百二十一　禮部三十二鑄印・鑄造一

越南、琉球、暹羅國王均金飾銀印，駝紐，尚方大篆。

〔順治〕十一年，鑄造琉球國王金飾銀印。

卷四百四十五　禮部一百五十六群祀·直省御定捍患諸神祠廟一

〔嘉慶〕五年諭：「沿海地方崇奉天后，仰承靈佑昭垂，歷徵顯應。現在各洋面巡緝兵船及商船往來，均賴神力庇佑。著該衙門再擬加增四字，並著翰林院衙門撰擬祭文，即交此次册封琉球國正使趙文楷齎往福建，敬謹致祭。」

卷五百二　禮部二百十三朝貢·敕封

凡襲封朝鮮，既命正副使，使者將入境，國王遣陪臣祇候，恭迎詔敕龍亭，行三跪九叩禮，見正副使，行一跪三叩禮。至國日，奉詔敕及頒賜器幣，安於使館，行禮訖，其陪臣入謁使者，俱三叩，正副使受之。擇日宣讀詔敕，國王率世子陪臣至館肅迎，奉詔敕於龍亭，行禮畢，國王先回，詔敕龍亭及頒賜器幣乃轝行，鼓樂儀仗前導，正副使隨行。由中門入，正副使從，奉詔敕升殿，置正中黄案上，奉頒賜器幣陳於旁案。國王就拜位，率世子、陪臣行三跪九叩禮，興，詣受詔敕位跪，使者乃宣詔敕，宣畢，奉置於案，國王俯伏行三跪九叩禮，興。正副使出，國王率屬出送，乃返。如諭祭後再行册封禮，先行事於該國先王廟，設應祭之神位於廟中之東西嚮，奉安諭祭文於正中，正副使左右立，列所賜銀絹於神位案上。世子率陪臣行三跪九叩禮畢，退立於神位案左，乃宣諭祭文，世子等皆俯伏。宣畢，興，奉詣焚帛所，焚畢，世子就拜位，率陪臣行禮，正副使乃退。次行册封禮於該國正殿，如前儀。世子既受封，始稱王，告於廟，受該國群臣朝，親詣使館謝封，燕勞正副使。正副使事竣，即還朝復命。琉球、越南遣使襲封，儀仿此。

〔順治〕八年，琉球國納款，差陪臣齎表及通事到京，頒敕一道，諭該國將明季敕印繳换，即令差官齎回。十一年，琉球國世子尚質遣陪臣繳到明季鍍金銀印一顆，襲封王爵詔一道，敕書一道。遣使齎詔敕各一道，及鍍金駝紐銀印一顆，往封琉球國世子尚質爲中山王。

又題准：「往封琉球國王，開列内閣典籍、中書舍人、翰林院讀講編檢、六科給事中、禮部郎中、員外郎、主事、行人司行人，恭候欽點正副使，各給蟒緞朝衣、麒麟補服；工部豫行福建督撫備渡海大舟，務擇精良者，至啓行乘傳給繖仗旗牌，皆如例。」

〔順治〕十八年，覆准：「安南國王黎維禔奉表投誠，照琉球國例，頒敕一道，令來使齎奉回國。」

康熙元年，覆准：「順治十一年，往封琉球正副使至閩，因道阻未及渡海，行令閩浙總督造舟送往。」

〔康熙〕二十一年，遣使齎敕封琉球國世子尚貞爲琉球國王。

〔康熙〕五十七年，琉球國王世曾孫尚敬具奏：「自四十八年中山王尚貞薨逝，世子尚純早世，世孫尚益權署國事，未及請封亦薨；今遣耳目官、正議大夫等，請封襲王爵。」奉旨：「琉球國世守臣節，忠誠可嘉，准該國王世曾孫尚敬所請，敕賜承襲琉球國中山王，遣使行敕封禮。」

〔乾隆〕二十一年，遣使齎敕封琉球國王世子尚穆爲琉球國王。

嘉慶四年，遣使齎敕封琉球國王世孫尚温爲琉球國王。

〔嘉慶〕十二年，以琉球國王尚温薨逝，世子尚成權署國事，未及請封病故，遣使齎敕封該國世孫尚灝爲琉球國王，並給予故國王尚温卹典；其已故世子尚成，追封王爵，給予誥命，及銀絹祭文均交封使齎往。

〔道光〕十七年，遣使齎敕封琉球國世子尚育爲琉球國王。

〔同治五年〕又遣使齎敕封尚泰爲琉球國王。

卷五百二　禮部二百十三朝貢・貢期

〔道光〕十九年諭：「向來越南國二年一貢，四年遣使來朝一次，合兩貢並進；琉球國閒年一貢；暹羅國三年一貢。在各該國抒誠效順，不敢告勞。惟念遠道馳驅，載塗雨雪，而爲期較促，貢獻頻仍，殊不足以昭體恤。嗣後越南、琉球、暹羅，均著改爲四年遣使朝貢一次，用示朕綏懷藩服之至意。」

二十年，諭：「吳文鎔奏琉球國遣使來閩，籲請照舊閒年進貢一摺。向來琉球國閒歲一貢，上年降旨，改爲四年遣使朝貢一次，原所以示體恤外藩。茲據該撫奏該國王遣使來閩，請照舊閒年進貢，情詞極爲真摯，著如所請行。」

二十三年，諭：「前經特降諭旨，嗣後越南、琉球、暹羅均著改爲四年遣使朝貢一次，以昭體恤。茲暹羅國王因未接奉改定貢期公文，以致仍照舊例，遣使呈進方物，並進二十一年萬壽，及補進二十年貢物，具見該國王恭順至誠，所有此次貢物，准其於本年呈進。」

卷五百二　禮部二百十三朝貢・貢道

順治八年，議准，琉球貢道由福建。

〔咸豐〕八年，諭：「本年琉球貢船到閩後，著王懿德等察看情形，如未能依限進京，即飭官伴人等照例安插館驛守候，表文方物存儲司庫，俟各處道路疏通，再行派撥文武各員伴送赴京，以示體恤。」

十一年，奏准：「琉球貢船，在閩守候，俟道路稍通，即行進京。」

同治六年，奏准：「東省捻氛不靖，琉球使臣等應由水路改道前進。」

又奏准：「琉球使臣事竣，改道回國，知照直隸、山東、河南、安徽、江蘇各督撫，轉飭沿途地方官隨時偵探，妥爲護送。」

卷五百三　禮部二百十四朝貢・貢物一

〔順治〕十一年，琉球國王世子尚質進貢慶賀方物：金飾柄匣佩刀、銀飾柄匣佩刀、金酒瓶、銀酒瓶、泥金畫屏、泥金扇、泥銀扇、蕉布、苧布、紅花、胡椒、蘇木。又恭進二年一次常貢方物：馬十匹、螺殼三千、硫磺萬二千六百斤。

〔康熙〕三年定，外國慕化，來貢方物，照其所進收受，不拘舊例。是年，琉球國王因謝敕封恩，進貢方物：金飾佩刀、銀飾佩刀、漆柄大刀、漆杆槍、漆盔甲、泥金畫屏、泥金扇、泥銀扇、畫扇、紅銅、胡椒、綵綿、土苧布、蕉布。

四年覆准：琉球國王補進慶賀貢物，與順治十一年同。貢船在梅花港口遭風，飄失貢物，免其補進。

五年，琉球國王補貢四年方物，奉旨：「琉球國王補進飄失貢物，具見恭順，但前已有旨免進，這補進金銀器皿，仍著發還。」

六年，琉球國王進常貢方物，加紅銅五百斤，螺鈿漆盤十。

又覆准：「琉球進貢硫磺，應留福建督撫收儲，餘貢物，令該撫差人解送，來使不必到京，即給賞遣回。下次貢使，仍令齎表入京。」

八年，琉球國王入貢，於常貢外，加貢紅銅千斤、絲煙百匣、螺鈿茶鍾百。

十年，琉球國世子尚貞入貢，於常貢外，加貢鬃煙、番紙、蕉布。

二十年，奉旨：「琉球國進貢方物，以後止令貢硫磺、海螺殼、紅銅，其馬匹、絲煙、螺鈿器皿，均免進貢。」

二十三年，琉球國王尚貞因敕封謝恩，進貢方物，與康熙三年同。又以特賜御書，加貢金鶴一對。

二十七年，琉球國因准陪臣子弟入監讀書，於常貢外，加貢圍屏紙三千張、嫩蕉布五十疋。

〔康熙三十二年〕，琉球國以免常貢海螺殼，補進白鋼錫千斤。

是年奉旨：「琉球國航海入貢，途遠勞煩，海螺殼嗣後免進。」

〔雍正〕二年，琉球國王恭進慶賀登極方物：金銀飾佩刀、金銀瓶、泥金畫屏、扇、圍屏紙、紅銅、白鋼錫、蕉布、夏布；恭進皇后金銀粉匣、扇、蕉布、夏布。

四年，琉球國王謝賜御書恩，恭進金鶴一對，嵌螺黑漆盤、椀各三十件，彩屏一對，扇二百柄，紙一萬張，青花蕉布五十疋，白花蕉布五十疋。是年諭：「琉球國王因朕頒賜御書扁額及綵緞、玉器等件，特遣使臣進表謝恩貢獻儀物，具見悃誠。朕加惠遠藩，不受貢物，但既航海遠來，不忍令其帶回本國。向來朝鮮國王進獻禮物，若不收受，有交送内務府存留准作年貢之例，今琉球國王所進禮物，准作三年一次正貢。」

六年，議准：「琉球國前進謝恩禮物，奉旨存留作〔正〕貢。今循舊例，進到四年正貢，應遵前旨，存留作六年正貢。其六年應進表文，仍令遣使恭進。」

七年諭：「據福建巡撫奏稱，琉球國中山王尚敬差耳目官毛鴻基等進貢方物，照例進港，安插館驛。朕以琉球歷來恪守臣節，不失貢期，而地處重洋之外，使臣遠涉風濤，深可軫念，是以令其四年進貢方物，准作六年正貢，其六年應進表文，俟八年正貢一同恭進。所以寬其朝貢之期，與海邦休息之意也。今該國王以未接部文，仍按期遣使，實因未知朕之明旨，並非有違成例。且其船已經進港，行李已安頓館驛，寧可以不合例而卻之，使空往返於洪濤巨浪中乎？著照例准其入貢，該撫委官伴送來京，一應廩餼舟楫，悉遵二年例，從厚辦給。」又諭：「琉球處重洋之外，奉表修貢，遠涉風濤，朕心深爲軫念。是以從前降旨，將雍正四年該國王所貢謝恩儀物，准作六年正貢，以示恩眷。今該國王以六年正貢之期，仍遵定制，遣使奉表，情辭懇切，具見悃誠。著將六年貢物，准作八年正貢。若八年貢物已經遣使起程，即准作十年正貢。」

九年，諭：「朕因琉球地處重洋之外，奉表修貢，深爲軫念，曾經降旨將雍正八年貢物准作十年正貢。今該國王奏請按期入貢，情辭懇切，具見悃誠。著仍遵前旨，若十年貢物已經起程，即准作十二年正貢，十一年不必遣使前來。」是年琉球國官生業成歸國，國王加進謝恩禮物：嫩蕉布百疋、圍屏紙五（十）〔千〕張。照例收受。

十二年，諭：「琉球國八年進貢，曾經降旨准作十年正貢。今該國王復行奏請，仍遵舊典，按期入貢，情辭懇切，具見悃誠。著仍遵前旨行。」

〔乾隆〕二年，琉球恭進慶賀方物，與雍正二年同。

六年，琉球國進謝賜御書恩禮物，照雍正四年例，留准七年正貢。該使呈請謝恩禮物，免其准貢，奉旨：「仍遵前旨行。」是年議准：「琉球國王進到七年正貢，准作九年正貢，其九年應進表文，照例遣使恭進。」

二十二年，琉球國王尚穆恭進冊封謝恩禮物：金鶴、盔甲、金飾腰刀、銀飾腰刀、漆飾鍍金腰刀、漆飾鍍金槍、漆飾鍍金衮刀、黑漆灑金馬鞌、金彩畫圍屏、扇、絲綿、練蕉布、紋蕉布、苧布、白鋼錫、紅銅，凡十有六種。奉旨：「中國加惠外藩，不欲頻煩貢獻，但航海遠來，又不便令其攜帶回國。著將所進方物，留作下次正貢。」

二十四年，議准：「琉球國應進二十三年貢物，業已到閩，不便令其帶回，仍遵照前旨，留作二十五年正貢。其應進二十五年表文，俟二十七年正貢時同進。」又琉球國遣陪臣子弟梁允治等四名入監讀書，恭進圍屏紙、蕉布，與康熙二十七年同。

三十年，琉球國入監官生鄭孝德等業成歸國，該國王加進謝恩貢物，與雍正九年同。

〔三十二年〕，琉球恭進謝恩方物：金鶴一對，盔甲、馬韂各一副，金、銀飾佩刀各二把，漆飾鍍金佩刀二十把，衮刀及槍各十把，金彩畫屏一對，扇五百柄，絲綿二百束，練蕉布二百疋，紋蕉布、土苧布各一百疋，紅銅、白鑞錫各五百斤。

〔四十五年〕，又諭：「琉球國王恪守藩封，素稱恭順，重洋遠隔，職貢維虔。此次於例貢之外，恭進謝恩方物，使臣等恐照向例，留作下次正貢，具呈禮部，請爲代奏，恩准賞收，下次仍請如期入貢，並稱臨行時國王再三諄囑，令使臣具呈籲請，情詞懇切，誠悃可嘉。著照所請。該部即將所進謝恩方物，准予賞收。下次正貢屆期，該國遣使來京，再當優加賞賚，以示朕懷柔藩服之至意。」

〔五十六年〕，又琉球恭進謝恩方物：金龜形一對，銀攢盒二具，銅火盆十箇，銅水罐十箇，染花土紬五十疋，染花苧布五十疋，蕉布五十疋，畫圍屏大小二對，護壽紙五千張，扇二百柄。

五十九年，諭：「據禮部奏『琉球國使臣呈稱，國王此次恭進謝恩方物，懇照五十五年准予賞收，免抵下次正貢』等語。該國王因前此特賜福字、如意等件，專遣使臣呈進方物，向來俱令抵作下次正貢，原以昭體恤而示懷柔。今據該使臣呈稱，伊等臨行時，國王再三囑令將所進方物，懇請准予賞收，免抵下次正貢，具見該國王抒忱效悃，誠懇可嘉。所有此次呈進方物，既已賞收，著照所請。下次正貢時，仍當優加錫賚，用彰厚往薄來至意。該部即傳諭該使臣，令於回國時轉告該國王知之。」

卷五百四　禮部二百十五朝貢・貢物二

〔嘉慶〕三年，琉球國王世孫尚溫遣使慶賀太上皇帝歸政，恭進貢物：金罐、銀罐、銀攢盒、黑漆嵌螺鈿畫盆、銅火盆、雅扇、貼金銀煙筒、紫霞紙、護壽紙、金彩畫圍屏、土蕉布、織花紬、染花綿布，凡十有三種。又慶賀仁宗睿皇帝登極貢物：金罐、銀罐、金靶鞘腰刀、銀靶鞘腰刀、淡黃土夏布、精熟土夏布、細嫩土蕉布、金彩畫圍屏、雅扇、圍屏紙、紅銅、白鋼錫，凡十有二種。慶賀皇后貢物：金粉盒、銀粉盒、淡黃土夏布、精熟土夏布、土蕉布、雅扇，凡六種。

五年，奏准：「琉球國王世孫遣使進貢，並請高宗純皇帝聖安，恭進表文，照例交來使帶還，其隨表貢物銀攢盒、黑漆畫盆、素蕉布、染花棉布、圍屏紙、護壽紙、雅扇，凡七種，准抵下次正貢。」

六年，琉球國王恭進册封謝恩貢物：金鶴、盔甲、金靶鞘腰刀、銀靶鞘腰刀、黑漆鞘鍍金腰刀、黑漆鞘鍍金槍、黑漆鞘鍍金衮刀、黑漆灑金馬韋、金彩畫圍屏、雅扇、土絲綿、練蕉布、土苧布、白鋼錫、紅銅，凡十有五種。又因欽賜御書扁額，加進金鶴二，俱奏准留抵下次正貢。續據該使臣呈請賞收，經部轉奏請旨，奉諭：「禮部奏『琉球國使臣呈稱，國王此次恭進謝恩方物，懇照乾隆五十九年准予賞收，免抵下次正貢』等語。該國王因特賜御書扁額等件，專遣使臣呈進謝恩方物，曾經該部具奏，降旨准作抵下次正貢，原以昭體恤而示柔懷。今據該使臣呈稱，伊等臨行時，國王再三諄囑，懇請准予賞收，免抵下次正貢，具見該國王抒忱效悃，誠懇可嘉。著照所請。此次所進方物，准予賞收。下次正貢屆期，該國遣使來京時，再當優加賞賚，用昭柔惠遠藩至意。該部即傳諭該使臣，令於回國時轉告該國王知之。」

又琉球國王遣使恭進高宗純皇帝前香貢、祭品銀百兩，交内務府收儲。

又琉球國王奏：「上次恭進高宗純皇帝前請安貢物，懇恩賞收。」奉旨：「此項方物，准其留抵正貢，前旨甚明。但該國此次正貢，業經齎送前來，若令其攜回，轉滋勞費，是以姑予收受，所有此項方物，著准作再下一次正貢。該國王務須仰體朕懷，不必再行陳奏。」

十四年，琉球遣使謝册封恩，貢金鶴形一對，鶴踏銀岩座各全，盔甲一領，護手護膝各全，金靶鞘腰刀二把，銀靶鞘腰刀二把，黑漆靶鞘鍍金銅結束腰刀二十把，黑漆靶鞘鍍金銅結束槍十把，黑漆靶鞘鍍金銅結束衮刀十把，黑漆灑金馬鞌一座，轡御、絡頭、前後牽鞦、屧脊、障泥、鐙俱全，金彩畫圍屏二對，精製雅扇五百柄，土絲綿二百束，練蕉布三百疋，土苧布一百疋，白鋼錫五百斤，紅銅五百斤。

〔道光〕七年，琉球恭進例貢，並因二年特賜該國王御書扁額，恭進謝恩貢物，奉旨賞收。

十九年，琉球國王爲遣使册封，又恩賞御書，恭進謝恩貢物，奉旨「留抵下次正貢」。旋據該使臣等呈懇賞收，奉諭：「此次所進貢物，即照所請賞收，俾得遂其抒忱效悃之誠。該部即傳諭該使臣，令於回國時轉告該國王知之。」

〔三十年〕，又琉球國王於例貢外，加進慶賀文宗顯皇帝登極方物，留抵正貢。

又諭：「禮部奏『琉球國使臣呈稱，該國世子此次恭進方物，懇照嘉慶六年、十四年，道光二年准予賞收，免其留抵』等語。該國世子因慶賀登極，專遣使臣呈進方物，前經降旨，准其留抵正貢，原以昭體恤而示懷柔。今據該使臣等呈稱，伊等臨行時，該國世子再三諄囑，懇請准予賞收，免抵下次正貢，具見抒忱效悃，誠懇可嘉。著照所請。此次所進方物，准予賞收。下次正貢屆期，該國遣使來京時，再當優加賞賚，用昭柔惠遠藩至意。該部即傳諭該使臣，令於回國時轉告該國世子知之。」

〔咸豐〕四年，諭：「禮部奏遵議琉球貢使暫緩赴京一摺。琉球國王久列藩封，該貢使等航海輸誠，具徵忱悃。惟現在用兵省分，尚未能一律肅清，若令繞越程途，跋涉遠來，轉非所以示體恤。著王懿德於該使臣等貢船行抵閩境後，即行宣諭朕意，令其此次毋庸來京，仍優予犒賞，委員護送回國。所有進貢方物，即著賞收，由該督等派員送京，其應行頒賞該國王世子及使臣等物件，著該管衙門查照舊章備辦，發交該督派員齎送，轉給祗領。」

又諭：「王懿德等奏琉球貢使籲懇仍准入都一摺。前以用兵省分尚未肅清，諭令琉球使臣毋庸繞道來京，以示體恤。茲據王懿德等奏『據該國貢使等稟稱，此次除例貢進物外，尚有謝恩及恭賀表章，仍祈准予入都，藉達下忱』等語。該貢使等殷殷籲懇，其意實出至誠，若必令其毋庸來京，非所以慰遠人之嚮慕。著王懿德等俟來歲道路疏通，即派員護送該貢使等赴京，俾輸忱悃。」

五年，琉球國世子尚泰於例貢外，加進謝賞賜御書扁額恩，並慶賀册立皇后方物，奉旨「留抵下次正貢」。旋據該使臣等呈懇賞收，免其留抵，奉諭：「此次所進方物，准予賞收。下次正貢屆期，該國遣使來京時，再當優加賞賚。該部即傳諭該使臣，令於回國時轉告該國世子知之。」

〔同治三年〕，又琉球國世子慶賀穆宗毅皇帝登極，並進文宗顯皇帝香品，呈貢方物，准其留抵下次正貢。旋據該使臣等呈懇免抵，准予賞收。

〔同治六年〕，又琉球國王因賞賜御書扁額謝恩，恭進方物，准留抵下次正貢。旋據該使臣等呈懇免抵，准予賞收。

卷五百五　禮部二百十六朝貢·朝儀

〔雍正〕四年，琉球國王尚敬爲賜御書扁額、玉器、綵緞，遣使恭進謝恩禮物，其正使紫巾官召見。

〔七年〕，又琉球國差陪臣耳目官毛鴻基等入貢來京，恭遇聖駕升殿，俟百官行禮畢，將耳目官毛鴻基、正議大夫鄭秉彝引至丹墀西，行三跪九叩頭禮畢，於右翼衆官之末，賜坐、賜茶。

十二年，朝鮮國陪臣密昌君李樴、安南國陪臣范公容、琉球國陪臣温思明等，於元旦令節，聖駕升殿，已經行禮，停其進見。

〔乾隆〕四年，琉球國使臣王舅向啓猷等已於元旦隨班行禮，仍准其進見。

三十六年，恭遇孝聖憲皇后八旬萬壽，琉球國貢使毛自焕等同南掌國貢使叭哩門遮昆等一體入班行禮。

三十八年，奏准：「琉球國王遣陪臣向宣謨等進貢，恭遇孝聖憲皇后萬壽，由鴻臚寺官引來使在午門前隨班行禮。」

道光十二年，朝鮮、琉球兩國王遣使臣奉表來京。除夕，保和殿筵燕，賜坐、賜茶。

卷五百六　禮部二百十七朝貢·賜予一

〔順治〕十一年，琉球國進貢，賜國王蟒緞二疋，綵緞六疋，藍緞三疋，素緞、閃緞各二疋，錦三疋，紬、羅、紗各四疋；王妃綵緞四疋，糚緞、閃緞各一疋，藍緞、青緞、錦緞各二疋，羅、紗各四疋；正使王舅綵緞表裏各四疋，閃緞一疋，羅二疋，紬、紗各四疋；副使正議大夫綵緞表裏各三疋，藍緞一疋，羅、紬、紗各二疋；使者綵緞表裏各二疋，藍緞、紬、羅、紗各一疋；通事、從人緞、紬、紗、布、銀各有差。

〔康熙三年〕，又琉球國進貢，賜國王蟒緞二疋，綵緞四疋，藍緞、青緞、閃緞、錦緞、紬、羅、紗各二疋；正使王舅綵緞表裏各四疋，羅四疋，韡一雙，綵緞三疋；副使紫金大夫綵緞表裏各四疋，羅三疋，韡一雙；使者綵緞表裏各二疋，布四疋；通事、從人緞布有差。

八年，議准：「琉球國入貢，照例恩賞，惟正使不係王舅，與副使正議大夫賞同。」

二十一年，遣使敕封琉球國王，賜國王蟒緞、閃緞、青緞各二疋，石青綵緞、藍綵緞、錦緞各三疋，紗、羅、紬各四疋；王妃石青綵緞、藍綵緞、藍緞、青緞各二疋，糚緞、閃緞各一疋，紗、羅各四疋；特賜國王御書「中山世土」四字。

二十三年，奏准：「暹羅國照例頒賞，其韡皆摺絹。嗣後琉球等國賞韡，亦照例摺絹。」

二十四年，議准：「琉球國王原賞緞二十疋，今加三十疋；安南國王原賞緞三十疋，今加二十疋；暹羅國王原賞緞三十四疋，今加十六疋；各表裏五十疋。」

三十年，奏准：「琉球國官生入監讀書，業成歸國，照通事之例燕賞。」

六十年，琉球國入貢，加賜國王蟒緞、閃緞、錦緞各二疋，青藍綵緞、藍素緞、素緞、紬、羅、紗各四疋；正、副使每人加緞、紡絲各二疋，羅、絹各一疋；都通事加緞、絹各一疋，青布二疋；從人加毛青布各一疋；留邊通事加緞、絹各一疋，毛青布二疋；從人加毛青布各二疋。

〔雍正〕二年，琉球國王遣王舅入貢，照康熙六十年加賜之例。又特賜國王御書「輯瑞球陽」四字，内庫緞二十疋，松花石硯、玉器、瓷器、法瑯器等物。又加賞王舅銀百兩，内庫緞八疋；通事緞四疋，銀三十兩。

〔四年〕，又琉球國王爲賜御書、玉器、綵緞，謝恩入貢。賜國王及正、副使皆照康熙六十年加賞之例；其都通事賞綵緞二疋，裏一，絹一疋，毛青布六疋；留邊通事同；至京從人毛青布各六疋；留邊從人同；伴送官及土通事彭緞袍各一領。又特賜國王内庫緞二十疋，玉器十件，玻璨器二種，共十件，瓷器十有二種，共百有五十件，法瑯器一件，松花石硯二方；正使紫巾官内庫緞八疋，銀百兩。又諭：「琉球國遠隔海洋，該國王受賜，不必專遣使臣謝恩。著於正貢之年，一同奏謝。將此諭該國王知之。」

〔五年〕，又琉球國王入貢，照康熙六十年加賜之例。其肄業官生，業成歸國，照都通事之例，賞給各綵緞一疋，裏一，毛青布四疋；從人二名，賞毛青布各四疋。特加賞官生内庫緞二疋，裏二；從人每名官緞一疋。

〔七年〕，又琉球國入貢，照康熙六十年加賞外，特賜國王内庫緞二十疋，玉器十件，玻璨器二種，共八件，瓷器十有四種，共百有五十件，法瑯器一，白玉硯、松花石硯各一方；使臣内庫緞四疋，銀五十兩。

九年，琉球國入貢，照年例加賞外，特賜王舅玻璨器三，玉器三，瑪瑙器一，石器二，銅法瑯器二，青緑鼎一，漆器八，瓷器十有二種，共十有九件。

卷五百七　禮部二百十八朝貢・賜予二

〔乾隆〕四年，琉球國入貢，並進登極賀禮，照康熙六十年加賜之例，又特賜御書「永祚瀛壖」四字，並敕諭：「琉球遠隔重洋，不必專遣使臣謝恩，俟正貢之年一同奏謝。」

〔八年〕，又琉球、安南二國入貢，照康熙六十年之例賞給。

〔二十二年〕，又琉球國遣王舅入貢謝恩，照雍正二年之例賞給。

二十八年，琉球入監官生鄭孝德等業成歸國，照雍正五年之例賞給。

四十七年，朝鮮、琉球、南掌三國使臣入紫光閣燕，賜各國正使錦、漳絨各三疋，八絲緞、五絲緞各一疋，大荷包各一對，小荷包各四對，酒鍾各一；副使錦、漳絨各一疋，八絲緞、五絲緞各三疋，大荷包各一對，小荷包各二對，酒鍾各一。嗣後凡紫光閣入燕，使臣賞如例。朝鮮正副使於正大光明殿入燕獻詩，賞八絲緞各一疋，絹箋各二卷，筆墨各一匣。嗣後朝鮮、琉球、安南使臣獻詩者，賞如例。翼日，賞正使錦、八絲緞各二疋，副使錦、八絲緞各一疋。又賜國王內庫緞二十疋，硯二方，玉器五，玻璃器十，瓷器各二匣，洋瓷法瑯盒、瓷器、玻璃器、雕漆盤各四件。

〔五十一年〕，又特賜琉球國王御書「海邦濟美」四字，餘賞與朝鮮國王同。

五十三年，紫光閣筵燕，賞琉球正、副使與五十一年同。又使臣獻詩，賞正使大緞一疋，筆十枝，墨一錠，箋紙二卷。

〔五十五年〕，又加賜琉球、暹羅國王御筆福字一，玉如意一，玉器二，瓷器、玻璃器八，福字方百幅，絹箋四卷，硯二方，筆三匣，墨三匣，雕漆盤四。

〔五十六年〕，又琉球、安南、緬甸、南掌，朝貢例賞，奉旨改與暹羅一體辦理。又加賞朝鮮正、副使金鞘小刀、回子緞、回子紬、回子布；書狀官、大通官、押物官、從人，緞、紬、布有差。又加賞琉球、緬甸使臣等物件，與朝鮮同。

五十七年，賞朝鮮、安南、琉球、緬甸國王各大緞二疋，福字箋百幅，絹箋四卷，雕漆茶盤四，硯二方，筆墨各四匣。又管船官五名，每名回子布、高麗布、波羅麻、兼絲葛各二疋；留存貢船兵役水手共六百十五名，各高麗布、回子布、小增城葛、波羅麻各一疋。

〔五十九年〕，又賞琉球國王物件，照五十七年之例。

卷五百八　禮部二百十九朝貢・賜予三

〔嘉慶〕三年正月，山高水長筵燕，加賞琉球正、副使與二年紫光閣賞朝鮮、暹羅同。又正大光明殿筵燕，使臣獻詩，賜國王及使臣與二年賞朝鮮同。又山高水長筵燕，加賞琉球正使錦三疋，漳絨三疋，大卷八絲緞四疋，大卷五絲緞四疋，大荷包一對，小荷包二對；副使錦二疋，漳絨二疋，大卷八絲緞三疋，大卷五絲緞三疋，大荷包一對，小荷包二對。十五日獻詩，加賜國王蟒緞二疋，福字方一百幅，雕漆器四件，玻璃器四件，大小絹箋四卷，筆、墨各四匣，硯二方；使臣二員，各大緞一疋，箋紙二卷，筆、墨各二匣。

〔四年〕，遣使册封琉球國王，特賜御書「海表恭藩」四字。

又琉球遣使來朝，停止筵燕，無加賞。

〔六年〕，又琉球遣使朝貢，於例賞外無加賞。

〔十年〕十二月，朝鮮、琉球使臣來京，奉旨：「使臣現未釋服，紫光閣不必入燕，仍照例加賞，迎送儀節，俱不必行。」

十一年正月，紫光閣筵燕朝鮮、琉球使臣，加賞正、副使與三年同。

〔十二年〕，又琉球、暹羅二國使臣入重華宮燕，各賞玻璃椀二，鼻煙壺一，瓷帶鈎一，茶葉二瓶，福橘五，瓷碟一，荷包一對；通事荷包一對。

〔十三年〕，又琉球、暹羅二國使臣入蒙古包燕，賞與乾隆六十年朝鮮正、副使同。

〔十四年〕，又琉球國遣王舅謝恩，於例賞外，加賞緞五疋。

〔十六年〕十月，琉球入貢。初次，賞正使茶葉二瓶，茶膏二匣，瓷椀三，瓷碟一；副使茶膏一匣，瓷碟二，餘與正使同；都通事茶葉一瓶，餘與副使同。二次，賞正使緞一疋，紬、漳絨各二疋，荷包二對，漆盤二，牙籤箭一，瓷鼻煙壺一；副使漳絨一疋，漆盤一，餘與正使同；都通事紬一，餘與副使同。三次，賞正使錦、漳絨各三疋，八絲緞、小卷緞各四疋，大荷包一對，小荷包二對；副使錦、漳絨各二疋，八絲緞、小卷緞各三疋，大小荷包與正使同。

十八年正月，朝鮮、暹羅使臣入紫光閣燕，賞與嘉慶元年同。恭遇賀幸圓明園，朝鮮、暹羅、琉球三國使臣迎送，加賞琉球正副使、都通事、土通事、從人帽帶、鞾襪有差。

〔二十一年〕十二月，朝鮮、琉球兩國入貢，賞琉球正副使、通事、從人衣帽、鞾襪有差。兩國使臣入重華宮燕，賞朝鮮正副使、書狀官三員各玻璃瓶二，鼻煙壺、瓷茶鍾一，紅橘一碟，茶葉二瓶，正使荷包二對，副使、書狀官各一對。賞琉球正副使二員各玻璃鼻煙壺、瓷器一，玻璃椀二，茶葉二瓶，荷包與朝鮮同。

二十二年正月，山高水長筵燕朝鮮、琉球兩國使臣，賞與三年同。

〔二十三年〕十二月，朝鮮、琉球入貢，賞琉球正副使、通事、從人等衣帽、鞾襪，與二十一年同。兩國使臣入重華宮燕，加賞朝鮮正副使、書狀官三員各玻璃杯椀一，鼻煙壺一，描金木碟一，瓷碟一，茶葉二瓶，紅橘五，荷包正使二對，副使等各一對；琉球正副使與朝鮮同。

二十四年正月，朝鮮、琉球使臣和詩，賜各國王及正副使臣。又兩國使臣於山高水長入燕，加賞均與三年同。

卷五百九　禮部二百二十朝貢・賜予四

〔道光二年〕十二月，暹羅、朝鮮、琉球使臣來京。暹羅貢使四員、通事二名各賞袍帽、鞾襪等，與嘉慶十八年賞琉球同。三國使臣入重華宮燕，各賞春橘一碟，瓷器一，玻璃插斗一，瓷雙管瓶一，綠石鼻煙壺一，茶葉三瓶，荷包二對。

三年正月，加賞朝鮮正使一員大卷八絲緞二疋，副使、書狀官二員各小卷八絲緞一疋；賞琉球、暹羅正副使均與朝鮮同。又入紫光閣燕，加賞三國使臣與嘉慶三年同，並賞琉球通事、從人袍帽、鞾襪等，與嘉慶十八年同。琉球使臣和詩，加賜國王及正副使，亦與嘉慶三年同。又加賞朝鮮、琉球、暹羅三國正使各大卷八絲緞六疋，副使各小卷八絲緞六疋。

〔四年〕十二月，朝鮮、琉球使臣來京，賞朝鮮副使、書狀官各鼻煙壺一，玻璃瓶二，茶椀一，茶葉二瓶，荷包一對；琉球正副使各橘五，餘與朝鮮使臣同。加賞琉球正副使、都通事、跟役袍帽、鞾襪等件，與嘉慶十八年同。

五年正月，紫光閣筵燕朝鮮、琉球使臣，賞朝鮮副使、書狀官各錦二疋，漳絨二疋，八絲緞三疋，五絲緞三疋，荷包三對，羊肉一方；琉球正使大卷八絲緞四疋，小卷五絲緞四疋，錦三疋，漳絨三疋，荷包三對，副使大小卷緞各三疋，錦二疋，漳絨二疋，荷包三對。又兩國使臣和詩，加賜各國王及使臣等，均與嘉慶三年同。

〔六年〕十二月，琉球、朝鮮使臣入重華宮燕，賞琉球正、副使各玻璃器二，鼻煙壺一，瓷器二，柑五，茶葉一匣，茶葉瓶一，大小荷包各一對。又入保和殿燕，加賞正副使、通事、從人、跟伴衣帽、鞾襪、領衣等件；朝鮮正使賞玻璃瓶二，鼻煙壺一，瓷器一，柑一碟，茶葉二瓶，荷包二對，副使、書狀官各荷包一對，橙、柑各一桶，餘與正使同。

七年正月，紫光閣筵燕朝鮮、琉球使臣，賞與前同。又入正大光明殿燕，並和詩，加賜國王及正副使如嘉慶三年之例。

〔八年〕十二月，朝鮮、琉球二國使臣入重華宮燕，賞朝鮮正副使、書狀官各玻璃器一，瓷器一，鼻煙壺一，橘一盤，荷包正副使各二對，書狀官二；賞琉球正使鼻煙壺一，玻璃器二，橘五，茶葉二瓶，荷包二對，副使荷包一對，餘與正使同；加賞琉球正副使、通事、從人衣帽、韈襪等物，與七年暹羅同。

九年正月，朝鮮、琉球二國使臣入紫光閣燕，加賞俱與八年同。又使臣和詩，加賜國王及正副使，亦與八年同。

〔十一年〕，又琉球貢使來京，入瀛臺燕，賞正使玻璃器一，鼻煙壺一，瓷器二，橘一盤，茶葉二瓶，小荷包二對；副使小荷包一對，餘與正使同。

十二年正月，紫光閣筵燕朝鮮、琉球、暹羅三國使臣，加賞正、副使等，俱與九年同。又朝鮮、琉球使臣和詩，加賜各國王及使臣，與嘉慶三年同。

〔十二年〕十二月，朝鮮、琉球兩國使臣入瀛臺燕，各賞玻璃器二，鼻煙壺一，瓷器一，盛鮮果瓷盤一，茶葉二瓶，小荷包二對。加賞琉球正副使、通事、從人衣帽韈襪等物，與十二年暹羅同。

十三年正月，紫光閣筵燕朝鮮、琉球兩國使臣，賞正、副使等，與十二年同。使臣和詩，加賜國王及使臣等，與嘉慶三年同。

〔十四年〕十二月，朝鮮、琉球、暹羅三國正、副使入重華宫燕，賞與十三年同。

十五年正月，紫光閣筵燕朝鮮、琉球、暹羅各使臣，賞與十四年同。

〔十六年〕十二月，朝鮮、琉球兩國使臣入重華宫燕，賞朝鮮正副使、書狀官，與十五年十二月同，賞琉球正、副使，與十五年正月同。

十七年正月，紫光閣筵燕朝鮮、琉球使臣，賞朝鮮正副使、書狀官，如嘉慶十五年之例；賞琉球正副使，與嘉慶三年同。

〔十二月〕，又暹羅、琉球二國使臣於重華宫入燕，賞與朝鮮同，加賞正副使、通事、從人衣帽、韈襪等物有差。

〔十八年〕十二月，朝鮮、琉球二國使臣於重華宫入燕，朝鮮賞與十七年同，琉球賞與十六年同。

十九年正月，紫光閣筵燕朝鮮、琉球二國使臣，賞各正、副使等，與十八年同。使臣和詩，加賜國王使臣亦均同。並賞琉球正副使、都通事、土通事、從人衣帽、韈襪有差。

三月，琉球使臣來京，賞正副使、都通事、土通事衣帽、韈襪等物。

〔二十一年〕閏三月，琉球使臣到京，賞正副使、都通事、土通事、官生、從人衣帽、韈襪有差。

〔二十二年〕十二月，朝鮮、琉球二國使臣來京，各賞與二十年十二月同。

二十三年，紫光閣筵燕朝鮮、琉球二國使臣，賞朝鮮正、副使等，與二十二年同。加賞正使大卷八絲緞袍褂料一件，五絲緞袍褂料五件，紡絲二疋，貂皮十；賞琉球正、副使與朝鮮同。加賜國王及正、副使，與嘉慶三年同。並賞正副使、通事、從人衣帽、韈帶有差。

二十四年十二月，朝鮮、琉球二國使臣在重華宫瞻覲，各賞與二十二年同。

二十五年正月，紫光閣筵燕朝鮮、琉球二國使臣，各賞俱與二十二年同。加賜各國王及使臣亦均同。並賞琉球正副使、通事、從人衣帽、韈襪有差。

〔二十六年〕十二月，朝鮮、琉球二國使臣來京，各賞與二十五年同。入保和殿燕，各賞與上年紫光閣筵燕同，改閃緞二疋爲圓金緞二疋。

二十七年正月，紫光閣筵燕朝鮮、琉球二國使臣，每員賞閃緞、漳絨各三疋，大、小卷緞各四疋，大荷包一對，小荷包二對，加賜國王與二十五年同。又使臣入正大光明殿燕，各賞大緞一疋，箋紙二卷，筆墨各二匣，加賞琉球正副使、都通事、從人衣帽、韈襪有差。

〔同治四年〕，特賜琉球國王御書「瀛嶠屏藩」四字。

又諭：「現值朝鮮、琉球使臣來京朝貢，各該衙門於一切應行事宜務須懔遵定例，揀派妥員詳慎辦理，毋得任聽吏胥苟簡從事。該堂官等如查有辦理不能妥協之處，即將承辦之員，據實參處。」

六年五月，琉球國入貢兼謝御書扁額使臣來京，賞正使蟒緞、漳絨各三疋，大卷五絲緞四疋，小卷綫縐四疋，大荷包一對，小荷包二對，加賞正使、都通事、土通事、從人綿衣、呢帽、韈襪有差。

十月，琉球恭謝册封使臣來京，賞正使蟒緞、漳絨各三疋，大卷宮紬四疋，小卷綫縐三疋，大荷包一對，小荷包二對，加賞正副使、使者、都通事、王舅通事、土通事、從人皮衣帽、韈襪有差。

〔八年〕八月，琉球國入貢，賜國王與嘉慶三年同；正使屯絹、羽紬各四疋，圓金緞三疋，漳絨三疋，大荷包一對，小荷包二對；副使屯絹、羽紬各三疋，圓金緞、漳絨各二疋，餘與正使同；加賞正副使、都通事、官生、土通事、從人衣帽、韈襪有差。

十年二月，琉球國入貢，賞凡五次：初次，賜國王與嘉慶三年同；正使圓金緞、漳絨各三疋，彭緞、羽紬各四疋，大荷包一對，小荷包二對；副使圓金緞、漳絨各一疋，彭緞、羽紬各三疋，餘與正使同。二次，賞正副使、都通事、土通事、從人衣帽、鞾襪有差。三次，賞正使天青羽紗、沈香紗各一疋，三鑲玉如意一，紅瓷瓶椀各一，玉雙環瓶一，大蓮椀二，五福盤一，鼻煙一瓶，帽緯一匣，大荷包二對，茶葉四匣，副使玉方瓶一，無紅瓷椀，餘與正使同；都通事青盤一，西紅椀二，茶葉三瓶。四次，賞正使蟒緞、漳絨各三疋，江紬、通海紬各四疋，大荷包一對，小荷包二對；副使蟒緞等各二疋，江紬等各三疋，荷包同；都通事江紬、漳絨各一疋，漆痰盂一，鼻煙壺一，小荷包二對。五次，賞正副使各織染局小卷袍褂料一件，如意一，玉器、瓷器各一，帽緯一匣，鼻煙壺一，大荷包二對。

十二年三月，琉球使臣來京，賞凡四次：初次，賜國王蟒緞二疋，福字方百幅，大小絹箋四卷，筆墨四匣，硯二方，玻璃器四，墨漆木椀四；正使片金、漳絨各三疋，大卷八絲緞、小卷五絲緞各四疋，大荷包一對，小荷包二對。二次，賞正使玉如意一，玉筆牀一架，瓷瓶、瓷碟各一，瓷椀三，手鑪一，紬緞各二疋，帽緯一匣，茶葉二瓶又二匣，荷包二對；副使瓷椀二，餘與正使同；都通事瓷椀、瓷碟各二，茶葉一瓶又一匣。三次，賞正使三鑲玉如意一，雙玉環瓶一，白瓷瓶一，袍褂料一件，蟒緞、漳絨各三疋，大卷八絲緞、小卷五絲緞各四疋，手鑪一，帽緯一匣，荷包二對；副使玉瓶一，紅瓷瓶一，蟒緞、漳絨各二疋，大卷八絲緞、小卷五絲緞各三疋，餘與正使同；都通事紬、緞、漳絨各一疋，玻璃鼻煙壺一，墨漆木椀一，小荷包二對。四次，賞正副使、通事、從人衣帽、鞾襪有差。

〔雍正〕四年，諭：「從前安南國遣使來京，朕曾降旨，令經過地方，於一切供給日用之物，酌量增加，令其充足。今琉球國使臣前來，著照此例。」

又覆准：「琉球國王齎表謝恩員役回國，照例差司賓序班給予驛遞，伴送至福建，交該督撫送至邊境。」

〔乾隆〕三十五年，奏准：「嗣後琉球入貢，自閩起程日，該撫遴選同知、通判一員伴送，一面知照前途地方官，豫備夫馬船隻。其伴送官員，按省更換交代，毋須一人長送，以免隔省呼應不靈，並不得任派舉人試用官員。如來使沿途有整頓行裝及守風守凍，須停留者，該伴送官會同地方官申報，咨部查覈。各省凡有外國入貢者，均照此辦理。」

〔三十六年〕，又諭：「據奏『南掌國遣使貢象到滇，派員伴送起程，並未詳查新例，仍照上屆辦理，實屬錯誤』等語。該部因福建伴送琉球貢使，到京逾期，議令派出伴送之員按省更替，毋許一人長送，意在防其沿途稽滯，而未能切當事情。如福建之於琉球，雲南之於南掌，貢使初至，該省皆有應行照料事宜，既派有承辦伴送之員，即當始終其事，而派員於貢使伴行日久，一切與之相習，途中屢易生手，亦覺非宜。若慮派員在路託故遷延，止須於經過各省添派妥員護送趲行，自不虞其任意遲緩。所有外國貢使來京，及由京歸國派員伴送，及各省添員護送之例，著該部另行定議具奏。欽此。」遵旨議定：「嗣後各省貢使到境，該撫即於同知、通判中遴委一員，應用武弁者，並酌派守備一員，長行伴送至京，俾沿途照料彈壓，並一面知照經過各省，豫行添派妥員，護送趲行，按省更替，庶不致委員逾省，呼應不靈。其回國時，仍令原派員長送，經過各省，亦仍委妥員護送出境。再朝鮮貢使，現經奏准用鳳凰城防禦一員伴送，毋庸更議。至琉球、蘇禄、安南等貢使回國，向例禮部揀選司員引見，派出伴送，今各省貢使既議有伴送來往之同知等官，又有沿途委員護行，已屬詳慎，所有禮部司員伴送之處，嗣後停止，以歸畫一。」

〔嘉慶〕十八年，奏准：「伴送琉球貢使來京委員，到京遲延，交部議處。」

〔道光〕十二年，諭：「外藩遣使進貢，前經降旨飭令伴送官沿途照料，妥速行走，務於十二月二十日以前到京，以符定制。今琉球貢使於本月二十三日到京，該伴送官等未能妥速照料，依限趕到，實屬遲延。著吏、兵二部將文武伴送各員，查取職名，照例議處。」

二十二年，奏准：「琉球貢使逾限到京，將伴送官交部議處。」

同治八年，奏准：「伴送琉球委員知府沈定均尚未引見，援照嘉慶十六年成案，由順天府另派委員，伴送起程。」

卷五百十　禮部二百二十一朝貢・市易

順治初年定，凡外國貢使來京，頒賞後，在會同館開市，或三日，或五日，惟朝鮮、琉球不拘期限，由部移文户部，先撥庫使收買，咨覆到部，方出示差官監視，令公平交易。又定，外國船非正貢時，無故私來貿易者，該督撫即行阻逐。又定，正貢船未到，護貢探貢等船，不許交易。

卷五百十一　禮部二百二十二朝貢・禁令一

二十二年，琉球國入貢。該國王以上年遣使敕封，所送封使燕金，固卻不受，附交陪臣齎進，奏請欽賜使臣。奉旨：「使臣奉命册封，自應仰體朕意，不欲滋擾外藩，所送燕金，不必收受，著仍令該國使臣帶回。」

二十八年，奉旨：「琉球國疏請配買絲斤，部臣議駁，自屬遵循例禁。第念該國爲海澨遠藩，織紝無資，不足以供章服，據奏情詞懇切，著加恩照英吉利國例，准其歲買土絲五千斤，二蠶湖絲三千斤，用示加惠外洋至意，餘悉飭禁如舊。所有稽查各關口岸及出入地方，仍加意覈查，以杜影射。」

卷五百十二　禮部二百二十三朝貢・禁令二

〔嘉慶六年〕，琉球國王奏，餽送封使燕金附陪臣進呈，懇敕賜使臣。奉旨：「此次遣使册封，在皇考高宗純皇帝大事二十七月之内，一切筵燕事宜，自應停止。所有此項燕金，使臣等卻還，原屬仰體朕意，不欲滋擾外藩，今仍不必收受，令來使帶回。」

〔道光〕十九年，奉旨：「此次册封琉球，帶兵官遊擊周廷祥在該國病故。該國王送葬費銀五百兩，著不必收受，仍令來使帶回。」

又奉旨：「此次册封琉球使臣等卻還燕金，原屬仰體朕意，不欲滋擾外藩，今仍不必收受，令來使帶回。」

卷五百十三　禮部二百二十四朝貢・賙卹

〔康熙〕七年，琉球國王尚質卒，世子尚貞權管國事，赴告福建，由巡撫疏報，准俟該國世子尚貞請封到日，將賜卹禮物交封使齎往。

二十年，議准：「賜卹故琉球國王白金百兩，絹百疋，並祭文，即令封使齎往。」

四十八年，覆准：「琉球國王尚貞卒，世子尚純先亡，其卹典俟該國世孫尚益請封到日再議。」

五十二年，覆准：「琉球國世孫尚益卒，其卹典俟該國世曾孫尚敬請封到日再議。」

五十七年，覆准：「賜卹故琉球國王尚貞及未受封之世孫尚益銀絹、祭文，均照例交封使齎往。」

五十八年，覆准：「賜卹故安南國王祭文、銀絹，照琉球國例，交封使齎往，嗣後均照此例行。」

雍正元年，諭：「琉球國進貢來使等，頭號船内員役，皆衝礁覆没，甚屬可憫，所失表文方物，免其補進，准作送到京師；二號船所存方物，交與來使帶回，仍准作進貢到京。向有賞給國王及貢使等恩例，今作何賞給之處，照例具奏，俟降旨後，行文該地方官賞給，令其起程。欽此。」遵旨議定：「琉球國進貢，賜該國王之物，應由内閣撰敕，行文該督備辦，照數賞給，交與都通事帶回，移咨該國王祇領。」

〔二年〕，又議准：「琉球國入監讀書官生内一名病故，賜銀三百兩，以百兩交禮部官，於近京地方營葬，以二百兩付貢使附回其家。」

〔乾隆〕十八年，覆准：「琉球國王尚敬卒，其卹典俟該國世子尚穆請封到日再議。」

二十一年，賜卹故琉球國王祭文、銀絹，照例交封使齎往。

二十五年，奏准：「琉球國入監肄業官生内二名病故，照雍正二年例，各賜銀三百兩，以百兩營葬，其二百兩，因該國貢使現已自京起程，令福建巡撫就近交該國存留官伴，寄回賞給其家。」

五十三年，琉球國副使阮廷寶在山東病故，飭令地方官妥備棺殮，賞給葬費銀五百兩，行抵福建，據該國正使翁秉儀呈請就閩埋葬標記，照例委員致祭一次。

六十年，覆准：「琉球國王尚穆卒，世孫尚溫遣使告哀，其卹典俟該國請封到日再行辦理。」

〔嘉慶〕四年，賜卹故琉球國王，照乾隆二十一年之例。

〔道光〕二十六年，奏准：「琉球國入監肄業官生向克秀，期滿回國，在驛病故，賜銀三百兩。」

〔同治三年〕，又奏准：「琉球國貢使馬文英在福建病故，賜卹如例。」

六年，奏准：「琉球國貢使魏掌治在福建病故，賜卹如例。」

八年，奏准：「琉球國來監讀書官生毛啓祥，在途病故，賜銀三百兩，以百兩營葬，以二百兩交貢使附回其家。」

十年，奏准：「琉球國入監讀書官生葛兆慶病故，賜銀三百兩，以百兩交禮部官於張家灣地方營葬，以二百兩交貢使附回其家。」

光緒元年，奏准：「琉球國貢使蔡呈祚回國，在山東病故，賜卹如例。」

十一年，奏准：「琉球國貢使毛精長在福建病故，賜卹如例。」

卷五百十三　禮部二百二十四朝貢・拯救

〔康熙〕四十一年，琉球貢使回國，颶風壞船，柯那什、庫多馬二人以拯救免。奉旨：「著地方官加意贍養，俟便資給發還。此等船損壞，皆因修船不堅所致，嗣後貢使回國時，該督撫驗視其船，務令堅固。」

四十二年，奏准：「琉球國入貢員役有先回者，將拯救在閩之柯那什、庫多馬二人附回。」

四十六年，琉球國入貢，附回飄風商民十有八人，飭行原籍安插。

五十二年，琉球國神山船載人三十名，飄至閩省地方，安插柔遠驛，按名支給口糧銀米，附貢船歸國。

五十四年，琉球國人四十三名，飄至廣東文昌縣，遞送閩省，給予口糧，附貢船回國。

〔乾隆五年〕，又諭：「據浙江提督奏稱『江南商民五十三人，被風飄入琉球國葉壁山地方，彼處官員撈救人貨，供給養贍，該國王遣都通事護送福建交卸』等語。中國商民飄入外洋，該國王加意養贍資送，不令失所，甚屬可嘉，著該部行文傳旨嘉獎。遣來都通事，著該督撫賞賚。」

十七年，諭：「據福建巡撫奏稱『琉球國貢使在洋遭風，業經收回本島，該國王將原船修葺，並將閩縣遭風船户蔣長興等、常熟縣商民瞿長順等留養二年，給予口糧，隨船護送來閩』等語。中山王尚敬素稱恭順，今貢船遭風，堪爲軫念。又將内地遭風商民留養附送至閩，甚屬可嘉。著於進貢常例外，加賜該國王蟒緞、閃緞、錦緞各二端，綵緞、素緞各四端，以示嘉獎。其在船官伴、水梢人等，該撫分别賞賚。」

又諭：「據福建巡撫奏稱『同安縣民林順泰船，在洋遭風，飄至琉球國宇天港地方，該番目遵國王之令，代爲修葺，資給口糧，俾得回櫂』等語。琉球遠隔重洋，素稱恭順，今番目遵其王令，將内地遭風商船修葺資送，誠款可嘉。著賜該國王蟒緞、閃緞、錦緞各二端，綵緞、素緞各四端，以示嘉奬。番目著該督撫優加賞賚，交與國王頒給，均俟貢使回國帶往。

四十五年，奏准：「琉球國貢船附載朝鮮飄入該國男婦十二名口到閩，該撫委員伴送到京。現在朝鮮使臣回國尚須時日，所飄人内有婦女三口，未便久令居住，應派通事先行護送回國。」

五十三年，琉球國王遣都通事駕船來閩，迎接敕書、賞賜物件，隨帶跟役、水手共八十八員名，在洋遭風，貨物、銀兩俱被飄没，適遇漁船渡載，並未湶溺人口。經該撫安置館驛，給予衣糧，並賞銀千兩，令夷使自行購料，造船回國。

六十年，琉球國人十一名，遭風飄至朝鮮，該國王拯救資贍，送交鳳凰城，照例撫恤，委員送至閩省，遣令回國。

〔嘉慶〕二年，朝鮮國人十名，遭風飄至琉球，附貢船至閩，委員送京，交該國領時憲書齎咨官順帶回國。

八年，諭：「據閩浙總督奏『查明琉球國二號貢船在洋遭風，飄至臺灣地方，衝礁擊碎，救援人口上岸，撫恤緣由』一摺。外藩尋常貿易船隻遭風飄至内洋，尚當量加撫恤。此次琉球國在大武崙洋面，衝礁擊碎船隻，係屬遣使入貢裝載貢品之船，尤應加意優恤。其撈救得生之官伴、水手人等，著照常例加倍給賞。至所裝貢物，除常貢各件業經沈失外，其正貢船隻，據稱既與常貢船同時開駕，至今尚未到閩，自係同時遭風。現經移知浙粤等省沿海口岸，一體確查。如查無蹤迹，或亦已飄没沈失，所有正貢常貢物件，均毋庸另備呈進。該督等即繕寫照會，行知該國王，以此次該國遣使入貢船隻，在洋遭風，衝礁擊碎，人口幸無傷損，所有貢物行李盡皆沈失，此實人力難施，並非該使臣等不能小心護視所致。現已奏明，特奉恩旨優加撫恤，其沈失貢物，遠道申虔，即與齎呈賞收無異，諭令不必另行備進。所有此次齎貢使臣等回國，該國王毋庸加以罪責，以副天朝柔懷遠人至意。嗣後遇有外藩貢船遭風飄没沈失貢物之事，均著照此辦理。」

十二年，琉球接貢船隻在洋遭風，奉旨：「除撈救得生官伴、水手人等，該督撫加倍賞給，並照例賞銀一千兩以作雇船資用外，另賞銀五百兩給淹斃六十三名夷人家屬，以示軫恤。」

道光二年，諭：「顔檢奏『撫恤遭風難夷』一摺，琉球夷人米喜阜等在洋遭風，由朝鮮遠送至閩，情殊可憫。著加恩每名每日給鹽菜口糧，俟回國之日，另給行糧一箇月，以示朕懷柔遠人至意。」

又奏准：「琉球國人遭風，原船損壞，將所存物件優給價銀，妥爲撫恤，委員護送至閩，附便回國。」

又諭：「葉世倬奏『琉球國貢船遭風，請分别撫卹』一摺。琉球國例貢二號船在閭頭外洋遭風擊碎，淹斃夷使人等十名，情殊可憫。除該撫照例優卹外，著加恩賞銀一千兩，給夷官雇覓商船回國，其沈失貢物，毋庸另備呈進。」

〔三年〕，又諭：「葉世倬奏『撫恤琉球國遭風難夷』一摺。琉球國夷船在洋遭風，現據山東省將該難夷等護送到閩，著妥爲安頓。自安插日起，每人日給銀米，回國之日，另給行糧一箇月，在存公項下動給，即於浙江省送到難夷比嘉等三船内，將該難夷附搭回國。」

又諭：「孫爾準奏『琉球遭風難夷，請分别撫恤』一摺。琉球國難夷錢化龍、川城等船隻，在粤、閩兩省洋面遭風流離，情殊可憫。錢化龍等六名，自五月初四日安插日起，川城等四名，自五月十二安插日起，俱著照例給予口糧，回國之日，另給行糧一箇月，並加賞羊、酒、布、棉、茶葉等物，准其在存公項下動給報銷。錢化龍等，俟本屆接貢船隻到閩，附搭回國；至川城等船，是否堪以駕回，俟護送到時，驗明辦理，務飭加意安頓，毋致失所。」

〔十三年〕，又諭：「鍾祥奏『夷船遭風飄入内洋，地方官辦理未協，請交部議處』一摺。琉球國永張等姓夷船一隻，於七月初閒遭風飄至山東日照縣境洋面，船未損壞，旋即乘風駛行。該縣知縣音德巡查撫恤，尚屬周到，惟未能設法攔阻，聽候奏明辦理，與歷辦章程不符，音德著交部議處。」

二十一年，諭：「程矞采奏『使臣船隻遭風，請將疏於防護之知縣議處』一摺。琉球國貢使船隻，在江蘇郭家行地方遇風覆溺，淹斃從人、舵水等十一名，情殊可憫。著江蘇巡撫即行厚加賙卹，並著沿途妥爲護送。署桃源縣知縣左輝春於該使臣過境，遭風覆舟，未能先事防護，著交部議處。」

同治三年，奏准：「琉球國護送山東遭風難民之官伴等，被匪艇搶劫，妥爲安插，並分别遣令回國回籍。」

〔光緒〕九年奏准：「琉球國遭風難民比嘉等九名，在洋被劫，飄流到閩。奉旨著迅速查明係何處洋面滋事，督飭該管各官，認真捕拏懲辦。」

卷五百十四　禮部二百二十五朝貢・從人

〔順治〕十一年，議准：「琉球進貢人數，不得過百五十人。正、副使從人十有五名入京，餘留邊聽賞。」

〔康熙〕十八年，琉球國補進十七年貢物，除赴京官伴外，其餘員役令先乘原船歸國。

二十八年議准：「琉球國入貢，兩船人數，准其加增，共不過三百名。接貢一船，亦免收税，合三船之數。」

四十二年，琉球國遣耳目官入貢，除留閩官伴外，其餘員役照例先回。

卷五百十四　禮部二百二十五朝貢・官生肄業

康熙二十三年，琉球國王尚貞遣陪臣子弟四人入監讀書。

二十七年，琉球國王遣陪臣子弟梁成楫等三人，附貢使至京肄業。

又題准：「琉球國讀書官生等，每年冬給皮衣，夏給紗衣，春秋給紬、緞、綿單衣，凉、暖纓帽，韈襪、衫、褲、被、褥，及從人羊皮襖、布衣、被、褥、韈、帽、衫、褲，均各如例。」詳載國子監。

三十年，覆准：「琉球國官生入監讀書，三年有餘，該國王懇令歸養，給驛隨貢使返國。」

三十二年，琉球國王因官生回國，具表謝恩。

五十九年，奏准：「琉球國王尚敬再遣陪臣子弟入監讀書。」

雍正二年，琉球國王遣陪臣子弟鄭秉哲等二人來京，入監讀書，照康熙二十七年之例。

五年，奏准：「入監官生鄭秉哲等呈請歸養，照康熙三十年例，給驛同貢使回國。」

八年，琉球國王因官生回國，具表謝恩。

乾隆二十二年，奏准：「琉球國王尚穆遣陪臣子弟入監讀書。」

二十四年，琉球國王遣陪臣子弟鄭孝德等四名，附貢使來京肄業，與雍正二年同。

二十八年奏准：「入監官生鄭孝德等業成歸國，照雍正五年例，給驛隨貢使返國。」

三十年，琉球國王因官生回國，具表謝恩。

嘉慶五年，琉球國王尚温遣陪臣子弟入監讀書。

十四年，奏准：「琉球國入監官生毛邦俊等期滿回國，除例賞外，賜內庫緞各二匹，裏各二疋，跟伴緞各一疋。」

十九年，奏准：「琉球國入監官生陳善繼等期滿回國，賜緞疋，與十四年同。」

又奏准：「琉球國王尚育遣陪臣子弟四人入監讀書。」

二十五年，奏准：「琉球國入監官生阮宣詔等期滿回國，賜緞疋，與嘉慶十四年同。」

同治六年，奏准：「琉球國王尚泰遣陪臣子弟四人入監讀書。」

十二年，奏准：「琉球國入監官生葛兆慶等期滿回國，賜緞疋，與嘉慶二十五年同。」

卷五百十四　禮部二百二十五朝貢・館舍

順治初年，設會同館以待外國貢使，主客司滿漢主事各一人提督館事。凡貢使來京，提督官據督撫報文稽正從人數申部，劄光禄寺支送飯食等物，咨工部應付鋪墊什物，計到橋官房仍留以備他國來使之用。

〔乾隆〕八年，覆准：「内務府將正陽門外横街官房一所指定三十七閒半與玉河橋及乾魚衚衕官房二所，作爲會同館。按從前會同館，設立内城，原以便監督稽查，周其日用，官兵看守，嚴其出入，今在正陽門外，與設立内城之例不符。但現在朝鮮、安南、琉球等國使臣不日來京，不得不豫爲安頓，將舊館額設館夫十八名内酌撥此館居住看守。俟外國使臣來京，除照例撥八旗官兵看守外，再行文步軍統領，增設緑旗官兵，加意防護，並令監督等不時巡視。」

五十三年，諭：「昨禮部奏，緬甸貢使到京時，在西城會同四譯館居住，應照例咨取章京二員、驍騎校四員、兵二十名，以資彈壓巡防等語。從前定例，咨取官兵在該館看守，自因外藩陪臣來京朝貢，未習天朝體制，其跟隨人衆，或恐出外滋事，是以派令官員兵丁，於該館爲之照應稽查，然實有名無實之事耳。今緬甸貢使來京，本有道員、遊擊等官護送，即其在館居住時，儘可令護送之員妥爲照料，何必多派官員兵丁，駐宿該館，巡查彈壓，徒爲沿習具文耶？此外，如安南、琉球、暹羅、南掌、蘇禄等國，按期入貢，俱有伴送之員，亦不藉官兵等查察。若朝鮮國奉朔朝正，每歲使臣來京者絡繹不絶，竟與世臣無異。該國入貢，向不由盛京派員護送，其使臣人等頻至京師，亦久習朝廷體制，更無須另派官兵，爲之守視。嗣後會同四譯館咨取官兵虚應故事之處，著永行停止，以示朕綏輯懷柔遐邇一體至意。」

嘉慶五年，奏准：「宣武門内瞻雲坊及正陽門外南横街二處會同館官房，向爲安南、琉球等國來使館舍，自乾隆五十五年奉旨安南、緬甸、暹羅、南掌等國俱著内務府經理，此房遂置閒曠，應交與内務府收管。」

卷五百十四　禮部二百十五朝貢・象譯

〔乾隆〕十三年，議准：「四譯館卿率其屬，不過傳習各國譯字。現在入貢諸國，朝鮮、琉球、安南表章，本用漢文，無須繙譯……是該館並無承辦事務，應將四譯館歸併禮部會同館。」

卷五百十九　禮部二百三十燕禮・各國貢使來朝筵燕

〔雍正〕四年，議准：「琉球貢使，在部燕二次，回至福建燕一次。」又議准：「琉球貢使朝見後，在部筵燕，以堂官主席，耳目官一人，正議大夫一人，都通事一人，並主席堂官各席一；護送官一人，土通事一名，共席一；從人十七名，每三人席一；共設席十一。會同館筵燕，照部燕設席。兩處共用茶五桶，燒黄酒五瓶，蒙古羊五。」

又議准：「琉球官生入監讀書，回國時在精膳司筵燕，以司員主席，官生每名各席一，跟伴每三名共席一，主席司官席一。用茶一桶，燒黄酒五瓶，蒙古羊一。」

〔乾隆〕四十七年，朝鮮、琉球、南掌、暹羅等國貢使，奉旨於紫光閣、山高水長、正大光明殿賜同一體筵燕，仍在禮部及會同館筵燕二次。

卷五百二十　禮部二百三十一餼廩・藩屬餼廩

〔順治〕七年，定：琉球國入貢，陪臣、王舅日給鵞一，雞一，豬肉三斤，菽乳二斤，各種菜三斤，酒二瓶，清醬、醬各六兩，香油六錢，花椒一錢，鹽一兩，茶一兩；正議大夫日給雞一，豬肉三斤，菽乳一斤八兩，菜二斤，酒一瓶，清醬、醬各四兩，香油四錢，花椒八分，鹽一兩，茶六錢；四節官、都通事官各日給雞一，豬肉二斤，菽乳一斤，菜一斤，酒一瓶，清醬、醬各四兩，香油四錢，花椒五分，鹽一兩，茶五錢；王舅下通事日給豬肉三斤，菽乳一斤，花椒五分；從役日給豬肉一斤，菜十兩，鹽一兩；送來通事日給豬肉二斤，鹽一兩。劄行光禄寺給發。正副使各官從役均給米，移咨户部支發。

〔康熙〕二十七年，議准：「琉球國陪臣子弟入監讀書者，照都通事例每日支發。」

〔雍正五年〕，又定：琉球國入貢，正副使每日共給羊一，豬肉三斤，牛乳一鏇，各鵞一，雞一，魚一，菽乳二斤，酒六瓶，清醬、醬各六兩，鐙油二兩，茶一兩，鹽一兩，麪二斤，菜三斤，醬瓜四兩，醋十兩，香油一兩，椒一錢，每五日蘋果、梨共五十枚，花紅七十五枚，葡萄、棗各五斤；使者、都通事每日各雞一，豬肉二斤，麪一斤，菜一斤，酒一瓶，菽乳一斤，清醬二兩，醬四兩，香油四錢，鐙油二兩，茶五錢，椒五分，鹽一兩；從人各日給豬肉一斤八兩，菜各二兩，鹽一兩，共給酒六瓶，鐙油十二兩；王舅下通事謹案：該國入貢，多以王舅充使。日給豬肉三斤，菽乳一斤，椒五分，鹽一兩；通事、護送官各日給豬肉一斤；從役各日給鹽五錢。劄光禄寺給發。其給米與朝鮮同。

卷五百二十一　禮部二百三十二餼廩・年節給賞

琉球國貢使，共給席三，鵝一，雞一，酒一瓶，茶一簍，復給正、副使共羊三，魚二十，酒二瓶；使者、都通事、王舅通事各魚一，豬肉五斤。

卷五百四十　樂部十七樂章·鐃歌大樂

貢琛球第四

琛球輸貢，外藩歸化，隸版圖，正朔咸尊奉。樂浪郡，在海東；安南國，粵嶠闢蠶叢。日本國，畏威震悚。琉球國，奉朝請與内臣同。一解萬邦虎拜咸修貢，干羽何須用。東風入律吹，干吕青雲涌。海安瀾，更上獻河清頌。海安瀾，更上獻河清頌。二解

卷七百　兵部一百六十郵政、疆護

〔乾隆〕三十五年，奏准：「嗣後琉球入貢，自閩起程之日，該撫於同知、通判中遴委一員護送，一面知照前途地方官，將例用船隻、夫馬豫行備辦接送，按省派委同知等官一員，更換交代，毋須一人長送。其餘各省，凡有外國入貢者，俱令該督撫照此辦理。」

三十六年，諭：「該部因琉球貢使到京逾期，議令派出伴送之員，按省更替，以防其沿途稽滯，而未能切當事情。如福建之琉球，雲南之南掌，貢使初至該省，皆有應行照料事宜，既派有承辦伴送之員，即當始終其事。若慮派員在路託故遷延，止須於經過各省添派妥員護送遄行。若以此而議停長送專員，何異因噎廢食。所有外國貢使來京及由京歸國，派員伴送，及各省添員護送之例，著該部另行定議具奏。」欽此。遵旨議定：「嗣後各省貢使到境，該省即於同知、通判中遴委一員，應用武弁者，並酌派守備一員，伴行長送至京。並一面知照經過各省，豫行添派妥員護送遄行，按省更替。」

卷八百九十四　工部三十三軍火·火藥

〔乾隆〕十三年，議准：「琉球國額貢硫磺一萬二千六百斤外，夷目、水手多帶餘磺，向有姦商代售。飭該夷使據實報出，官爲收買。查閩省各標協營操演火藥，每年以貢磺撥用，遇有不敷，往臺郡淡水、雞籠地方開採磺泥。淡水番民雜處，磺廠一開，恐聚匪滋事。若收買琉球餘磺，免至淡水開採，海區更爲嚴密。」

卷九百五十七　工部九十六製造庫工作·頒詔儀仗

又定：敕封琉球國王，用欽差牌二，肅静牌二，迴避牌二，前行牌二，黄蓋一，御仗二，龍旗二。

卷九百五十七　工部九十六製造庫工作·備賞器物

原定：賞給喀爾喀等處金銀、茶筒、茶椀，朝鮮來使圓領袍、韋韝，琉球、安南等國來使緞袍、韋韝等項，由禮部理藩院移咨造給。

又定……賞給琉球國一品蟒袍全料，麒麟補緞，用石青素緞丈三尺五寸、寬二尺褂料一端，補服辦買。

卷九百七十五　理藩院十三喇嘛封號

〔乾隆八年〕，又奏准：「朝鮮、琉球、南掌、安南、暹羅、蘇禄等國封卹事宜，均由禮部辦理。」

卷一千八十九　光禄寺筵席·滿席

經筵講書，衍聖公來朝，及朝鮮進貢押物等官，越南、琉球、暹羅、緬甸、蘇禄、南掌等國貢使，都綱、喇嘛，番僧來京，各燕皆用六等席。每席用熟雞一，惟經筵用熟鵞一，乳酒每瓶十斤，黄酒每瓶十五斤，乳茶以筩計。筵席茶酒數目，均照禮部劄辦送。

卷一千八十九　光禄寺筵席・誦經供品

朝鮮、越南、琉球、西洋、暹羅、緬甸、蘇禄、南掌及吐魯番、俄羅斯諸國貢使，内藥房醫生，通曉天文之西洋人，每日廩給所用蔬菜，據禮部劄欽天監太醫院來文給發。

卷一千八十九　光禄寺供用・供用羊及羊肉

除夕，賜來京朝賀之朝鮮、越南、琉球、西洋、暹羅、緬甸、蘇禄、南掌、吐魯番、俄羅斯等國貢使，及歸化城副都統、參領、佐領，蒙古各旗進羊酒官，喀爾喀、額魯特來京之首領官、護衛，台吉、塔布囊、達賴喇嘛正副使，拉穆札木巴噶布楚從人等，給羊、羊肉。

卷一千九十八　國子監三六堂課士規則・内外班肄業

〔同治〕九年，奏准：「向例每年恩賞肄業生銀六千兩，咸豐四年搢發實銀一千二百兩，同治二年增發實銀三千兩。現在多士遠來，兼之琉球官生入監讀書，用款不敷，仍復舊額，自九年爲始，每年發給實銀六千兩。」

又奏准……津貼琉球官學銀五百兩，俟琉球官生歸國，仍提歸南學，酌添學額。

十二年，奏准：「琉球官生業經歸國，其津貼琉球官學銀五百兩，將肄業生考取前列者，按名加給優獎。並於八旗官學中遴選經書較熟，才堪造就者數名，另給獎賞。」

卷一千一百二　國子監七官學規制・琉球官學

康熙二十三年，議准：「琉球國陪臣子弟四人赴京受業，均令其入監讀書。」

二十七年，諭：「琉球國送到陪臣子弟三人入監讀書，著安置得所。」欽此。遵旨議定：「每人冬給緞面羊皮袍褂、紡絲襦袴、染貂帽、鹿皮韡、氈襪，春秋給緞棉袍褂、紡絲衣袴、凉帽、馬皮韡、緞襪，夏給紗袍褂、羅衣袴、紡絲被褥。所用紙、筆、墨等項，月給銀一兩五錢。從人三人，每人冬給布羊裘襦袴、貉皮帽、牛皮韡、布襪，春秋給布棉袍褂，夏給單布袍衣袴，布被褥、雨纓凉帽，並所用器皿、煤炭，均交工部給發。其官生每人口糧食物，照進貢都通事之例，從人亦照進貢從人之例，交禮部給發。由監於附近房屋撥給十餘間，爲住居之所。」

又議准：「琉球國陪臣子弟入監讀書，取貢生一人，令其教習；博士一人，專管董率；祭酒、司業等不時稽察，俾講解經書，學習道藝。」

三十年，琉球國王題請官生歸養，部議如所請，諭：「賞賜筵燕如定制。」

雍正二年，議准：「琉球國陪臣子弟鄭秉哲、鄭謙、蔡宏訓入監讀書，照康熙二十七年例，遴選文行兼優貢生，盡心訓迪；委博士一人董率；本監堂官不時稽察。其教習生廩糧，咨部考職等項，照官學教習之例。其子弟住房食用，四時衣服，亦統歸稽察，務令得所。」又議准：「琉球官生鄭秉哲等願學制藝，派六堂助教一員董課。」又奏准：「琉球官生蔡宏訓病故，特賜白金三百兩，以二百兩交貢使附歸其家，以一百兩交禮部，於近京地方營葬。」

六年，琉球官生鄭秉哲等呈請歸國終養，部議如所請，奉旨：「賞大綵緞各一，毛青布各四，裏紬各一，傔從二人賞毛藍布各四。筵燕一次，准其馳驛同貢使毛汝龍等歸國。」

乾隆二十五年，琉球國陪臣子弟鄭孝德、梁允治、蔡世昌、金型入監，選取拔貢生教習，並派博士、助教董率，稽察如定制。

二十六年，奉旨允琉球官生鄭孝德等隨國子監肄業諸生恭進皇太后七旬萬壽詩册，並隨班迎駕，恩賞緞疋。

二十八年，琉球官生鄭孝德、蔡世昌在學三年，琉球國王臣尚穆遣官齎表，請旨遣歸，部議如所請，諭：「賞賜筵燕如定制。」又奏准：「琉球官生歸國，賞給官生四名大綵緞各二，裏紬各二，毛青布各六；跟伴三名，毛青布各六。」奉特旨加賞官生內庫緞各二，裏紬各二，跟伴官緞各一。

三十七年，奏准：「琉球官生在監，所有朔望拜廟及上堂謁見、封印開印行禮，俱與內外班肄業生同。」

嘉慶十年，琉球國陪臣子弟向尋思、向世德、鄭邦孝、周崇鐈、向善榮、毛長芳、蔡戴金、蔡思恭入監，選取優貢生教習，並派博士、助教董率，稽察如定制。

十四年，琉球國王題請官生歸國，諭：「賞賜筵燕如定制。」又議准：「琉球官生等赴部筵燕，祗領恩賞，先期送至貢使館舍安置，與貢使同日起程。」

十六年，琉球國陪臣子弟陳善繼、馬執宏、毛世輝、梁元樞入監，選取副貢生教習，並派博士、助教董率，稽察如定制。

十九年，覆准：「琉球官生到監三年期滿，其未歸國以前銀米食物，照舊支領。」

二十年，琉球國王題請官生歸國，部議如所請，諭：「賞賜筵燕如定制。」

道光二十一年，琉球國陪臣子弟阮宣詔、向克秀、鄭學楷、東國興入監，選取貢生教習，並派博士、助教董率，稽察如定制。

二十五年，琉球國王題請官生歸國，部議如所請，諭：「賞賜筵燕如定制。」

同治八年，琉球國陪臣子弟葛兆慶、林世忠、林世功入監，選取拔貢生教習，並派博士、助教，稽察如定制。

十一年，奏准：「琉球官生葛兆慶、林世忠病故，恩賞銀兩，照雍正二年成案辦理。」

十二年，琉球國王題請官生歸國，部議如所請，諭：「賞賜筵燕如定制。」

卷一千一百三　欽天監一　職掌・推算測驗

〔嘉慶十四年〕，又奏准：「琉球國北極出地二十六度二分，偏東十一度三十分。」

卷一千一百四　欽天監二　職掌・制時憲書

〔嘉慶〕十四年，奏准：「琉球國太陽出入節氣時刻，載入時憲書。」

卷一千一百九十　内務府二十一　庫藏・驗收

〔道光十八年〕，又覆准：「朝鮮、安南、琉球、暹羅等國，進貢金珠、銀幣、布幬、香紙、銅、錫等物，由禮部轉送，蒙古王、貝勒、喇嘛等貢物，由理藩院轉送，各庫驗收咨覆。」

〔道光〕十八年，奏准：「嗣後琉球、暹羅、越南、緬甸、南掌、廓爾喀等國進到貢物，俟該部院具奏後，定期交本府在堂上眼同接收，毋庸分交各司處領去，即交廣儲司按款收存，並委六庫郎中、廣儲司官員詳細查明，呈覽後，再行分交各司處承領。至所進貢物内，如有火藥等項，先交武備院在外庫接收，以昭慎重。」

卷一千二百十三　内務府四十四恤賞·外藩朝貢

又定朝鮮、安南、琉球、暹羅等國進貢方物，均搭給蟒緞、綵幣、緞、絹、紗、布，及來使緞、布有差。

孫徵君詒讓事略

〔清〕朱孔彰 撰

校點説明

《孫徵君詒讓事略》，清末朱孔彰撰。文中言及咸豐時仍有琉球人來學事，可見該國于漢學重視之一貫。

本書輯自上海古籍出版社影印《清代碑傳集》之《碑傳集補》卷四一。

（李夢生）

孫徵君詒讓事略

〔孫詒讓〕父太僕公衣言，以翰林起家，詩古文雄一時。咸豐初，入南書房，教授皇子、諸王。又四夷屬國遣人來學京師，衣言官國子監，並教之。先有琉球弟子阮宣詔、東國興等，後有再傳弟子林世功，學成歸國，故詩文流播海外。

清史稿

〔清〕趙爾巽等　撰

校點説明

《清史稿》著者、卷次已見前。清與琉球交往承繼明朝十分緊密，自順治十年（一六五三）始，至琉球被日本佔領止，使臣不斷。本書輯録《清史稿》本紀所載琉球歷年入貢情況，以供參考。

（李夢生）

清史稿

〔順治十年〕是年，朝鮮，琉球……烏思藏達賴喇嘛俱來貢。

〔順治十一年〕是年，朝鮮，琉球……湯古忒部遠賴喇嘛、諦巴班禪胡土克圖均來貢。（以上《世祖本紀二》）

〔康熙八年〕是歲……朝鮮、琉球入貢。

〔康熙十年〕是歲……朝鮮、琉球入貢。

〔康熙十三年〕是歲……朝鮮、琉球入貢。

〔康熙十八年〕是歲……朝鮮、琉球、安南入貢。

〔康熙十九年〕是歲……朝鮮、琉球入貢。（以上《聖祖本紀一》）

〔康熙二十二年〕是歲……朝鮮、琉球入貢。

〔康熙二十四年〕是歲……朝鮮、琉球、噶爾丹入貢。

〔康熙二十七年〕是歲……朝鮮、琉球入貢。

〔康熙三十年〕是歲……朝鮮、安南、琉球入貢。

〔康熙三十二年〕是歲……朝鮮、琉球入貢。

〔康熙三十四年〕是歲……朝鮮、琉球入貢。

〔康熙三十六年〕是歲……朝鮮、琉球、安南入貢。

〔康熙三十八年〕是歲……朝鮮、琉球入貢。

〔康熙四十年〕是歲……朝鮮、琉球入貢。（以上《聖祖本紀二》）

〔康熙四十一年〕是歲……朝鮮、琉球入貢。

〔康熙四十二年〕是歲……朝鮮、琉球、安南入貢。

〔康熙四十四年〕是歲……朝鮮、琉球入貢。

〔康熙四十六年〕是歲……朝鮮、琉球入貢。

〔康熙四十八年〕是歲……朝鮮、琉球入貢。

〔康熙五十年〕是歲……朝鮮、琉球入貢。

〔康熙五十二年〕是歲……朝鮮、琉球入貢。

〔康熙五十四年〕是歲……朝鮮、琉球入貢。

〔康熙五十七年〕六月壬辰，遣使册封琉球故王曾孫尚敬爲中山王……是歲……朝鮮、琉球、安南入貢。

〔康熙五十八年〕是歲……朝鮮、琉球入貢。

〔康熙五十九年〕是歲……朝鮮、琉球入貢。

〔康熙六十年〕是歲……朝鮮、琉球、安南入貢。（以上《聖祖本紀三》）
〔雍正元年〕是歲……朝鮮、琉球入貢。
〔雍正三年〕是歲……朝鮮、琉球、西洋國入貢。
〔雍正四年〕是歲……朝鮮、琉球、蘇禄入貢。
〔雍正七年〕是歲……朝鮮、琉球入貢。
〔雍正九年〕是歲……朝鮮、琉球入貢。
〔雍正十二年〕是歲……朝鮮、琉球入貢。（以上《世宗本紀》）
〔乾隆二年〕（十二月）壬寅……琉球貢方物。
〔乾隆三年〕（十二月）甲午……琉球國王尚敬遣使表賀登極，入貢。
〔乾隆五年〕二月，琉球入貢。
〔乾隆六年〕（十二月）庚戌……琉球入貢。
〔乾隆七年〕（二月）己亥，琉球入貢。
〔乾隆八年〕閏四月甲寅朔，琉球入貢。（以上《高宗本紀一》）
〔乾隆二十年〕（夏四月）戊辰，琉球國世子尚穆遣使入貢請封，允之……〔五月〕庚辰，命翰林院侍講全魁、編修周煌往琉球册封。（以上《高宗本紀二》）
〔乾隆二十二年〕是歲，朝鮮、暹羅、琉球入貢。（以上《高宗本紀三》）

〔乾隆三十一年〕是歲，朝鮮、琉球入貢。

〔乾隆三十九年〕是歲，朝鮮、琉球來貢。（以上《高宗本紀四》）

〔乾隆四十三年〕二月丁酉，朝鮮、琉球入貢。

〔乾隆四十九年〕是歲，朝鮮、琉球、暹羅、安南來貢。（以上《高宗本紀五》）

〔乾隆五十一年〕是歲，朝鮮、琉球、暹羅來貢。

〔乾隆六十年〕是歲，緬甸、南掌、暹羅、安南、英吉利、琉球、廓爾喀來貢。（以上《高宗本紀六》）

〔嘉慶二年〕是歲……朝鮮、琉球、暹羅入貢。

〔嘉慶三年〕是歲……朝鮮、琉球、暹羅入貢。

〔嘉慶五年〕是歲……朝鮮、琉球入貢。

〔嘉慶十一年〕是歲……朝鮮、琉球入貢。

〔嘉慶十二年〕秋七月乙巳，命編修齊鯤、給事中費錫章册封琉球國王……朝鮮、琉球、南掌入貢。

〔嘉慶十三年〕是歲……朝鮮、琉球入貢。

〔嘉慶十四年〕是歲……朝鮮、琉球、暹羅、越南、南掌入貢。

〔嘉慶十六年〕是歲……朝鮮、琉球、暹羅、緬甸入貢。

〔嘉慶十八年〕是歲……朝鮮、琉球、越南、暹羅入貢。

〔嘉慶十九年〕是歲……朝鮮、琉球入貢。

〔嘉慶二十年〕是歲……朝鮮、琉球、暹羅入貢。

〔嘉慶二十一年〕是歲……朝鮮、琉球、英吉利入貢。

〔嘉慶二十二年〕是歲……朝鮮、琉球、越南入貢。

〔嘉慶二十三年〕是歲……朝鮮、琉球入貢。

〔嘉慶二十四年〕是歲……朝鮮、琉球、越南、暹羅、南掌入貢。（以上《仁宗本紀》）

〔嘉慶二十五年〕是歲，朝鮮、琉球來貢。

〔道光元年〕是歲，朝鮮、越南、琉球來貢。

〔道光二年〕是歲，朝鮮、暹羅、琉球來貢。

〔道光三年〕是歲，朝鮮、琉球、暹羅、緬甸來貢。

〔道光四年〕是歲，朝鮮、琉球來貢。

〔道光五年〕是歲，朝鮮、琉球、暹羅、越南入貢。

〔道光六年〕是歲，琉球、朝鮮入貢。

〔道光七年〕是歲，朝鮮、琉球、暹羅入貢。

〔道光八年〕是歲，琉球、朝鮮入貢。（以上《宣宗本紀一》）

〔道光十二年〕是歲，朝鮮、南掌、琉球、暹羅入貢。

〔道光十三年〕是歲，朝鮮、越南、琉球、緬甸入貢。

〔道光十四年〕是歲，朝鮮、琉球、緬甸、暹羅入貢。
〔道光十五年〕是歲，朝鮮、琉球入貢。
〔道光十七年〕是歲，朝鮮、琉球、暹羅、越南來貢。
〔道光十八年〕是歲，朝鮮、琉球、暹羅來貢。
〔道光十九年〕是歲，朝鮮、琉球入貢。（以上《宣宗本紀二》）
〔道光二十一年〕是歲，朝鮮、琉球、南掌入貢。
〔道光二十二年〕是歲，廓爾喀、朝鮮、琉球來貢。
〔道光二十六年〕是歲，朝鮮、琉球入貢。
〔道光二十七年〕是歲，朝鮮、琉球來貢。
〔道光二十八年〕是歲，朝鮮、琉球、暹羅、越南入貢。
〔道光二十九年〕是歲，朝鮮、琉球、越南入貢。（以上《宣宗本紀三》）
〔道光三十年〕朝鮮、琉球入貢。
〔咸豐元年〕朝鮮、琉球入貢。
〔咸豐三年〕朝鮮、琉球、暹羅、越南、緬甸、南掌入貢。
〔咸豐四年〕朝鮮、琉球入貢。
〔咸豐五年〕朝鮮、琉球入貢。

〔咸豐七年〕朝鮮、琉球入貢。

〔咸豐八年〕朝鮮、琉球入貢。

〔咸豐九年〕朝鮮、琉球入貢。（以上《文宗本紀》）

〔同治元年〕是歲，朝鮮、琉球入貢。

〔同治三年〕是歲，朝鮮、琉球入貢。

〔同治五年〕是歲，朝鮮、琉球入貢。（以上《穆宗本紀一》）

〔同治六年〕是歲，朝鮮、琉球入貢。

〔同治八年〕是歲，朝鮮、越南、琉球入貢。

〔同治十年〕是年，朝鮮、琉球、越南入貢。（以上《穆宗本紀二》）

〔光緒元年〕是歲，朝鮮、琉球、緬甸入貢。（以上《德宗本紀一》）